DIE PIRATENSTRATEGIE

Stefanie Voss

DIE PIRATEN-STRATEGIE

Leben ohne Wenn und Aber

Campus Verlag
Frankfurt/New York

MIX
Papier aus verantwortungsvollen Quellen
FSC
www.fsc.org
FSC® C089473

Klimaneutral
Papier
ClimatePartner.com/13732-1910-1001

ISBN 978-3-593-51688-2 Print
ISBN 978-3-593-45354-5 E-Book (PDF)
ISBN 978-3-593-45353-8 E-Book (EPUB)

Umschlaggestaltung: *zeichenpool, München
Umschlagmotiv: © shutterstock, d1sk
Satz: DeinSatz Marburg UG | tn
Gesetzt aus der Minion und der Quicksand
Druck und Bindung: Beltz Grafische Betriebe GmbH, Bad Langensalza
Beltz Grafische Betriebe ist ein klimaneutrales Unternehmen (ID 15985-2104-1001).
Printed in Germany

www.campus.de

INHALT

Für Sabine und Susanne.

Ohne euch wäre ich nie die Piratin geworden,
die ich heute bin.

VORWORT

»Niemals war mehr Anfang als jetzt.«
Walt Whitman

Stell dir vor, du stehst vor einer wichtigen Entscheidung in deinem Leben und eine innere Stimme flüstert dir zu: »Sei doch mal wagemutig, sei mal mehr wie ein Pirat!« Wie wäre es, wenn du freier wärst von Konventionen und Bedenken und wenn du das bequeme Motto »So macht man das halt« einfach loslassen könntest? Was wäre in deinem Leben alles möglich? Ich behaupte: viel mehr, als du dir jetzt vorstellen kannst.

Ich habe schon vielen Menschen genau diese Frage gestellt: »Was würdest du jetzt tun, wenn du ein wagemutiger Pirat wärst?« Die überraschenden Antworten, vor allem aber die unkonventionellen Wege, die Menschen mit den Piraten als Inspirationsquelle für sich wählen, begeistern mich immer mehr. Deswegen habe ich dieses Buch geschrieben.

Der Anfang war allerdings zäh. »Das funktioniert nie, das ist eine totale Schnapsidee!« Mit diesen Worten kommentierte vor einigen Jahren ein guter Freund meine Idee, Piraten zu Vorbildern für persönliches Wachstum und businessrelevante Themen zu machen. »Piraten sind Verbrecher und sonst nichts! Piraten taugen nicht als Vorbilder, außerdem bist du keine Historikerin.« Ich war von der vehementen Ablehnung zwar überrascht, aber entmutigen ließ ich mich nicht. Ich grub mich tiefer und tiefer in die Thematik ein … und meine Begeisterung für alle Arten von Seeräubergeschichten wurde immer größer. Eine Jetzt-erst-recht-Mentalität trieb mich an, denn ich wollte besagtem Freund und anderen Skeptikern zeigen, was in diesem Thema steckte. Ich legte mir zunächst ein Repertoire an spannenden Piraten-Anekdoten zu und recherchierte hauptsächlich zum »Goldenen Zeitalter der Piraterie«[1]. Je mehr ich erfuhr, desto mehr begann ich, die Piraten-Metapher als Leitbild für mein eigenes Handeln zu nutzen. In zahlreichen Situationen entschied ich mich viel bewusster als früher für den wagemutigen Weg, für die unkonventionelle Strategie oder für eine Antwort, die gezielt als krasser Gegensatz zu »so haben wir das immer gemacht« formuliert war. Mit wachsender Begeisterung stiftete ich auch mein Umfeld an, mit dem Slogan PIRATE UP YOUR LIFE ihr eigenes, oft in Gewohnheiten gefangenes Handeln zu hinterfragen. Und siehe da, nicht nur bei mir, auch bei anderen Menschen entstand ein Gefühl von mehr Selbstwirksamkeit. Schließlich erarbeitete ich einen Keynote-Vortrag mit dem Titel »Piratenstrategie«, und der wurde prompt von einem wagemutigen Kunden gebucht. So kam die Welle ins Rollen, die zu diesem Buch führte.

Eine Botschaft ist mir sehr wichtig, bevor du ins Lesen einsteigst: Es stimmt, was mein guter Freund damals sagte: Piraten sind Verbrecher. Seeräuber vor 1000 wie auch vor 400 Jahren raubten, entführten und mordeten. Auch heute noch werden, insbesondere vor dem Horn von Afrika, regelmäßig Schiffe gekapert und brutale Verbrechen begangen. Es ist definitiv nicht in meinem Sinne, diese kriminellen Aktivitäten zu verharmlosen. In der von mir in diesem Buch genutzten Piratenmetapher beziehe ich mich vorrangig auf das bereits erwähnte »Goldene Zeitalter der Piraterie«. Je nach Quelle ist das etwa der Zeitraum zwischen 1650 und 1730. Damals wurde ein spannender, sozial-rebellischer Aspekt bedeutungsvoll. Piraten standen für eine konsequente Auflehnung gegen unfaire Machtverhältnisse und für einen beherzten Kampf gegen gesellschaftlich manifestierte Unterdrückung. Fast jeder Pirat dieser Zeit war ursprünglich mal ein ganz normaler, einfacher Seemann. Wollte er den brutalen Ausbeutungsmechanismen der Handels- oder Kriegsmarine dieser Zeit entgehen, musste er Pirat werden und dafür sein Leben aufs Spiel setzen. Auf der ganzen Welt wurde Piraterie mit der Todesstrafe geahndet. Genau deswegen wurden Piraten zu Figuren der modernen Popkultur. Die – im wahrsten Sinne des Wortes – fabelhafte Disney-Rolle des Jack Sparrow wäre ohne die historischen Erfolge der Piraten nicht denkbar. Piraten wurden zur Legende, weil sie die absolutistische Macht europäischer Königshäuser immer wieder beharrlich und clever unterwanderten und bekämpften. Wenn ich dich ermutige, mit PIRATE UP YOUR LIFE deinem Leben mehr Wagemut zu verleihen, dann ist das definitiv keine Einladung zu Gewalt oder Verbrechen. Es ist vielmehr der Aufruf, dich dem Status quo und lähmenden Konventionen nicht zu ergeben. Ein Leben ohne Wenn und Aber ist ein Leben nach deinen ganz persönlichen Werten und Zielen – auch und gerade dann, wenn es unbequem wird. Die Inspiration der Piraten sollte jedoch niemals dazu führen, dass du zum gesetzlosen Halunken wirst. Das versteht sich eigentlich von selbst, oder?

Und auf einen weiteren Aspekt möchte ich noch zu sprechen kommen, bevor ich dich mit diesem Buch ins Zeitalter von Sir Henry Morgan oder Kapitän Blackbeard entführe. Bei meinen Recherchen zu diesem Buch bin ich nicht streng wissenschaftlich vorgegangen, sondern habe mich vorrangig auf die Sekundärliteratur über Piraten konzentriert. Wenn du also in diesem Buch das vielschichtige Expertenwissen einer Historikerin erwartest, dann muss ich dich enttäuschen. Piraten sind seit jeher ein Stoff für Legenden. Manches ist eindeutig belegt, vieles ist Spekulation und oft widersprechen sich Quellen. Die ganz exakte oder gar wissenschaftliche Betrachtung der Piraten ist aber für das Ziel dieses Buches auch nicht relevant, denn es geht vorrangig um die heute in unserer Kultur überlieferte Metapher. Wofür steht ein Pirat heute? Den meisten Menschen kommen auf diese Frage Begriffe wie Freiheitsliebe, Selbstbestimmung, Cleverness oder auch Wagemut in den Sinn – und genau darum geht es mir.

Diese Eigenschaften sind aktuell wichtiger denn je. Unsere heutige Zeit ist schwierig, anstrengend und überaus herausfordernd. Der Klimawandel zeigt sich immer deutlicher, die Pandemie hat uns ausgelaugt, und die Gewissheit, in einem friedlichen Europa zu leben, wurde uns genommen. Die allgemeine Stimmung entwickelt sich immer mehr zu einer Epidemie der Resignation. Ich finde das fatal. Denn für mich gibt es in dieser Situation eine Sache, die wir NICHT tun dürfen: aufgeben.

Dieses Buch ist ein Aufruf zum bewussten und wagemutigen Gestalten der Zukunft, jetzt mehr denn je. Raus aus dem Gefühl, nichts ausrichten zu können. Ich will dir die Piraten als Inspirationsquelle an die Hand geben und dich an deine vielen Potenziale und Stärken erinnern. Das Motto PIRATE UP YOUR LIFE soll dich motivieren, wagemutiger zu werden – raus aus dem Zögern und Abwarten, damit du klare Entscheidungen triffst und bereit bist, sie auch gegen Widerstände durchzusetzen. Damit du an große Ziele glaubst und daran, dass es immer einen Weg gibt, auch wenn es manchmal viel Kraft kostet, ihn zu finden und zu gehen. Genau das verstehe ich unter einem Leben ohne Wenn und Aber.

Du findest am Ende jedes Kapitels praktische Übungen, die du sofort umsetzen kannst. Sie stammen aus meiner Coaching-Praxis und aus meinen eigenen Erfahrungen mit dem Motto PIRATE UP YOUR LIFE. Die Übungen liefern dir viele Ideen, wie du in ganz verschiedenen Lebensbereichen ins wagemutige Handeln kommst. Sie sollen dich anspornen, dich herzlich in den Hintern treten – und sie sollen dir Freude bringen!

Lass uns die Segel setzen. Lass uns einen neuen Kurs einschlagen und neue Ufer entdecken. Lass uns Beute machen. Aber vor allem: Lass uns wagemutig denken und handeln. Los geht's, liebe Piratin und lieber Pirat!

Mettmann, im November 2022

Deine Stefanie

1 PIRATEN ALS VORBILDER

»It's better to be a pirate than to join the navy.«
Steve Jobs

WORUM ES GEHT:

- Piraten und Piratinnen stehen für ein freies und selbstbestimmtes Leben. Sie sind nicht bereit, sich dem Status quo oder gängigen Konventionen unterzuordnen: Sie glauben an sich und ihre Wirkung in der Welt.
- Viele Menschen fühlen sich zu machtlos, um Veränderungen anzupacken – oder sind zu bequem. Ohne Rückgrat und klare Entscheidungen gibt es kein wagemutiges Denken und Handeln.
- Piraten damals wie heute gehen Risiken ein, um ein Leben nach eigenen Maßstäben zu führen und wichtige Veränderungen zu bewirken.
- Du musst dein Leben aber nicht komplett auf den Kopf stellen, um wagemutiger zu werden, du musst nicht alles riskieren. Freiheit und Selbstwirksamkeit lassen sich auch in einen ganz normalen Alltag integrieren, du kannst auf deine Weise jeden Tag Pirat oder Piratin sein.

Jeder kann Pirat sein!

Als John wach wurde, lag er zusammengekauert in einer Ecke und hatte heftige Schmerzen. Er sah sich um, versuchte, sich in der Dunkelheit zu orientieren. Wo war er? Er lag auf einem Holzboden und es roch modrig, feucht. Dann nahm er die Geräusche wahr: Es ächzte und knarzte laut um ihn herum. Was war das? Er versuchte, klar zu denken. Mühsam suchte er die Bilder des vorangegangenen Abends in seinem Gedächtnis zusammen. Er war allein in Dartmouth gewesen und er hatte das erste Mal die große Taverne am Hafen betreten. Eigentlich sollte er vor Sonnenuntergang wieder im Dörfchen Bugford auf der kleinen Farm seiner Eltern sein, aber das laute Treiben der Taverne aus der Nähe zu erleben war einfach zu verlockend gewesen. Er war gerade 17 Jahre alt geworden und hatte sich das erste Mal allein in die Taverne hineingetraut, sein Geld reichte für ein Bier. Schnell fand er sich in Gesellschaft von drei jungen Männern wieder, sie verwickelten ihn in ein Gespräch, luden ihn zum Essen und Trinken ein. Aber wie war der Abend ausgegangen? Er dachte angestrengt nach, wusste es aber nicht mehr. Mühsam richtete er sich auf, alles tat ihm weh. Er fühlte sich schwindelig und hatte den Eindruck, keinen festen Boden unter den Füßen zu haben. Irgendwie bewegte sich alles. Und dann merkte er, dass er tatsächlich keinen festen Boden unter den Füßen hatte. Plötzlich realisierte er, wo er war. Er befand sich im Bauch eines großen Schiffes. Neben ihm standen Holzkisten, dahinter konnte er im Dämmerlicht Hängematten erkennen, die hin und her schwankten. Jetzt konnte er auch die Geräusche des Meeres ausmachen, das Gurgeln der Wellen, die am Schiffsrumpf entlang ihre Bahnen zogen. Er rappelte sich auf und musste sich festhalten. Ihm war übel. Er machte einige Schritte und erkannte im hinteren Teil des Raumes Fässer, jede Menge große Fässer. Das hier war ein Handelsschiff, eine große, vermutlich vollbeladene Galeone. Dann hörte er hinter sich feste Schritte auf sich zukommen. Er drehte sich um, doch bevor er erkennen konnte, wer da vor ihm stand, schlug man ihm mit brutaler Härte ins Gesicht. John taumelte rückwärts und stürzte. »An die Arbeit – genug geschlafen! Du bist jetzt ein Seemann und hier gibt es viel zu tun!«

So wie meine – zugegebenermaßen erfundene – Geschichte von John begannen im 17. und 18. Jahrhundert viele Seefahrerkarrieren in Europa. Junge Männer wurden gegen ihren Willen, oft in volltrunkener Bewusstlosigkeit, nachts auf Segelschiffe verschleppt. Diese legten beim Morgengrauen ab – und zack, befand man sich zwangsverpflichtet zum Dienst an Bord wieder. Die Unterbesetzung der Handels- und Kriegsmarine war ein Dauerproblem[2], man brauchte ständig frische Arbeitskraft. Freiwillig war jedoch kaum jemand bereit, die Strapazen dieser Tätigkeit auf sich zu nehmen. Also hatten sich sogenannte »press gangs« etabliert. Sie verdienten ihr Geld damit, kurz vor Auslaufen eines Großseglers junge Männer gewaltsam an Bord zu entführen. Dieses System der Zwangsrekrutierung war so etabliert, dass es sogar gesetzlich geregelt war. So mancher findige Magistrat einer Hafenstadt entledigte sich auf diese Weise seiner Bettler, Taugenichtse und Kriminellen. Wen man im Stadtbild nicht brauchte oder nicht wollte, den konnte man so elegant »entsorgen« – und praktischerweise noch die letzten Reserven an Arbeitskraft aus seinem Körper herausschinden. So landeten viele Männer gegen ihren Willen in der Seefahrt. Harte Burschen, Ausgestoßene und Betrüger, aber auch Waisen, die oft kaum alt genug waren, um körperlich zu arbeiten. Und gesunde junge Männer wie John. Man machte sie mit Alkohol gefügig und verschleppte sie an Bord. Dann mussten sie schuften. Ohne Ausbildung, ohne Erfahrung, ohne Abschied von der Familie, ohne einen Vertrag und meist ohne jegliche Bezahlung. Entbehrungsreiche Wochen und Monate lang knechteten sie bei Kälte, Sturm, drückender Hitze, schlechter Versorgung und miserablen Hygienebedingungen. Eigentlich fokussierte sich der Sklavenhandel zu dieser Zeit auf die Verschleppung von Menschen aus Afrika nach Nordamerika. Aber das Leben eines einfachen Seemanns an Bord einer englischen Handelsgaleone oder eines Kriegsschiffs war ebenso eine Form der Sklaverei: grausam harte Arbeit, ein erbärmliches Leben zwischen Ratten und allerlei Ungeziefer, keinerlei Rechte und dazu teilweise extreme Strafexzesse gewalttätiger Kapitäne. War man krank und es bestand keinerlei Hoffnung auf schnelle Genesung, wurde man über Bord geschmissen und entsorgt. Es war eine brutale und ungerechte Welt, in der John an diesem Morgen aufgewacht war.

John konnte nicht schwimmen, er hatte also keine Chance, das Schiff zu verlassen. In den wenigen Häfen, die sie anliefen, war eine Flucht aussichtslos. Große Handelsschiffe wurden in jedem Hafen engmaschig überwacht, schließlich waren sie schwimmende Warenhäuser mit wertvollen Gütern an Bord. Es gab also nur zwei Möglichkeiten: sich seinem Schicksal ergeben – oder auf einen Piratenangriff hoffen und dann sofort die Seiten wechseln. Piraten galten als skrupellose Verbrecher, dennoch rankten sich um ihre brüderliche Art des Zusammenlebens allerlei Mythen. Spätestens seit den Raubzügen des Freibeuters Henry Morgan hatte sich herumgesprochen, dass es sich auf Schiffen auch demokratisch, fair und in guter Kameradschaft leben ließ. Piraten wählten die Anführer aus ihrer Mitte heraus. Der so Gewählte hatte allerdings nur in der akuten Kampfsituation das Sagen, ansonsten herrschte gleiches Recht für alle. Um die Macht des Kapitäns zusätzlich zu begrenzen, wurde ein sogenannter Quartiersmeister gewählt. Der vertrat die Gemeinschaftsinteressen stellvertretend für die Mannschaft gegenüber dem Kapitän. Welche Ziele man ansteuerte, welche Raubzüge man vornahm oder wohin man als Nächstes segeln wollte, das wurde demokratisch abgestimmt. Außerdem gab es keinerlei Privilegien. Alle Seeräuber bekamen das gleiche Essen und Trinken und sie teilten sich alle Schlafplätze an Bord. Auch ihre Beute wurde nach klaren und für jeden transparenten Regeln verteilt. Sogar eine Art Unfallversicherung vereinbarten sie miteinander. Wer sich im Kampf verletzte oder verstümmelt wurde, bekam eine Entschädigung. Weil dieses Risiko allgegenwärtig war, wurde es gut abgesichert: Die Entschädigungszahlungen wurden grundsätzlich zuerst aus der Beutekasse beglichen. Nur was danach noch übrig war, wurde gleichmäßig an alle verteilt.

Die brutalen Gepflogenheiten, die das Leben von John als einfachem, unbedeutendem Seefahrer unter einem herrschsüchtigen Kapitän so unerträglich machten, hatten die Piraten neu definiert. Ihr Zusammenleben war demokratisch und fair geregelt, sie betrachteten sich alle als Menschen mit gleichen Rechten. Gleiche Rechte, unabhängig von der Herkunft? Für Monarchen, Aristokraten und reiche Handelsfamilien war allein der Gedanke eine Zumutung. Und eine echte Bedrohung. Die Aktivitäten der Piraten bescherten den Mächtigen der Welt immer wieder große Verluste. Deshalb wurden Seeräuber weltweit als Kriminelle verfolgt, sie wurden gejagt, eingekerkert und dann gehängt oder geköpft. Ihre sozialrevolutionären Ideen durften sich auf keinen Fall durchsetzen.

Piraten waren Verbrecher, aber sie repräsentierten auch einen alternativen Gesellschaftsentwurf.

John machte pflichtbewusst seine Arbeit. Er passte sich an, verhielt sich unauffällig und versuchte, gesund zu bleiben. Und er hoffte auf Piraten. In den Gewässern der Westindischen Inseln sollte es angeblich nur so von Seeräubern wimmeln. Sein Schiff war zwar nicht riesig und auch nicht mit Gold und Silber beladen, es war aber auch kaum in der Lage, sich selbst zu verteidigen. Jeder halbwegs souveräne Angriff von Piraten würde sie zwingen, sich zu ergeben. John hatte Glück. Irgendwann hörte er den panischen Ruf aus dem Ausguck: »Piratenschiff von achtern!« Nur wenige Stunden später begann seine Karriere als Seeräuber. Sein Kapitän hatte sich kampflos ergeben. Die Piraten kamen an Bord und übernahmen das Kommando – und sie boten der gesamten Besatzung an, zu ihnen überzulaufen. John und viele andere zögerten keine Sekunde. Einige jedoch hatten zu viel Angst. Pirat zu werden war eine Entscheidung mit weitreichenden Konsequenzen. Wer gefasst wurde, dem drohte auf der ganzen Welt die Todesstrafe. Für John jedoch war die Entscheidung leicht, er hatte sie schon vor Wochen getroffen. Ein Leben als versklavter Seemann in der Marine war kaum besser als der Tod. Ein Leben als freier Pirat versprach den einzigen Ausweg aus dieser Misere. Noch vor wenigen Monaten war John davon ausgegangen, sein Leben würde so verlaufen wie das seiner Eltern. Schafe züchten und Gemüse anbauen, eine kleine Farm, ein ärmliches, zähes, aber halbwegs sicheres Leben in den grünen Hügeln von Devon in Südengland. Doch jetzt war er Pirat.

Rückblickend war es das Schicksal, das seinen Weg auf die Weiten der Ozeane gelenkt hatte. Er hatte auf dem Handelsschiff – trotz aller Entbehrungen – die Schönheit der See zu schätzen gelernt. Die Weite und Unendlichkeit, die sich ihm boten. Die Eleganz der Wellen und der gelegentliche Besuch von Delfinen, die das Schiff in großen Schulen begleiteten. Das waren Momente, die ihn vergessen ließen, in welch aussichtsloser Situation er sich befand. Ein Leben auf See war nie sein Plan gewesen. Jetzt schien es eine Möglichkeit zu werden, jedoch nur unter radikal anderen Bedingungen. In der Seefahrt einen erträglichen Platz zum Leben zu finden, das konnte er sich nur noch unter einer Totenkopfflagge vorstellen.

Auf Knien leben oder stehend sterben?

»Wer nichts riskiert, setzt alles aufs Spiel.«
Sergio Bambaren

Piraten gab es vor rund 400 Jahren überall auf der Welt. Die strikt hierarchischen Gesellschaften, deren Eliten hart und selbstsüchtig durchregierten, brachten zwangsläufig viele Rebellen hervor. Diese fühlten sich Kameradschaft, Gleichheit und Gerechtigkeit verpflichtet, nicht aber einem Monarchen oder Admiral in weiß gepuderter Perücke. Sie begehrten gegen die vorherrschenden Systeme auf und hinterfragten die Machtstrukturen und die absurd ungleichen Wohlstandsverhältnisse. Sie waren nicht bereit, sich ihrem Schicksal zu ergeben. Genau das ist es, was Piraten für mich ausmacht. Nicht hinnehmen, was ist, sondern selbst wagemutig anpacken und den Status quo verändern. Solche Menschen gab es vor 400 Jahren. Es gab sie auch schon davor, und es gibt sie heute noch. Zum Glück! Denn unsere Welt braucht sie.

Piraten sind Menschen, die nicht hinnehmen, was ist, sondern Dinge verändern.

Nach dieser Definition können Männer und Frauen Piraten sein, sie können jede Nationalität oder Religion haben, sie können alt oder jung sein, sehr gebildet und intelligent oder auch einfacherer Natur. Es gibt keine Merkmale äußerlicher Art: Piraten sind gesund und krank, dick und dünn, stark und schwach, sie können in Rollstühlen sitzen und Holzbeine haben. Manchmal sind die Dinge, die sie am Status quo verändern, nur klein, vielleicht unbedeutend für andere, aber ihnen doch auf eigene Weise wichtig. Manchmal ist das, was Piraten verändern wollen, von großer Tragweite. Oft geht es um Motive wie Fairness, Freiheit oder Gerechtigkeit. Ihre Gegner sind die vorherrschenden Systeme. Diese Systeme sind häufig in Regeln und Gesetzen manifestiert. Es sind aber auch ungeschriebene Regeln, absurder Kleinkram oder sinnbefreite Gepflogenheiten, die diese Systeme stützen. Piraten erkennen und hinterfragen diesen Unsinn. Ihnen fallen Dinge auf, die nur deswegen so sind, wie sie sind, weil sie keiner anzweifelt. Das ist eine wichtige Aufgabe. Auf ihre ganz eigene Art und Weise streben Piraten danach, die Welt ein Stück besser zu machen. Es sind Menschen, die selbstbewusst anpacken, statt abzuwarten, dass »es« sich verändert.

Für mich ist hingegen KEIN Pirat, wer sich heute eine Kalaschnikow unter den Arm klemmt und ein Schnellboot besteigt, um einen vollbeladenen Frachter am Horn von Afrika zu entführen. Auch wenn es »Piraterie« genannt wird, trifft es in keiner Weise das, was ich mit diesem Buch beschreibe. Die vorrangig vor Somalias Küste stattfindenden Überfälle sind nichts anderes als organisierte Kriminalität.

Zu Zeiten von John brauchte es viel Mut, um sich den Piraten anzuschließen, es war eine radikale und meist nicht mehr umkehrbare Entscheidung. Wenn man sich in der heutigen Zeit bewusst entscheidet, wagemutig zu sein, geht man ebenfalls Risiken ein. Die Dimensionen sind jedoch anders. Als sich ein 15-jähriges Mädchen an einem sonnigen Augusttag 2018 mit einem Pappschild vor das schwedische Parlamentsgebäude setzte, anstatt die Schulbank zu drücken, war das Risiko überschaubar. Eine Verwarnung des Schuldirektors war möglich, viel mehr vermutlich nicht. Als das gleiche Mädchen sich einige Jahre später in Sachen Klimaschutz mit den mächtigsten Menschen der Welt anlegte und sie auf den Bühnen der Weltgemeinschaft anklagte, waren die persönlichen Risiken schon um einiges größer. Greta Thunberg war das sicherlich bewusst. Seit Beginn ihrer Aktivitäten scheint sie genau zu wissen, worum es ihr geht und gegen wen sie kämpft. Sie nimmt diesen Kampf auf. Das Gefühl, sie selbst sei zu klein und zu unbedeutend, hat sie nie aufgehalten. Das Risiko, das sie dabei eingeht, ist vielleicht keine Frage von Leben und Tod. Aber immerhin geht es um Integrität, Glaubwürdigkeit und das manchmal brutale Feedback der globalen Mediengesellschaft.

Ich bezeichne mich selbst als Piratin. Ich strebe jeden Tag danach, das, was ich in diesem Buch mit wagemutigem Denken und Handeln beschreibe, selbst umzusetzen. Ob ich allerdings mein Leben für meinen Wagemut riskieren würde, das weiß ich nicht. Zum Glück gab es noch keine Situation, in der ich das hätte entscheiden müssen. Seit dem 24. Februar 2022 gibt es tragischerweise nur einige Hundert Kilometer von mir in Richtung Osten unzählige Menschen, die solch eine Entscheidung auf Leben und Tod für sich und ihre Familien treffen müssen. Es sind die Ukrainerinnen und Ukrainer, die ihr Land verteidigen. Seit Beginn des brutalen Angriffskrieges von Wladimir Putin stellen sie sich dem übermächtigen Russland entgegen. Direkt am zweiten Kriegstag ist ein ikonischer Satz ausgesprochen worden. Ein Satz, der den Wagemut eines Piraten in dieser Kriegssituation auf den Punkt genau beschreibt. Gesagt hat ihn der Präsident der Ukraine, Wolodymyr Selenskyj. Nach US-Geheimdienstangaben hatte Selenskyj das Angebot der Regierung in Washington, sich aus Kiew in Sicherheit bringen zu lassen, wie folgt kommentiert:

> »Der Kampf ist hier. Ich brauche Munition, keine Mitfahrgelegenheit!«

Der ukrainische Präsident habe optimistisch gewirkt, erklärte ein ranghoher US-Geheimdienstbeamter mit Kenntnis von dem Gespräch.[3] Das hört sich fast schon zynisch an. Der junge Präsident sitzt mitten im Bombenhagel der Russen, wirkt aber optimistisch. Doch es zeigt: Optimismus ist unverzichtbar, wenn du die Welt verändern willst. Jeder Pirat glaubt fest daran, dass der Status quo veränderbar ist und dass das eigene Handeln Wirkung entfalten kann!

Der Status quo ist keine Festung

> »To avoid criticism, do nothing, say nothing, and be nothing.«
> Elbert Hubbard

»Nach erfolgreicher Prüfung der heterogenen Optionslandschaft wurde anhand der aktuellen Benchmarkstudien entschieden, dass die vorläufige Beibehaltung der aktuellen Strategie die präferierte Handlungsoption darstellt.« Diesen Satz habe ich bei einer Konferenz abgeschrieben, er stand in der Präsentation einer hochrangigen Führungskraft eines internationalen Konzerns. Nein, ich verrate dir nicht, wann und wo. Lies ihn gerne ein zweites Mal. Genieße ihn Wort für Wort. Er ist ein sprachliches Juwel. Er wurde vermutlich formuliert von einem schlauen Anzugträger mit exzellentem Studienabschluss in BWL oder Jura, der vor zwei oder drei Jahren einen gut dotierten Arbeitsvertrag einer renommierten Beratungsfirma unterschrieben hatte und der sich mit PowerPoint hervorragend auskannte.

Dieser Satz ist für mich eine wertvolle Beute. Er hat Strahlkraft. Seit dem Tag, an dem ich ihn in die Finger bekam, nutze ich ihn regelmäßig in meinen Trainings und Workshops. Was ihn so besonders macht? Ganz einfach: Treffender kann man nicht beschreiben, welches unfassbare Problem wir haben, wenn wir nicht wagemutiger werden. Die Kernaussage dieses 23-Wörter-Satzes lässt sich in drei Wörtern zusammenfassen: »Wir machen nix!« Das steht da. Nur ist es so formuliert, dass es sich anhört, als wäre das extrem gut durchdacht. Im Subtext hingegen erzählt mir dieser Satz folgende Geschichte:

- Wir haben keine Ahnung, wie sich alles entwickeln wird.
- Unsere Geschäftsführung ist sich wie immer uneinig und sie scheucht alle mit ihrer Unentschiedenheit auf.
- Nach mehrfachem Hü und Hott will keiner die Verantwortung für die nächsten Schritte übernehmen.
- Wir haben auf Basis verschiedener – und teurer! – Studien, die auch nicht wirklich erhellend waren, jetzt irgendwie eine Übereinkunft getroffen.
- Einfach nichts machen führt am ehesten dazu, dass keiner am Ende eindeutig schuld ist, wenn das Verharren eine falsche Entscheidung war.

Kennst du das?

Ich nenne so etwas Arschretter-Verhalten.

Da will keiner mutig sein. Alle haben gelernt, dass Vorangehen nicht belohnt wird. Es herrscht Lähmung, Angepasstheit und das Prinzip: »Wer zuerst zuckt, hat verloren.« Eigentlich ist das eine Kultur, die aus den 1990er- oder 2000er-Jahren stammt. Leider ist sie noch lange nicht ausgestorben. Es gibt sie heute noch, auch wenn sie etwas hübscher verpackt wird. Früher entgegnete man jedem Piraten und jeder Piratin, die etwas verändern wollten, diese beiden Sätze: »Das haben wir schon immer so gemacht!« oder das Äquivalent: »Das haben wir noch nie so gemacht!«. Heute haben sich diese Botschaften verkleidet. Sie sind immer noch da, aber es traut sich (zum Glück!) niemand mehr, sie so deutlich auszusprechen. Im Laufe meiner Jahre als Workshop-Moderatorin und Business Coach habe ich eine persönliche Hitliste der verkleideten Botschaften angelegt. Wenn Menschen heute nichts verändern und alles so lassen wollen, wie es ist, dann sagen sie etwa die folgenden Sätze:

- Dafür ist der Markt noch nicht reif.
- Das würde unsere Geschäftsführung nicht verstehen.
- Da geht die Rechtsabteilung sicherlich nicht mit.
- Das können wir dem Vertrieb nicht zumuten.
- Das würde unsere Mitarbeiterinnen und Mitarbeiter überfordern.
- Herr X oder Frau Y – ein hohes Tier in der Organisation – hat diese Option explizit ausgeschlossen (warum, weiß keiner, aber so ist es nun mal).
- Das bringt zu viele Risiken mit sich (welche Risiken das »weiter so« mit sich bringt, wird meist nicht beachtet).

Und jetzt noch mein Favorit der scheinheiligen Weiter-so-Argumente. Dieser Satz belegt auf der Hitliste den ersten Platz und kommt regelmäßig vor: »Das können unsere Systeme nicht abbilden.« Der Status quo wird manifestiert, obwohl er nichts anderes ist als ein aktueller Zustand. Der könnte in einer Stunde, morgen früh oder nächste Woche anders sein, wenn – ja, WENN! – jemand den Hintern in der Hose hätte, eine Veränderung anzupacken. Das passiert aber nicht. Wenn ich mich umsehe, dann erkenne ich immer wieder Szenen, die mich an das Märchen »Des Kaisers neue Kleider« erinnern. Es zeigt pointiert, wie leichtgläubig und unkritisch viele Menschen akzeptieren, was ihnen scheinbare Experten und Autoritäten vorsetzen. Für mich sind es folgende Aspekte, die hier eine Rolle spielen:

- Die meisten Menschen sind in ihrer Autoritätsgläubigkeit geradezu gefangen, besonders, wenn sie »unter der Fuchtel« dieser Autoritäten leben.
- Der gesunde Menschenverstand lässt sich kollektiv ausbremsen, wenn nur vehement genug kommuniziert wird.
- Es gibt im Märchen ein noch nicht von Gesetzen und Gepflogenheiten geprägtes Kind, welches sich traut, das Offensichtliche auszusprechen: Der Kaiser ist nackt. Das ist der Piraten-Spirit.

Wir sind offensichtlich nicht gut darin, das Handeln und die Erzählungen vermeintlicher Autoritäten kritisch zu hinterfragen. Es ist oft bequemer, einfach mitzulaufen. Wir fokussieren uns darauf, das eigene Leben halbwegs gut voranzubringen. Kritisches Hinterfragen, das sollen mal die anderen machen. Irgendwer wird sich schon kümmern. Und wenn nicht, ist es auch nicht so schlimm. Das Resultat jedoch ist erschreckend.

Wir versinken in Bequemlichkeitslethargie.

Diese Lethargie macht es schwer, wieder in Bewegung zu kommen. Wir haben es uns in einer latenten Unzufriedenheit gemütlich gemacht, die sich nach »Na ja, so isses halt …« anfühlt. Je länger wir dort verharren, desto mehr ergeben wir uns, desto mehr verlieren wir den Glauben an unsere Selbstwirksamkeit. In meinen Coachings und Workshops erlebe ich häufig Menschen, die eigentlich wissen, dass eine notwendige Veränderung ansteht. Aber dann kommt ihnen irgendwie das Leben dazwischen. Es verlässt sie der Mut und der Glaube an ihre eigenen Möglichkeiten. Dann erscheint das, was sie sich eigentlich vorgenommen haben, doch zu groß, zu mühevoll, zu unrealistisch. Sie »zerdenken« ihre Pläne. Ist dir das auch schon passiert? Kennst du das Gefühl, dass dir ein Strudel aus Grübeleien deinen Mut raubt? Dass sich irgendwann der Gedanke festsetzt, dass es sowieso so bleiben wird, wie es ist?

Wenn wir den Glauben an unsere Selbstwirksamkeit verlieren, dann geben wir uns innerlich auf.

Wenn du merkst, dass der Status quo zur gedanklichen Festung wird, ist es allerhöchste Zeit, mit PIRATE UP YOUR LIFE zu beginnen. Vermutlich hast du die Namen Blackbeard, Henry Morgan oder Francis Drake schon mal gehört. Sie alle haben die Geschichte ihrer Zeit beeinflusst, jeder auf seine Weise. Der Gedanke »Ich kann sowieso nichts ändern« war für sie keine Option. Sie waren Rebellen ihrer Zeit, echte Macher, Gestalter und Veränderer. Und das ganz ohne ein Zepter oder eine Krone. Als Piraten waren sie überzeugt: Der Status quo ist jederzeit veränderbar. Vielleicht steckt ein Stück ihres Wagemuts auch in dir? Sollte irgendwo tief in dir drin ein Mr. oder eine Mrs. Blackbeard stecken, dann ist der Status quo für deine Piratenseele nur ein Zustand, aber keine Festung.

Frei leben, ohne gleich alle Grenzen zu sprengen

»Start small, think big and aim somewhere in between.«
Bill Rancic

Von 1999 bis 2000 bin ich 14 Monate um die Welt gesegelt. Mein Berufsleben als kaufmännische Angestellte im Bayer-Konzern pausierte in diesem Sabbatical-Jahr. Statt ins Büro zu gehen, heuerte ich als Crewmitglied auf einer 20-Meter-Yacht mit internationaler Mannschaft an. Ich bin gesegelt, habe gekocht, geputzt, Holz abgeschliffen und lackiert, Rost entfernt, Segel geflickt und Scharniere geölt – und nebenher die Welt kennengelernt. Die Bewunderung, die Menschen mir aufgrund meiner Weltumseglung häufiger entgegenbringen, fühlt sich immer noch befremdlich an. Natürlich machen nur wenige Leute so eine Reise. Einfach mal auf einem Segelschiff anheuern und den Globus umrunden, das ist ziemlich unkonventionell. Dennoch: Es hört sich spektakulärer an, als es ist. Zu der Zeit meiner Segelreise hatte ich keine Kinder, keinen Partner, genug Geld gespart, und ich hatte eine Familie im Rücken, die meine Idee zu 100 Prozent mitgetragen hat. In den zwei Jahren vor der Weltumseglung hatte ich in Buenos Aires in Argentinien gelebt und dort für Bayer gearbeitet, als junge, deutsche Single-Frau in einer 15-Millionen-Metropole in Südamerika. Die Journalistin einer lokalen Tageszeitung in der Heimat meiner Eltern in Leverkusen berichtete über meine Segelreise. Sie fragte meine Mutter, ob sie denn keine Angst um mich gehabt habe, als ich auf dem Wasser unterwegs war. Meine Mutter antwortete fast schon erstaunt: »Angst? Nein, die hatte ich überhaupt nicht! Stefanie war auf jedem Segelschiff der Welt sicherer als im Straßenverkehr von Buenos Aires.« Als wirklich rebellisch, aufbegehrend und wagemutig empfand ich meine Reise also nicht. Zudem hatte mir mein Arbeitgeber eine individuell für mich gestrickte Sabbatical-Lösung angeboten, sodass ich mit einem festen Job nach meinen Monaten auf See rechnen konnte. Überhaupt die Idee zu haben, diesen Schwenk in mein Leben einzubauen, das war der Teil, der mich sicherlich von anderen Menschen unterscheidet. Diese Weltumseglung passte einfach zu dem Zeitpunkt gut in meine

Lebensplanung – und ein Faible für etwas schräge und unkonventionelle Ideen hatte ich schon immer.

Mit dem Wort »Weltumseglung« verknüpfen viele Menschen automatisch ein großes Freiheitsgefühl. Oft werde ich gefragt, wie frei und unabhängig ich mich denn gefühlt habe, draußen auf dem Ozean. Ganz ehrlich: Auf einer 20-Meter-Yacht mit zwölf Personen ist man bei einem Segeltörn durch den Pazifik mehrfach über einen Zeitraum von neun, zwölf oder 17 Tagen auf gut 35 Quadratmetern ohne Ausweg eingesperrt. Freiheit fühlt sich anders an – das musste ich schmerzlich erkennen. Gerade in den ersten Wochen meiner Segelreise war ich unglücklich, hatte Streit mit meinen Mitseglern, haderte mit meiner Situation und fühlte mich miserabel. Freiheit? So weit entfernt von Freiheit war ich vermutlich noch nie in meinem Leben gewesen. Meine naiven Vorstellungen einer Weltreise erfüllten sich in keinster Weise. Und damit war ich nicht allein. Viele Segler und andere Reisende, denen ich bislang begegnet bin, fühlten sich genau wie ich eingeengt, abhängig und unzufrieden mit ihrer Situation, obwohl sie dem »normalen Leben« den Rücken gekehrt hatten. Ein Automatismus der Glückseligkeit auf einer großen Reise war definitiv nicht erkennbar. Freiheit und Selbstbestimmung definieren sich anders, und deswegen bin ich heute überzeugt: Es gibt einen weit verbreiteten Irrtum in Sachen Freiheit, der unbedingt aufgelöst gehört: Menschen sind NICHT frei, nur weil sie alles hinter sich lassen!

Du musst nicht mit einem Rucksack oder Seesack in die Ferne ziehen. Freiheit hat weniger mit Orten und Umgebungen zu tun als mit Selbstbestimmung und Entscheidungssouveränität. Nach Vorträgen zu meiner Weltumseglung spreche ich öfter mit Menschen, die mir von ihren Freiheitsträumen berichteten. Meist beginnen ihre Schilderungen mit den Worten: »Wenn ich erst mal pensioniert bin, dann …« Oder sie warten auf den neuen Job, das bessere Gehalt oder den Studienbeginn der Kinder. Auch die lange ersehnte Scheidung und der Abschluss einer schwierigen Lebensphase wurde schon mal genannt. Dann – und erst dann – würden sie die Möglichkeit haben, frei zu sein und das zu tun, was sie wirklich wollten. Dann sei die Zeit für große Träume gekommen. Ein Stück weit kann ich das verstehen. Diese Denkweise ist weit verbreitet. Aber deswegen ist sie nicht richtig. Ich finde sie grundfalsch und fatal.

> Du musst weder eine Weltreise machen noch deinen Job hinschmeißen, um frei zu sein und glücklich und sinnerfüllt zu leben.

Freiheit heißt NICHT, alle Verantwortung, die du irgendwann mal bewusst gewählt hast, loszulassen und komplett auf alles zu pfeifen, was bisher galt. Wenn Freiheit nur mit einer radikalen Abkehr von jeglicher Verpflichtung zur Gemeinschaft erreichbar wäre, dann bräuchte jeder von uns eine einsame Insel. Erstens gibt es nicht so viele Inseln, zweitens würden wir alle vereinsamen. Freiheit und Selbstbestimmung funktioniert auch im Alltag – in deinem wie in meinem. Eigene Wege gehen kannst du auch, wenn du da bleibst, wo du bist. Pirat zu sein heißt nicht, alles über den Haufen zu werfen.

> PIRATE UP YOUR LIFE heißt: dein heutiges Leben und die heutige Welt in deinem Sinne zu verändern.

Es geht um kluge Evolution statt radikaler Revolution. Piraten waren Seeleute, genau wie die Seefahrer auf Handelsschiffen. Piraten hatten eine fest geregelte Organisationsstruktur, genau wie es sie auf jedem anderen Schiff gab. Sie hatten Regeln, Verpflichtungen und Rechte. Diese wurden bei Missachtung sanktioniert, mitunter sehr streng. Sie pflegten an Bord ein enges Miteinander, das haltbare Rahmenbedingungen brauchte, um zu funktionieren. Aber sie interpretierten das Seefahrerleben an genau den Stellen anders und neu, an denen es sie auf den Schiffen der Handels- und Kriegsmarine ihrer Rechte beraubt hatte. Sie schmissen nicht alles über den Haufen, sondern nur das, was den Prinzipien der Gleichheit, Fairness und Brüderlichkeit widersprach.

Schau dir die Welt an. Schau dir die Menschen in deiner Umgebung an. Was gefällt dir, was wünschst du dir anders? Statt darauf zu warten, dass irgendwer anfängt, deine Wünsche zu erfüllen, kannst du auch selbst den Anfang machen. Du kannst den Stein ins Rollen bringen.

- Du kannst eine Frage stellen, wenn andere schweigen.
- Du kannst einen traurigen Menschen ansprechen und trösten, wenn andere lieber auf ihre eigenen Probleme schauen.

- Du kannst eine unangenehme Wahrheit aussprechen, wenn andere sie lieber ignorieren.
- Du kannst den Plastikmüll am Strand aufsammeln, wenn andere auf die behäbigen Umweltgesetze schimpfen.
- Du kannst dem Getränkelieferanten 20 Euro Trinkgeld geben, wenn andere sich darüber aufregen, dass alles immer teurer wird.
- Du kannst den Polizistinnen und Polizisten Danke sagen, wenn andere sie grimmig anschauen oder sogar anpöbeln.
- Du kannst überhaupt oft und vielseitig Danke sagen, wenn andere alles immer für selbstverständlich nehmen.
- Du kannst helfen, das Klassenzimmer deiner Kinder zu streichen, wenn andere sich über die schlechte Schulausstattung ärgern.
- Du kannst Leserbriefe formulieren, öffentliche Statements abgeben und dich klar äußern, wenn andere nur noch mit den Schultern zucken.
- Du kannst in eine politische Partei eintreten und mitgestalten, wenn andere auf Politikerinnen und Politiker schimpfen.

Du kannst jeden Tag ein Pirat oder eine Piratin sein.

Du kannst jeden Tag beweisen, dass sich Dinge verändern, wenn du aktiv wirst. Du hast immer die Freiheit, selbst zu entscheiden, ob du handelst, wie du handelst, was du sagst und was du nicht sagst. Wenn du PIRATE UP YOUR LIFE ernst nimmst, dann ist ein resigniertes Schulterzucken für dich keine Option.

Die Wagemut-Erfolgsformel

»You are under no obligation to be the same person you were five minutes ago.«
Carrie Green

Menschen möchten sich weiterentwickeln. Wir alle wollen mehr lernen, mehr wissen, mehr können. Also kaufen wir Bücher, machen Fortbildungen und laden uns Apps herunter, die unsere Fortschritte tracken. Gesünder essen, besser schlafen, eine neue Fremdsprache lernen, eine

Zusatzqualifikation im Job, eine neue Software … praktisch jede und jeder ist immer dabei, die eigenen Fähigkeiten auszubauen. Daran ist nichts verkehrt. Allerdings verlieren wir bei all dem neuen Wissen einen entscheidenden Aspekt aus den Augen.

Wissen ist das eine. Umsetzen ist das andere.

Wer viel weiß, setzt noch lange nicht um. Nur weil wir mal einen Kommunikationskurs zu gutem Feedback gemacht haben, sagen wir dem Kollegen noch lange nicht, dass sein Verhalten uns schon seit Monaten auf die Palme bringt. Dass gesunde Ernährung, ausreichend Schlaf und viel Wasser gut für unseren Körper sind, das ist unstrittig. Aber deswegen werden wir noch lange nicht zu konsequenten Hütern unserer Gesundheit. Wir haben nämlich alle ein dickes Problem: Wir sind Umsetzungs-Lethargiker. Die neuen Laufschuhe und das schicke Sportshirt sind schnell gekauft, die ersten 4 Kilometer auch bald gelaufen, aber aus den 4 werden oft keine 30, 50 oder 200 Kilometer. Der Kauf der Schuhe macht Spaß, der erste Lauf ist anstrengend, hat aber zum Glück noch die motivierende Aura des »Jetzt mache ich das endlich!«. Doch dann wird es schwer mit der neuen Gewohnheit. Der Alltag schlägt zu.

Wenn du PIRATE UP YOUR LIFE ernst nimmst, dann brauchst du vor allem eins: ein regelmäßiges Training deines Wagemuts. Fähigkeiten und Potenziale, die in dir stecken, sind wichtig. Aber mindestens ebenso wichtig ist es, deine Potenziale auch in die Welt zu bringen. Du brauchst auch den Mut und die Konsequenz, das zu tun, was du dir vornimmst. Denn viele Potenziale gepaart mit wenig Wagemut führen zu verschwendeten Möglichkeiten. Ohne Potenziale ist es schwer, die Welt oder zumindest dein Leben zu verändern. Aber mal unter uns, Potenziale hast du jede Menge. Du weißt genau: Es gibt eine Reihe von Dingen, die du gut kannst und schon gemeistert hast. Die Potenziale sind da. Aber wie sieht es mit deinem Wagemut aus? Ist dir klar, was es bedeutet, wagemutig zu handeln? Und bist du bereit, das für dich zu trainieren?

Wagemut ist die bewusste Entscheidung, dass es etwas Wichtigeres gibt als Angst, Scham, Konventionen oder Regeln.

Wie oft entscheidest du dich bewusst für den unkonventionellen Weg? Wie viele Ideen, die ein bisschen verrückt sind, setzt du um? Wie regelmäßig verlässt du deine Komfortzone und überwindest deine eigene Skepsis oder sogar deine Angst? Das alles gehört zum Wagemut. Vielleicht hast du das noch nie bewusst trainiert. Das kann ich gut verstehen, es ist nur allzu menschlich. Doch das solltest du sofort ändern. Die Wagemut-Erfolgsformel lautet:

> Potenziale × Wagemut = Erfolg

Halte dich an diese Formel, fokussiere dich auf den Wagemut und überlege, wie du das unkonventionelle Denken und Handeln in deinem Leben etablieren kannst. Verabschiede dich vom Alltagskonformismus, ohne gleich alles über den Haufen zu werfen. Die entscheidende Frage lautet: Wie gelingt es dir, den Wagemut in deinen täglichen Routinen so zu verankern, dass er zur Basis deiner Gewohnheiten wird? Der Verhaltensforscher James Clear beschreibt in seinem Buch »Die 1 % Methode«, dass wir neue Gewohnheiten auf drei verschiedenen Ebenen verinnerlichen müssen, um sie wirklich nachhaltig zu etablieren.[4] Es geht bei den drei Ebenen um

1. unsere Identität,
2. um Prozesse und
3. um Ziele.

An erster Stelle steht dabei – das ist wenig überraschend – die Identität. Die Gewohnheit, die du in dir verankern möchtest, muss zu dem idealen Selbstbild passen, welches du von dir hast. Wenn du dich selbst als wagemutigen Menschen erleben willst, der anpackt und hinterfragt, dann willst du Veränderungen in die Welt bringen. Dann willst du deine eigene Delle ins Universum hauen, so hat das Steve Jobs mal formuliert. Das ist deine Piraten-Identität – das ist der Kern deines Wagemuts.

> Als Pirat ist es Teil deiner Identität, wagemutig zu leben.

PIRATE UP YOUR LIFE heißt, den Wagemut in dir zu wecken, indem du dich hier und jetzt fragst, wer du sein willst und welche Konsequenzen sich daraus für dich ergeben. Willst du der John sein, der so lange in der Handelsmarine demütig schuftet, bis er elendig krepiert? Oder spürst du, dass du der John bist, der zwar momentan stillhält, aber nur auf die Gelegenheit lauert, in der sich eine neue Tür öffnet, um sie dann beherzt aufzustoßen und zu durchschreiten?

Im nächsten Schritt geht es um die passenden Prozesse. Was musst du tun, um wagemutigeres Denken und Handeln zu erreichen? Ich verrate es dir: üben, üben, üben. In diesem Buch bekommst du etliche Anregungen, deinen Wagemut zu trainieren. Und du wirst auf unterschiedliche Weise aus deiner Komfortzone gelockt. Es geht dabei manchmal um banale Dinge, aber auch um wagemutige Aktionen, die einen fetten Adrenalinschub mit sich bringen. Ein Buch über Wagemut zu lesen reicht halt nicht, du musst es auch tun.

Und dann sind wir bei den Zielen angekommen. Das ist der Teil, den du selbst entscheidest. In diesem Buch zeige ich dir zur Inspiration verschiedene Wege, die Piraten von damals und heute gegangen sind, um die Welt zu verändern. Vielleicht orientierst du dich an diesen Vorbildern. Vielleicht steuerst du auch deinen eigenen Kurs und wirst ein Vorbild für andere. Ein wagemutiger Pirat oder eine wagemutige Piratin sein, das kannst du in deiner Art und Weise frei für dich interpretieren. Wenn du dieses Buch nicht nur gekauft, sondern auch schon bis hierher gelesen hast, dann steckt ein gutes Stück Blackbeard, Henry Morgan oder Francis Drake vermutlich auch in dir. Wagemutiger sein, das wünschst du dir. Weil du spürst, dass dann noch viel mehr möglich wird.

A: Danke sagen

Eine einfache und kraftvolle Art, Veränderungen in die Welt zu bringen, hat genau sechs Buchstaben: D A N K E N. Wir möchten alle in einer freundlicheren, von Wertschätzung geprägten Welt leben. Also bringe ich Freundlichkeit in die Welt hinein, bei jeder noch so kleinen Gelegenheit. Ich nuschele schon lange kein »Danke« mehr mal eben so dahin, sondern sage es deutlich. Ich schaue Menschen an, schenke ihnen ein breites Lächeln und spreche sie direkt an, sodass mein Dank auf jeden Fall bei ihnen ankommt. Ein handgeschriebener »DANKE«-Zettel macht sich gut auf dem Schreibtisch eines hilfsbereiten Kollegen. Eine kurze E-Mail an den Schulleiter, wenn eine Aktion gut gelaufen ist, schafft Anerkennung. Bedanke dich gerade bei denen, die du nicht persönlich kennst. Die Callcenter-Mitarbeiterin, der Sachbearbeiter im städtischen Ordnungsamt oder die Apothekerin im Notdienst am Wochenende: Sage ihnen allen Danke, wenn sie dich gut behandeln. Herzlich und ehrlich »Danke« zu sagen, das ist gelebter Wagemut. Deine Aufgabe ist ganz einfach: Sag an jedem Tag mindestens drei Mal deutlich und klar »Danke«. Oder schreib es jemandem. Und sorge auf jeden Fall dafür, dass es ankommt.

B: Die tägliche Spiegel-Frage

Nimm dir am Morgen vor dem Badezimmerspiegel 30 Sekunden Zeit. Schau dein Spiegelbild an, ehrlich, geradeaus, ohne eine Orgie der Selbstkritik. Sieh genau hin und stelle dir folgende Frage:

> Was genau braucht dieser Mensch heute,
> um mindestens einen guten Moment zu erleben?

Entscheide dich für eine Sache, eine Kleinigkeit, die dir heute mindestens einen guten Moment bescheren könnte. Und dann setzt du diese Sache um. Wirklich. Tu es für den Menschen, der dich im Spiegel angesehen hat.

2 »YES-BUT« ODER »WHY-NOT« – DAS IST HIER DIE FRAGE

»There's only one thing more stupid than stupid rules,
and that's the people who follow them.«
Sam Conniff Allende

WORUM ES GEHT:

- Ein freies und wagemutiges Leben bedeutet, dass du deine Regeln selbst schreibst und dich von dem, was »man macht«, verabschiedest.
- Du musst zunächst erkennen, welche Konventionen und ungeschriebenen Regeln dich einengen. Erst dann kannst du sie bewusst hinterfragen und durchbrechen.
- Fokussiere dich bei neuen Ideen nicht auf Bedenken und »ja, aber«-Aussagen, sondern überlege dir eher, welche Möglichkeiten sich ergeben können, wenn du kreative, neue Wege einschlägst.
- Je mehr du bereit bist, wagemutig dein ganz eigenes Ding zu machen, desto lebendiger, abwechslungsreicher und kraftvoller kann dein Leben werden.

Wer schreibt die Regeln deines Lebens?

Ich stelle mir vor, dass es ein schöner Frühlingstag im Jahr 1788 in Südchina war, als die gerade 13-jährige Shi Xianggu gemeinsam mit ihren Eltern eine Reise unternahm. Shi Xianggu war ein fröhliches Mädchen, neugierig und aufgeschlossen, richtig clever. Und sie war bildhübsch. Die Familie waren Bauern, hatten in der gebirgigen Region Kanton nur ein winziges Stück Ackerland und kämpften Jahr für Jahr ums Überleben. Ganz einfache Menschen, immer fleißig, aber den sehr harten Rahmenbedingungen ihrer Zeit ausgeliefert. Jetzt waren sie auf dem Weg an die Küste. Shi Xianggu war aufgeregt, es war die erste Reise ihres Lebens. Ihre Eltern waren unterwegs auffällig still und in sich gekehrt. Denn die Reise diente einem Zweck, der allen Eltern das Herz brechen musste. Sie planten, ihre Tochter an eines der vielen schwimmenden Bordelle – sogenannte »Blumenboote«[5] – zu verkaufen. Ihre Armut ließ ihnen keine Wahl. Es war durchaus üblich für mittellose Familien dieser Zeit, ihre Töchter wegzugeben. Wenn man die Mädchen der eigenen Familie nicht »gewinnbringend« verheiraten konnte, boten die Blumenboote eine Alternative. Shi Xianggus Eltern hofften, dass ihre Tochter es den Umständen entsprechend gut treffen würde. Die Wirtschaft an der Küste florierte, und die Bordelle waren gut besuchte Etablissements, die für ein schönes und pfiffiges junges Mädchen einen bemerkenswert hohen Preis bezahlten. Shi selbst wusste nichts von den Plänen ihrer Eltern, aber sie hätte sowieso kein Mitspracherecht gehabt. Das Ende des 18. Jahrhunderts war eine harte Zeit für den weiblichen Nachwuchs einfacher chinesischer Familien. Mit dieser Reise nahm das Leben von Shi Xianggu, einer ungebildeten Bauerntochter aus Kanton, seinen ganz besonderen Lauf. Allen Widrigkeiten zum Trotz und entgegen den denkbar schlechten Voraussetzungen ihrer Kindheit schlug sie ihrem Schicksal ein unglaubliches Schnippchen. Sie wurde – man ahnt es bereits – eine Piratin. Keine beliebige Seeräuberin, sondern eine mächtige, einflussreiche und herausragende Figur der Weltgeschichte. Doch vermutlich hast du noch nie von ihr gehört. Wir denken bei Piraten meist an säbelschwingende, charismatische Kerle aus der Karibik, aber natürlich gab es auch Frauen, die erfolgreiche Piratinnen wurden. Weit entfernt von Jamaika oder Tortuga spielte sich in China eine der spannendsten Piratengeschichten ab, die die Welt je erleben würde – die Geschichte von Shi Xianggu. Das Bordell, in dem sie lebte und sich zu einer jungen Dame entwickelte, wurde regelmäßig von Piraten besucht, die in dieser Region ihr Unwesen trieben. Der mächtige Piratenanführer Zheng Yi wurde ihr Stammkunde – und schließlich wollte er sie heiraten. Clever wie sie war, ging sie auf seinen Wunsch ein und wurde seine Frau – aber nicht einfach so. Sie hatte einen wagemutigen Plan im Kopf. Für ihre Einwilligung zur Hochzeit stellte sie zwei sehr unkonventionelle Bedingungen: Erstens wollte sie mit an Bord gehen und mit ihm zusammen als Piratin leben. Und zweitens hatte sie den Wunsch, eine waschechte Seeräuberin zu werden. Sie wollte alles wissen, alles lernen, alles verstehen, was einen Piraten erfolgreich machte. Bis dahin war es für eine Frau unvorstellbar, in dieses Metier vorzudringen. Dann kam Shi Xianggu und sie änderte die Regeln. Sie setzte ihre ungewöhnlichen Forderungen durch, lebte von nun an mit ihrem Ehemann an Bord seines Schiffes und ließ sich zur Seeräuberin ausbilden. Zur Allianz des Piratenanführers Zheng Yi gehörten kurz nach seiner Hochzeit etwa 200 Schiffe mit bis zu 40 000 Mann Besatzung. Klare Koordination, eindeutige Befehlslinien und ein sehr einheitliches Vorgehen waren unabdingbar, um als Piratenarmee dieser Größe erfolgreich zu sein. Genau das konnten sie. Kapitän Zheng Yi und seine Leute waren so robust und gut strukturiert aufgestellt, dass die chinesischen Machthaber nichts entgegensetzen konnte. Die Piratenallianz unter Kapitän Zheng Yi wuchs weiter, raubte weiter und gewann mehr und mehr Einfluss – doch dann passierte etwas sehr Überraschendes. Bei bester Gesundheit und gerade einmal 41 Jahre alt, starb der große Piratenanführer im Jahr 1807. Nur sechs Jahre nach ihrer Hochzeit wurde Shi Xianggu zur Witwe. Wie er genau zu Tode kam? Das ist unklar.[6] Einige Historiker vermuten heute, dass seine Frau vielleicht nicht ganz unschuldig an seinem Ableben war. Denn sie profitierte am meisten von der neuen Situation.

Sie ging nicht als Shi Xianggu, sondern als Zheng Yisao in die Geschichtsbücher ein. Zheng Yisao bedeutet übersetzt »Witwe Zheng«. Sie trat sofort aus dem Schatten ihres Mannes, ergriff die Macht und füllte das entstandene Befehlsvakuum aus. Sie hatte genau verstanden, dass eine so große Piratenallianz ohne eine machtvolle Person an der Spitze nicht funktionieren konnte. Also schaffte sie Fakten. Bevor auch nur der Ansatz einer Debatte um eine geeignete Nachfolge für Zheng Yi aufflackern konnte, entschied sie, dass sie seine legitime Nachfolgerin war. Strategisch sehr geschickt setzte sie sofort ihren vertrauten Stiefsohn als Kommandeur des mächtigsten Flottenverbandes ein.[7] Die Fäden liefen jetzt bei ihr zusammen, und wem das nicht passte, der hatte so gut wie keine Möglichkeit, dagegen aufzubegehren. Um ihren Anspruch auf absolute Macht und ihren ganz eigenen Stil noch weitgehender zu manifestieren, nutzte sie ein einfaches, aber unmissverständliches Mittel: Das Fundament der gesamten riesigen Seeräuberallianz war der vereinbarte Piratenkodex, dem sich alle unterordnen mussten. Und genau diesen Kodex verfasste sie nun neu. Sie schrieb jetzt die Regeln. Sie entschied, welche Strafen für welches Fehlverhalten angeordnet wurden. Auffällig und sehr bemerkenswert an ihrem neuen Piratenkodex war der Umgang mit Frauen:

- Sie legte fest, dass Frauen und Männer als Piratenehepaare gemeinsam an Bord leben und Seite an Seite kämpfen durften.
- Sie entschied, dass sie als Witwe nach dem Tod ihres Mannes nicht in Keuschheit würde leben müssen. Auch in Bezug auf die sexuelle Freiheit der Frauen warf sie also jahrhundertealte Traditionen einfach über den Haufen.
- Und sie ordnete die Todesstrafe an, wenn Frauen – auch gefangene Geiseln – vergewaltigt wurden.

Diese Regeln waren ein kompletter Paradigmenwechsel. Unerbittlich setzte Witwe Zheng ihren neuen und unkonventionellen Kodex durch und ließ keinen Zweifel an ihrer Mission aufkommen. Jetzt, wo ihr Mann tot war, würde sie ihr erfolgreiches Leben als Piratin fortsetzen – und zudem kulturelle und gesellschaftliche Normen herausfordern. Das gelang ihr. Die verschiedenen Quellen sind sich einig, dass ihre Piratenarmee nach dem Tod ihres Mannes noch größer und mächtiger wurde.[8] Die genauen Zahlen variieren jedoch. Befehligte sie am Höhepunkt ihrer Macht mehr als 1 000 Schiffe und über 100 000 Mann Besatzung? Oder waren es »nur« 800 Schiffe und rund 70 000 Piraten? So oder so ist klar: Witwe Zheng wurde die mächtigste Piratin aller Zeiten. Sie ließ alle männlichen Seeräuber-Legenden weit hinter sich. Es ist eine historische Sensation, wie diese junge Frau aus einfachsten Verhältnissen es schaffte, sich an die Spitze der größten Piratenallianz zu setzen, die es jemals auf der Welt gab. Bravo, Witwe Zheng!

Eine wagemutige Piratin hält nicht an dem fest, was man(n) macht, sondern schreibt ihre eigenen Regeln.

Eigene Regeln schreiben, das ist genau mein Ding. Schon immer bin ich gerne eigene Wege gegangen. Das wurde mir meist als Dickköpfigkeit oder Starrsinn ausgelegt, oder auch als Naivität. Als ich mit Mitte 20 meine vielversprechende Karriere bei Bayer unterbrach, um die Welt zu umsegeln, da gab es reichlich kritische Stimmen: »Du wirfst deine Karriere weg – wie kannst du nur so blöd sein?!« Letztlich war es eine der allerbesten Entscheidungen meines Lebens, die meine Karriere mehr als beflügelt hat. Zu der Zeit aber war mein Handeln für viele zu unkonventionell, zu verrückt, zu verspielt, zu impulsiv und ohne klaren Nutzen. Die ungeschriebene Regel: »In den ersten Jahren der Karriere muss man Gas geben!« war in den Großkonzern-Köpfen um mich herum felsenfest verankert. Das hatte auch ich eigentlich verinnerlicht, seit Beginn meiner kaufmännischen Ausbildung war ich mit großem Engagement im Karriere-Hamsterrad unterwegs. Doch jetzt hatte ich mir die Idee der Weltumseglung in den Kopf gesetzt – also zog ich das Ding auch durch. Über Konsequenzen machte ich mir wenig Gedanken. Ich nahm einfach mal den Fuß vom Karriere-Gaspedal und warf mir einen Seesack über die Schulter.

Es gab in meinem Leben auch vor und nach der Weltumseglung viele Situationen, in denen ich mit einer vermeintlichen Regel konfrontiert wurde, die mir nicht logisch erschien. Oder ich wurde von einer »sehr erfahrenen Person« mit einem »guten Rat« beglückt, der mir einfach nicht einleuchtete. Also ging ich oft nicht den »vernünftigen« Weg, sondern eher mit dem Kopf durch die Wand. Oft hat das – entgegen allen skeptischen Prophezeiungen – ziemlich gut funktioniert. Aber klar, gelegentlich habe ich mir auch eine blutige Nase geholt. Das gehört dazu. Ein Freund sagte mir mal:

If you don't get what you want, you get experience.

Egal, ob es klappt oder nicht: Es ist nichts Alltägliches, eigene Regeln zu schreiben, ungewöhnliche Forderungen durchzusetzen oder ganz eigene, nie gekannte Bedingungen zu stellen. Gerade im angepassten, strukturierten, pflichtbewussten, skeptisch-vernünftigen Deutschland ist das schwer. Wenn du dich bewusst gegen Konventionen wenden willst, musst du zunächst erkennen, dass es diese Konventionen gibt und dass sie dein Leben so vielfältig regulieren. Erst dann kannst du infrage stellen, was um dich herum und mit dir passiert. Dieser Erkenntnisprozess ist schwierig. Wir alle nehmen oft nicht wahr, was uns lenkt und leitet. Doch das kann man ändern.

Das Pippi-Langstrumpf-Prinzip

»Alles, was an Großem in der Welt geschah,
vollzog sich zuerst in der Fantasie des Menschen.«
Astrid Lindgren

Regeln sind nicht gleich Regeln, das ist eine relevante Erkenntnis. Wenn wir unsere eigenen Regeln neu schreiben wollen, statt wie die Lemminge der Mehrheit hinterherzurennen, dann ist es wichtig, sich mit Regeln kritisch auseinanderzusetzen. Denn natürlich möchte ich dich mit diesem Buch nicht dazu anstiften, Gesetze zu brechen, Raubzüge zu planen oder das Gartenhaus deines Nachbarn zu kapern. Wenn du PIRATE UP YOUR LIFE für dich umsetzen willst, musst du die Regeln, die dich umgeben, sauber differenzieren können. Die wichtigste Unterscheidung ist diese hier:

> Es gibt geschriebene und ungeschriebene Regeln. Als Pirat oder Piratin bist du auf der Jagd nach den ungeschriebenen Regeln. Denn sie sind eine Seuche.

Was genau sind geschriebene Regeln?

- Die geschriebenen Regeln sind meist als Text verfasst.
- Sie sind zum Beispiel nachzulesen als Gesetz, Hausordnung, Vereinssatzung oder Vertrag et cetera.

- Verstöße gegen diese Regeln werden nach spezifischen Vorgaben sanktioniert.

Piraten kannten geschriebene Regeln. Der Piratenkodex als Fundament der gemeinschaftlichen Beutezüge war üblich, in allen Teilen der Welt. Feste Vereinbarungen schaffen Verbindlichkeit, und die braucht es in jeder Gesellschaft – also auch bei den Seeräubern. Nicht alle geschriebenen Regeln sind deswegen hundertprozentig sinnvoll und gut – aber ganz ohne geschriebene Regeln herrschte Anarchie. Das wäre sicher kein wünschenswerter Zustand.

Was sind die ungeschriebenen Regeln?

- Die ungeschriebenen Regeln verstecken sich überall, zum Beispiel in Sprichwörtern, allgemeinen Annahmen, Vorurteilen, gängigen Verhaltensmustern, Konventionen, Traditionen und so weiter.
- Sie haben meist keine schriftlich fixierte Grundlage, sind allerdings in den Köpfen der Menschen oft noch fester verankert als die geschriebenen Regeln.
- Verstöße gegen die ungeschriebenen Regeln werden zwar nicht direkt sanktioniert, aber generell gesellschaftlich abgelehnt. Man erntet Unverständnis, Skepsis, Misstrauen, auch mal offene Ablehnung – oder auch Mitleid, wenn man für dumm oder naiv gehalten wird, weil man nicht das macht, was »man« machen sollte.

Hast du dich schon einmal gefragt, mit welchen Regeln du jeden Tag zu tun hast? Was dich lenkt? Wonach du dein Handeln ausrichtest? Hier ist eine nette kleine Übung dazu. Überleg mal kurz, welche Regeln deine tägliche Morgenroutine bestimmen. Geh die ersten 60 bis 90 Minuten nach dem Aufstehen Schritt für Schritt durch. Welche Regeln fallen dir ein?

- Ohne geputzte Zähne aus dem Haus? Macht man nicht.
- Alkohol zum Frühstück? Aber doch nicht an einem Wochentag.
- Die Kinder mit Schokokeksen statt Vollkorn-Butterbrot in die Schule schicken? Rabeneltern!

- Länger schlafen, schnell einen Pulli über den Pyjama werfen und die erste Videokonferenz 5 Minuten nach dem Aufstehen absolvieren? Das merken die Kolleginnen und Kollegen bestimmt.
- Den Mülleimer erst in letzter Minute überhastet im ollen Nachthemd rausbringen, wenn schon der Müllwagen um die Ecke biegt? Die Nachbarn werden sehen, dass du dein Leben nicht im Griff hast.

Gesetze sind hier nicht im Spiel, es geht rein um Gepflogenheiten. Noch nie habe ich davon gehört, dass jemand verurteilt wurde, weil er sich morgens nicht die Zähne geputzt hat oder weil die Kinder Schokokekse in der Schule dabeihatten. Aber dennoch sind diese Normen fest in unseren Köpfen verankert. Spannend, oder? Hier geht es rein um ungeschriebene Regeln. Eigentlich sind das banale Kleinigkeiten, aber sie haben einen großen Einfluss auf uns.

> Zahllose Regeln sind unausgesprochen und unbewusst. Genau das macht sie so gefährlich.

Wir sind ständig umgeben von den im Überfluss vorhandenen, praktisch nie ausgesprochenen, nirgendwo notierten und dennoch geradezu demütig befolgten Verhaltensnormen, die in unserer Gesellschaft umherwabern. Sie durchziehen alles. Sie durchseuchen unser Leben vom ersten Tag an. Sie haben nichts mit Gesetzen zu tun, werden aber dennoch befolgt und selten hinterfragt – gerade weil sie so gesichtslos und unscheinbar sind. Ich finde, es ist höchste Zeit, sie sichtbar zu machen und zu hinterfragen. Wenn du diese Regeln einmal aussprichst, dann beginnen sie meistens mit »Man muss …«, »Man soll …« oder »Man darf nicht …«. Manchmal hören sie sich auch an wie Weisheiten oder die absolute Wahrheit. Oft werden sie der Vernunft zugeordnet, der Sicherheit oder der Logik, manchmal auch den Rahmenbedingungen des menschlichen Zusammenlebens.

Hat dich meine gedankliche Übung zur Morgenroutine noch nicht überzeugt? Bitte schön, hier sind noch ein paar Beispiele aus anderen Lebensbereichen:

- Man darf keine Seiten aus Büchern herausreißen.
- Man soll nichts essen, was auf den Boden gefallen ist. (Sollte das wirklich gefährlich sein, dann wäre ich längst tot!)
- Man soll mit weißen Schuhen nicht im Wald spazieren gehen.
- Man muss ein Geschenk mitbringen, wenn man eingeladen ist.
- Man darf Geschenke, die man bekommen hat und nicht brauchen kann, nicht weiterverschenken – und ganz verpönt ist es, dabei zu sagen, dass man sie selbst geschenkt bekommen hat.
- Man braucht konkrete Ziele, um Erfolg zu haben. (Tipp: Manche meiner eher ziellosen Aktionen haben die größten Erfolge mit sich gebracht.)
- Angestellt zu sein ist sicherer als selbstständig zu arbeiten.
- Künstler oder Künstlerin ist kein richtiger Beruf.
- Man soll seine Sätze nicht andauernd mit »Ich« beginnen.
- Man soll den Teller leer essen, wenn man eingeladen ist.
- Man soll keine zwei unterschiedlichen Socken anziehen.
- Man soll fremde Menschen nicht einfach so ansprechen. (Ich mache das ständig, zum Beispiel, um Komplimente zu verteilen – kommt immer gut an!)
- Man darf am Karfreitag nicht im Garten arbeiten.
- Man soll immer sein Auto abschließen. (Hat mein Vater in seinem ganzen Leben nicht gemacht – und es ist nie etwas passiert.)
- Man darf den Schreibtisch im quadratischen Großkonzernbüro nicht schräg in den Raum stellen. (Habe ich als frischgebackene Abteilungsleiterin gemacht, und es hat gefühlt 50 irritierte Reaktionen in einer Woche erzeugt.)
- Man soll dem Chef oder der Chefin nicht vor anderen Leuten widersprechen.
- Man darf nicht barfuß in den Supermarkt gehen. (Habe ich auch schon gemacht – hat außer ein paar komischen Blicken keine Konsequenzen gehabt.)
- Man kann keine Karriere machen, wenn man nur Teilzeit arbeitet.

Findest du nicht auch, dass das ziemlich erschreckend ist? Mal unter uns: Als ich für diese Liste Ideen gesammelt habe, konnte ich ratzfatz drei Seiten füllen.

Das riesige, engmaschige und fast undurchdringliche Netz der oft absurd unsinnigen Konventionen hat uns alle fest im Griff.

Unendlich viele ungeschriebene Regeln halten uns notorisch davon ab, unser eigenes Ding zu machen. Was heißt PIRATE UP YOUR LIFE in Bezug auf all diese ungeschriebenen Regeln? Alles über den Haufen werfen? Keinerlei Konventionen mehr folgen? Nur noch Regeln brechen, egal welche? Nein, natürlich nicht! Piraten sind keine Anarchisten, keine asozialen Ungeheuer und keine Rebellen, nur weil rebellisch sein gerade schick ist. Sie sind weder notorisch destruktiv noch von Natur aus aggressiv. Piraten – so wie ich sie hier als Metapher verwende – sind Menschen wie du und ich. Das Besondere an ihnen ist, dass sie mit einem offenen, neugierigen und gleichzeitig kritischen Blick durch die Welt laufen. Sie schauen sich an, welche Verhaltens- und Denkmuster in ihrer Umgebung vorherrschen. Und sie hinterfragen ihre eigenen Muster regelmäßig. Es ist ihnen nicht egal, nach welchen Ideen, Werten und Zielen sie handeln. Sie wollen sehend – und nicht blind und angepasst – durch unsere mit Regeln vollgestopfte Welt laufen. Also differenzieren sie bewusst:

- Erstens gibt es für sie viele Regeln, die sie kennen und bewusst einhalten.
- Zweitens gibt es Regeln, die sie in der Gesellschaft als Konventionen erkennen und wahrnehmen, aber für sich selbst als nicht bindend empfinden.
- Und drittens gibt es noch Regeln, gegen die sie ganz bewusst und lautstark aufbegehren. Es ist ihnen wichtig, Unsinn, Ungerechtigkeit oder andere Unzulänglichkeiten ins Bewusstsein zu rücken und ein allgemeines Umdenken anzustoßen.

Und wie sieht das ganz praktisch aus, wenn wir unsere eigenen Regeln schreiben wollen? Ganz einfach: Wir müssen zunächst eine gewisse Unzufriedenheit mit dem Status quo entwickeln. Die Unzufriedenheit ist der Motor, der uns voranbringt. Wir müssen also erkennen, was das ist, was da gemeinhin »gilt« – auch wenn es nirgendwo festgeschrieben ist. Dann muss uns klar werden, was uns daran genau nervt und einschränkt. Und dann müssen wir Alternativen entwickeln. Es sind also drei simple Schritte:

1. Unzufriedenheit als Motor für Veränderung nutzen;
2. Klarheit gewinnen, welche – meist ungeschriebenen – Regeln wir nicht länger bereit sind zu akzeptieren;
3. kreative Ideen entwickeln, was wir stattdessen tun oder lassen wollen.

Hier kommt – besonders mit Blick auf den dritten Schritt – gleich wieder eine berühmte Piratin ins Spiel, besser gesagt eine Piratentochter: Pippilotta Viktualia Rollgardina Pfefferminz Efraimstochter Langstrumpf, kurz Pippi Langstrumpf genannt. Hast du dich schon einmal gefragt, was Pippi Langstrumpf als Figur so unglaublich faszinierend macht? Über Generationen und kulturelle Grenzen hinweg hat sie weltweit eine riesige Fangemeinde. Warum? Weil sie keinerlei ungeschriebene Regeln verinnerlicht hat. Sie ist frei von Konventionen. Deswegen geht sie unbedarft, frisch und originell vor. Sie hat die findigsten Ideen, die klügsten Sprüche, ihr fällt einfach immer etwas ein. Dieses ungute Gefühl von »Oh weh, ich habe gegen eine Regel verstoßen« kennt sie nicht, weil sie nie gelernt hat, wie »man« etwas macht, was »man« darf oder nicht oder wie »man« sich verhält. Bei ihr ist alles möglich, weil sie nie an ihrem Vorgehen zweifelt:

- Ein Pferd, das auf dem Balkon wohnt? Na klar, wieso denn nicht?
- Müssen Zöpfe immer nach unten hängen? Nein, bei Pippi nicht, sie können gegen jede Regel der Schwerkraft zur Seite abstehen.
- Ist der beste Platz für einen Schatz aus Goldmünzen ein Koffer in der Küche? Ganz bestimmt, wenn man keine Angst vor Dieben hat.
- Und allein dieser unglaubliche Name! Darf man »Pippilotta Viktualia Rollgardina Pfefferminz Efraimstochter Langstrumpf« heißen? Ja, warum denn nicht?

Der Gegenentwurf zur fröhlichen, gänzlich unlimitiert denkenden Pippi ist die Nachbarstochter Annika. Sie ist der Inbegriff der Regelkonformität. Immer angepasst, vernünftig und brav, will sie auf keinen Fall ihr Kleid schmutzig machen und Ärger mit der Mutter bekommen. Wir finden Pippi toll. Und Annika? Fast bemitleiden wir sie ein bisschen. Aber mal ehrlich: Steckt nicht auch in unserem Alltagsleben viel von Annika? Die ganze Buchserie dreht sich immer wieder um das Einhalten und

Nichteinhalten von – vielfach unsinnigen – Regeln.[9] Pippi zeigt uns, welches Glück und welche Lebensfreude jenseits des angepassten Lebensstils möglich sind. Ihre Kreativität überrascht uns immer wieder. Unkonventionell denken und handeln, das gelingt Pippi, weil sie sich von keinem gesellschaftlichen Korsett limitieren lässt. Dass Pippi Langstrumpf die Tochter eines Piraten ist, kann aus meiner Sicht kein Zufall sein. Die Figur steht für Selbstbestimmung und Freiheitsliebe. Und sie zeigt einen ausgeprägten Gerechtigkeitssinn. Sie verstößt zwar notorisch gegen Regeln, ohne aber anderen Menschen bewusst schaden zu wollen. Sie hält ihnen einfach den Spiegel vor und macht die Unsinnigkeit vieler gesellschaftlicher Normen sichtbar.

> Wir alle hätten viel mehr Pippi Langstrumpf in uns, wenn wir uns aus dem Korsett ungeschriebener Regeln befreien könnten.

Raus aus dem Annika-Leben! Wir haben uns viel zu lange einschnüren lassen. Jetzt ist der Moment, dem ein Ende zu machen. Los geht es mit ein paar Gedankenexperimenten. Nichts ist zu verrückt, zu absurd, zu wild, zu ungewöhnlich, um nicht zumindest einmal gedacht zu werden. Was würdest du mit deinem Leben tun, wenn du Pippi Langstrumpf wärst? Wie hieße dein Äffchen? Wofür würdest du dein Gold ausgeben? Würdest du zur Schule gehen? Oder jeden Morgen pünktlich aufstehen und deinen Job machen? Nein, keine Sorge, ich will dich jetzt nicht dazu anstiften, dein Leben auf den Kopf zu stellen. Leben ohne Wenn und Aber heißt nicht, alles umzukrempeln. Doch um ein Gefühl dafür zu bekommen, was dir überhaupt wichtig und wertvoll ist in deinem Leben, lohnt es sich, viel Kreativität und Fantasie zu entwickeln. Male dir aus, was alles sein könnte.

> Wenn es keinerlei »Man muss …« in deinem Leben gäbe, was wäre dann alles möglich?

Die Bedenkenträger-Challenge

»If you don't like where you are, move! You are not a tree!«
Jim Rohn

»Die nehmen dich bei Bayer sowieso nicht, du hast ja nicht mal Wirtschafts-Leistungskurs!« Das sagte ein Jahr vor dem Abitur ein gehässiger Mitschüler zu mir, als es um die entscheidende Frage dieser Zeit ging: Was soll ich bloß nach der Schule machen? Als gebürtige Leverkusenerin lag es natürlich nah, nach dem Abitur eine Ausbildung bei Bayer zu machen. Es wurde dort für Abiturienten eine Ausbildung zum Wirtschaftsassistenten angeboten, eine Kombination aus BWL und Fremdsprachen. So sollte der zukünftige Managementnachwuchs des Konzerns herangezogen werden. Ich wollte aber eigentlich nicht zu Bayer. Ich wollte studieren, vielleicht Jura oder Industriedesign? So richtig hatte ich keinen Plan. Beworben habe ich mich dann trotzdem bei Bayer, aber eigentlich nur, um dem blöden Typen aus meinem Jahrgang zu zeigen, dass er Unrecht hatte. Seine Bemerkung hatte mich echt provoziert. Das wollte ich doch erst mal sehen, ob ich da nicht landen könnte. Es gab rund 900 Bewerberinnen und Bewerber auf etwa 25 Plätze. Was soll ich sagen? Ich bekam einen Platz – auch ohne Leistungskurs Wirtschaft. Jawohl! Und das Beste an der Geschichte? Der blöde Mitschüler bekam selbst keinen Platz in der Ausbildungsklasse für Wirtschaftsassistenten, ihm bot man nur eine Ausbildung zum Industriekaufmann an. Ich hatte wenig Mitleid.

So wie diesen Typen gibt es unendlich viele Menschen, die anderen erklären wollen, was alles nicht geht. Sie sagen dir gefragt oder ungefragt, was nicht erlaubt ist oder nie funktionieren wird, was man auf keinen Fall versuchen sollte und was alles völlig vergebens ist. Diese Menschen sind Bedenkenträger. Sie leben in einer Welt voller Limitierungen. Sie denken nicht in Möglichkeiten, sondern in Grenzen. Sie kennen alle Negativbeispiele, wissen, wer wobei gescheitert ist – und auf diesem Wissen fußt ihr Weltbild. Eigentlich müsste man sie bedauern. Ich gebe zu, das gelingt mir nicht so gut. Ich finde sie meistens einfach nur anstrengend.

Bedenkenträger sind Menschen, deren Fokus allein darauf gerichtet ist, was nicht geht, nicht erlaubt ist und niemals funktionieren wird.

Leider haben gerade die Bedenkenträger großen Einfluss in unserer Gesellschaft. Wer von einem unkonventionellen Plan berichtet, wird hundertprozentig auf Menschen stoßen, die ihre Sätze gerne mit »Ja, aber« beginnen. Kaum ist eine neue Idee ausgesprochen, wird sie genüsslich zerredet. Viel schwieriger ist es, für eine wagemutige Idee echte Unterstützer mit »Warum nicht«-Botschaften auszumachen. Die sind leider selten zu finden. Wie schade! Genau deswegen lassen sich viele Menschen – wenn ihnen nur genug Skepsis ins Gesicht bläst – wieder von ihren fantastischen Einfällen abbringen. Eigentlich hatten sie mal einen echt coolen Plan und waren voller Tatkraft. Aber mit mehr und mehr Bedenkenträger-Botschaften in ihrem Umfeld lassen sie ihre Idee dann doch irgendwann fallen. So beginnt ein Teufelskreis. Denn je mehr die Bedenkenträger die Oberhand gewinnen, desto weniger unkonventionelle Ideen werden umgesetzt. Und je weniger gute Beispiele es gibt, auch mal vielleicht verrückte Wege einzuschlagen, desto schwieriger wird es, sich inspirieren zu lassen, um selbst ins Handeln zu kommen und sich gegen die vielen Bedenkenträger durchzusetzen.

Kennst du das? Gibt es in deiner Welt auch solche »Ja, aber«-Menschen? Ganz bestimmt! Ich nenne sie gerne »Yes-But-ter« (von englisch »Yes, but« = »Ja, aber«). Leider habe ich noch nie jemanden getroffen, der keine notorischen Skeptiker kennt. Sie nerven dich vielleicht schon länger. Bei manchen von ihnen ist es womöglich sogar so, dass du ihre »Ja, aber«-Sätze schon hören kannst, bevor sie sie überhaupt ausgesprochen haben. Das ist extrem anstrengend – ich kenne das auch. Leider ist es nicht möglich, den Bedenkenträgern dauerhaft aus dem Weg zu gehen. Du musst dir also eine Piratenstrategie zurechtlegen, um mit ihnen klarzukommen. Wie das geht? Mithilfe von Pippi Langstrumpf. Sie zeigt dir, wie du deinen Umgang mit den »Yes-But-tern« endgültig ändern kannst. Denn Bedenkenträger können zwar nerven, aber sie können dich auch aufwecken und anschubsen. Mit einer guten Portion Pippi-Langstrumpf-Mentalität kannst du jedes ausgesprochene »Ja, aber« als Sprungbrett für deine Kreativität nutzen. Sobald jemand die Worte »Ja, aber« ausspricht, gehst du automatisch in den »Warum nicht«-Modus. Jeder »Yes-But-ter« in deinem Leben gibt dir die Möglichkeit, noch mehr zum »Why-Not-ter« (von englisch »Why not« = »Warum nicht«) zu werden. So lernst du mehr und mehr, dein Ding zu machen.

Je häufiger du »Ja, aber«-Sätze mit einem beherzten »Warum nicht?« hinterfragst, desto mehr gute Ideen werden dir kommen.

Als ich Ende 2013 meine Karriere als Vortragsrednerin begann, hatte ich direkt nach der Vertragsunterzeichnung bei der Agentur »5 Sterne Redner« ein langes Gespräch mit dem damaligen Inhaber Heinrich Kürzeder. Heinrich – genannt Heini – erklärte mir, was ich alles tun müsse, um mein Keynote-Business aufzubauen. Ganz oben auf seiner Liste: »Du musst ein Buch schreiben!« Ich erklärte ihm, dass ich dazu aktuell weder Zeit noch Lust noch ein wirklich griffiges Thema hätte. Heini ließ das alles nicht gelten. Er entgegnete: »Ein Thema kann man immer finden, aus deiner Segelreise machen wir schon was, und einen guten Ghostwriter habe ich auch an der Hand!« Meine Argumente ließ er überhaupt nicht gelten. Wir diskutierten hin und her, nicht gerade zimperlich. Wir gingen in dem Gespräch noch andere Themen durch und dann kamen wir am Ende wieder auf das Buch zu sprechen. Er wollte nicht lockerlassen, ich aber auch nicht. Mein Bauchgefühl schlug Alarm: Na, das fing ja super an mit der Zusammenarbeit mit der Redneragentur! Direkt eine fette Auseinandersetzung. Irgendwann beendete er das Gespräch reichlich genervt mit dem ultimativen Basta-Bedenkenträger-Satz: »Ja, aber das Buch muss sein, Stefanie! Ohne Buch wird das nix mit der Rednerkarriere!«

Heini und ich wurden über die Jahre nicht nur vertraute und erfolgreiche Geschäftspartner, sondern auch gute Freunde. Heute können wir beide herzlich lachen, wenn wir an dieses Gespräch zurückdenken. Denn mit diesem letzten Basta-Satz weckte Heini die Pippi-Langstrumpf-Mentalität in mir. Es setzte sich in meinem Kopf der Gedanke fest: Warum eigentlich nicht auch ohne ein Buch eine erfolgreiche Rednerin werden? Ich nahm mir vor, es ihm zu beweisen. In meinem Kopf war das Bild ganz klar: Ich werde eine sehr erfolgreiche Rednerin – und zwar ohne Buch! Nur wenige Tage nach dem Gespräch rief er an, um mir meinen ersten Auftrag zu bestätigen. Keine drei Wochen nach der Vertragsunterzeichnung hatte ich meinen ersten, schmeichelhaft gut bezahlten Keynote-Job – ganz ohne ein Buch! Na also! Da ging doch was!

Jedes ausgesprochene »Ja, aber« ist eine Einladung für deine Kreativität und deinen Wagemut.

Wenn ich ein »Ja, aber« höre, werde ich sofort wach. Wie ein Reflex springt mein »Warum nicht?« dagegen an. Die Pippi Langstrumpf in mir hinterfragt jede Konvention – und dabei entstehen neue, oft richtig coole Ideen. In meinem Vortrag über die Piraten und ihre Wagemut-Strategien erzähle ich gerne von einer Begebenheit, die aus so einer typischen »Ja, aber«-Situation heraus entstanden ist. Mit einer Kollegin sprach ich über das Klassiker-Thema unter Frauen: Schuhe! Was ziehst du an, wenn du Vorträge hältst? Sneaker? Pumps? Ballerinas? Ich trage auf der Bühne gern hohe Absätze, einfach um etwas größer zu sein. Hinzu kommt: Die schlanker wirkenden Beine finde ich natürlich auch nicht übel. Als Seglerin bin ich im privaten Leben hingegen ein totaler Barfuß-Mensch. Meine Kollegin lachte, als sie das hörte, und sagte: »Ja, aber barfuß auf der Bühne, das macht man natürlich nicht …« Und zack! Da war es wieder! Sofort war meine innere Pippi Langstrumpf wach: Wieso geht das eigentlich nicht? Ist doch nicht verboten, oder? Seither erzähle ich diese Anekdote im Vortrag, wenn es darum geht, sich eigene Regeln zu schreiben. Barfuß auf der Bühne geht nicht? Doch, geht! Und dann ziehe ich auf der Bühne meine Pumps aus und rede barfuß weiter. Die Leute gucken erst ungläubig, dann lachen sie … und merken schon nach zwei Minuten nicht mehr, dass ich ganz ohne Schuhe vor ihnen stehe. Die Konvention sagt: Während einer Keynote steht man nicht barfuß auf der Bühne. Ich sage: Konventionen sind mir sowas von egal!

Was »man macht« interessiert dich nicht mehr,
wenn du PIRATE UP YOUR LIFE konsequent umsetzt.
Du machst dann DEIN Ding.

Als Pirat oder Piratin brauchst du die Bedenkenträger in deinem Umfeld nicht mehr zu fürchten. Im Gegenteil! Du nutzt sie als willkommene Challenge, um deine »Why-not-ter«-Haltung zu stärken. Sie helfen dir mit jeder einzelnen skeptischen Bemerkung, deinen Weg zu definieren und konsequent zu gehen.

Du hast die Wahl: Witwe Zheng oder Couch Potato

»If you want to succeed,
you have to own who you are.«
Ram V. Iyer

Was für ein Leben willst du leben? Bist du zufrieden, so wie es gerade läuft? Ich vermute nicht ganz, sonst hättest du dieses Buch nicht in der Hand. Irgendwas fehlt dir. Es gibt Ideen, vielleicht Freiräume, die du schon erkennen kannst, aber sie sind noch nicht greifbar genug. Du zögerst in den entscheidenden Momenten. Etwas hält dich auf. Hast du dich schon mal gefragt, warum du eher verharrst, anstatt wagemutig loszugehen? Ist es vielleicht einfach Angst?

Wenn du an die Geschichte von John aus dem ersten Kapitel zurückdenkst, welchen Weg wärst du an Johns Stelle gegangen? Hättest du dich dafür entschieden, in versklavten Verhältnissen – aber immerhin in Legalität – zu leben? Oder hättest du alles riskiert, um Pirat zu werden und den Weg der persönlichen Freiheit einzuschlagen, mit dem maximalen Risiko, gefangen, verurteilt und gehenkt zu werden? Wir alle sympathisieren mit John, denn die gesellschaftlichen Ungerechtigkeiten waren zu diesen Zeiten einfach himmelschreiend. Menschen wie John hatten keine regulären (Aufstiegs-)Chancen. Das alles ist heute zum Glück anders.

Ist es trotzdem sinnvoll, auch heute noch wagemutig zu sein? Denk einmal zurück an die Zeit, als du aufgewachsen bist. Welche Erfolgsprinzipien wurden dir vermittelt? Hat man dir gesagt, du sollst eine Revolte anzetteln? Oder hat man dir zum Bausparplan geraten? Wurdest du ermuntert, deinen Lehrern mit guten Argumenten zu widersprechen? War es klug, mit Punkfrisur oder Nasenpiercing durchs Leben zu laufen, wenn man gerade einen Ausbildungsplatz suchte? Wurdest du ermuntert, im Studium erst einmal verschiedene Dinge auszuprobieren, oder versprach der stringente, zügige Weg zum zweiten juristischen Staatsexamen eher einen guten Job?

In den 1980er, 1990er und auch noch in den Nuller-Jahren gab es eine starke, konstante Botschaft: Geh auf Nummer sicher! Zeige Leistung und verhalte dich ansonsten ruhig und konform, dann wirst du Erfolg haben. Diese Botschaft wurde nicht immer so klar ausgesprochen, aber unbewusst wurde sie allenthalben vermittelt. Auch ich bin ihr verfallen. Nach dem Abi machte ich noch schnell zwei Monate Praktikum in Paris, um mein Französisch auf Vordermann zu bringen, bevor die Ausbildung bei Bayer losging. Endlich war die Schulzeit zu Ende, aber einfach frei haben, in den Ferien abhängen, mit Interrail durch Europa von Campingplatz zu Campingplatz? Das war für mich keine Option. Ich wollte perfekt vorbereitet als angehender Managementnachwuchs in die Großkonzernkarriere starten. Dunkelblaue Kostüme, hellblaue Blusen, halbhohe Schuhe, Perlenkette und der schöne Siegelring meiner Mutter – so präsentierte ich mich in den ersten Berufsjahren. Weil man das so machte. Weil das in meinem Umfeld so üblich war. Ich strebte einem Ideal nach, was mir vorgelebt wurde. Immer wieder hatte ich zwar auch leise Zweifel und mein Piratenherz wollte mich anders lenken, aber ich gab dem nicht nach. Der Wettbewerb um den besten Einstiegsjob, das höhere Gehalt, das interessanteste Projekt und die meiste »Exposure« beim Topmanagement war in vollem Gange – und ich mittendrin. Erst durch meinen Auslandsaufenthalt in Argentinien wurde ich wachgerüttelt. Meine Perspektive erweiterte sich deutlich, ich erlebte eine größere Vielfalt von Karrieren, Aktivitäten und Entwicklungsmöglichkeiten, die Menschen für sich verfolgten. Und ich entdeckte das Segeln für mich. Erst als ich mich mit Mitte 20 zu meiner Weltumseglung entschloss, wurde mir richtig klar, dass dieses Karriere-Rennpferdchen-Ideal, was ich zuvor einige Jahre unbewusst verfolgt hatte, nur eine von vielen Optionen war. Ich hatte vergessen, rechts und links nach anderen Möglichkeiten Ausschau zu halten.

Wie könnte dein Leben aussehen, wenn du dich mit vollem Herzen auf deinen eigenen Weg machst?

Die Welt hat sich weitergedreht. Zum Glück! Die schnurgerade Angepasstheit der vergangenen Jahrzehnte ist keine Blaupause mehr für Erfolg. Und sie fühlt sich mittlerweile fade an. Ein ganzes Leben voller Arbeit, pro Jahr 25 Tage Urlaub und später noch ein kleines bisschen die

Rente genießen? Wer will denn noch so leben? Ich möchte das nicht. Und ich erlebe um mich herum immer mehr Menschen, die für sich entdecken, dass da noch viel mehr geht. Jetzt – und nicht erst nach der Pensionierung. Genau da kommt PIRATE UP YOUR LIFE ins Spiel. Piratin oder Pirat zu sein heißt nicht, aus deinem Leben auszusteigen, im Gegenteil! Es geht um ein beherztes Einsteigen in dein ganz ureigenes Leben nach deinen Regeln und mit deinen Zielen. Dafür musst du nicht alles hinschmeißen und ab durch die Mitte in der Südsee verschwinden. Pirat sein kannst du genauso gut im Reihenhaus, mit Mülltrennung und ETF-Sparplan für die Ausbildung deiner Kinder. Daran ist nichts falsch, wenn es bewusste Entscheidungen sind, die dich dorthin führen. Jeden Tag kannst du dich immer wieder fragen, ob du angepasst nach den Vorstellungen deines Umfelds oder nach deinen eigenen Werten und Zielen vorgehen willst.

Ich möchte auf keinen Fall eines Tages ins Grab steigen und zugeben müssen, dass ich die meisten Möglichkeiten zwar erkannt, aber nie ergriffen habe. Sondern ich will mir sicher sein, dass ich meine Ideale und Werte nicht nur definiert, sondern auch nach ihnen gelebt habe. Dass ich »Warum nicht?« gesagt habe, wenn sich eine neue Gelegenheit ergeben hat. Dass ich mich nicht nur um mich, sondern auch um mein Umfeld gekümmert habe, um meine Familie, meine Community und um uns als Gesellschaft.

> Ich will sagen können, dass ich nicht umsonst auf diesem Planeten war.

Wenn ich mal wieder überlege, wie ich mich gerade verhalten soll, dann folge ich dem Motto PIRATE UP YOUR LIFE. Ich frage mich dann: »Was würde Witwe Zheng jetzt tun?« Klar ist es viel bequemer, angepasst und konform durchs Leben zu laufen. Couch Potatoes holen sich keine blutige Nase, keine Blessuren, ecken praktisch nie an und ernten keine skeptischen Blicke und verletzenden Bemerkungen. Sie können ihren Adrenalinspiegel mit dem Lineal nachzeichnen. Willst du das? Mir ist mein Leben dafür zu kurz und zu wertvoll.

A: Lass den Stress los

In meinen Coachings und Workshops ist das Thema »Stress« ein Dauerbrenner. Stress verhindert, dass Menschen sich entfalten können, dass sie zuversichtlich sind und sich etwas zutrauen. Er schränkt Menschen ein. Hast du dich schon mal gefragt, was das Wort »Stress« genau aussagt? Viele Leute reden andauernd von Stress oder vom gestresst sein. Das Wort wird inflationär eingesetzt. Warum? Weil »Stress« ein diffuses und wenig spezifisches Wort ist. Es ist jedoch unklug, diffuse Begriffe zu nutzen, um ein Problem zu beschreiben. Das Wort »Stress« ist eine gefährliche Nebelkerze, hinter der sich sehr unterschiedliche Themen verbergen können:

- Wer Stress empfindet, kann einfach übermüdet sein.
- Auch Hunger und Durst können Stress verursachen.
- Eine kognitive Überforderung, ein unlösbares Dilemma oder eine sehr komplexe Aufgabe können als Stress empfunden werden.
- Gehetzt sein, eng getaktete Termine und Zeitdruck werden oft als Stress bezeichnet.
- Angst und Sorgen lösen bei Menschen Stress aus.
- Wut und Enttäuschung gehören ebenso in die Kategorie der Emotionen, die unter »Stress« zusammengefasst werden.
- Trauer kann Stress auslösen.
- Auch große Vorfreude, die in allzu hohen Erwartungsdruck mündet, kann stressig sein.
- Das Streben nach Perfektionismus und übermäßiger Fleiß lösen Stress aus.
- Andere Menschen zu enttäuschen oder Ansprüchen nicht gerecht werden (können) - auch das empfinden Menschen als stressig.

Das sind nur zehn verschiedene Situationen beziehungsweise zehn verschiedene Emotionen, die wir alle mit dem Wort »Stress« abhandeln. Sind wir sprachfaul? Nein, sicher nicht. Wir begreifen schlicht nicht, wie gefährlich diese Verallgemeinerungen in unserer Sprache sind. Wenn du das Wort »Stress« in den verschiedensten Ausprägungen regelmäßig nutzt, lädst du dir einen schweren, undefinierbaren Klotz auf deinen Rücken. Wie der genau aussieht? Wie du ihn ablegen könntest? Keine Ahnung – er ist ja undefiniert. Nur dass er schwer ist, das kannst du spüren. Und es wird noch schlimmer: Je häufiger du das Wort »Stress« aussprichst, desto mehr nimmst du es selbst – durch das eigene Aussprechen – noch mal zusätzlich auditiv auf. Wenn du an einem Tag acht Menschen triffst und jedem einzelnen von deinem Stress erzählst, dann ist dein gefühltes Stresslevel hinterher höher als vorher. Und das, obwohl sich an der eigentlichen Stressursache überhaupt nichts verändert hat. Über dein Gehör hat dein Gehirn allerdings acht Mal die Information bekommen, dass es wirklich gerade alles sehr stressig ist. Sei dir sicher, das sitzt jetzt. Hier kommt also deine Aufgabe: Streiche das Wort »Stress« aus deinem Wortschatz. Beschreibe spezifisch, was dich belastet, damit du auch an spezifische Lösungsansätze herankommst. Das ist eine kleine Verhaltensveränderung, die maximale Wirkung entfalten kann. Bedenke: Wer klar und konsequent handeln will, muss klar und konsequent kommunizieren.

B: Den Erlaubnis-Wahnsinn sichtbar machen

Bei dieser Übung geht es darum, zu verdeutlichen, wie eng das Spinnennetz der ungeschriebenen Regeln uns gefangen hält. In jeder beliebigen Situation kannst du allein oder in einer Gruppe die Frage stellen: Welchen Konventionen oder Gepflogenheiten folgen wir jetzt gerade? Anfangen lässt sich diese Liste praktisch immer mit: »1. Man darf hier nicht nackt herumlaufen.« Das passt nur dann nicht, wenn du diese Übung in der Sauna machst. Wer Spaß dabei haben will, macht keine genaue Unterscheidung zwischen echten Gesetzen und ungeschriebenen Regeln, sondern versucht einfach, möglichst viele Sätze in möglichst kurzer Zeit zu finden. Wer es genauer nimmt, kann sich auf die ungeschriebenen Regeln fokussieren – und wird dennoch eine lange Liste zusammenbekommen.

3 WIE DU DAS LEBEN KAPERST UND BEUTE MACHST

»You only got one life, so let's milk the shit out of it.«
Gwyneth Paltrow

WORUM ES GEHT:

- In der Gestaltung deines Lebens spielen dein Geldkonto und dein Sinnkonto eine Rolle, aber dein Beruf muss nicht beide füllen.
- Arbeite deine Kernwerte heraus, denn sie sind wichtige Leitplanken deines Lebens, die dir in praktisch allen Fragen und Entscheidungen Orientierung geben können.
- Sei wählerisch, mit wem du deine Zeit verbringst, denn alle Menschen in deinem Umfeld haben Einfluss auf dich und deine Lebensgestaltung.

Raus aus der alltäglichen Unzufriedenheit

Für mich sind die Frauen, von denen ich in diesem Kapitel berichten will, Piratinnen der heutigen Zeit, auch wenn sie weit entfernt von einer Küste wohnen, in Cochabamba, der drittgrößten Stadt in Bolivien, mitten in Südamerika. Sie haben weder Schiff noch Säbel, doch ihr Wagemut und ihre Bereitschaft zu unkonventionellem Handeln sind beeindruckend. Eine von ihnen heißt Dani Santiváñez, ist 26 Jahre alt und hat aufgrund ihrer indigenen Wurzeln eine eher dunkle Hautfarbe. Sie trägt ihre glänzenden, prachtvollen Haare lang und oft in dicken Zöpfen geflochten, und sie kleidet sich gerne in traditioneller lateinamerikanisch-folkloristischer Tracht. Dazu gehört auch die sogenannte »Pollera«. Das ist ein spanischer Begriff für einen sehr üppigen Rock, der aus vielen Lagen besteht und meist in knalligen Farben leuchtet, oft mit verschiedenen Motiven verziert und reich bestickt.[10] Zu diesem Trachtenrock trägt Dani jedoch keine Pumps oder Sandalen. Sie hat praktisch immer Turnschuhe an, am liebsten ihre Vans, klassische Sneaker einer amerikanischen Marke, die vorwiegend in der Surf- und Skaterszene getragen werden. Denn Dani ist eine leidenschaftliche Skateboarderin.

Für viele Menschen, die sich heute auf die rollenden Bretter stellen, bedeutet Skateboarden viel mehr als nur Sport oder ein Hobby. Es ist eine Lebenseinstellung. Das gilt auch für Dani Santiváñez und ihre Freundinnen.

Wenn man in einer beliebigen Großstadt in einem beliebigen Land der Welt auf Skater trifft, dann sind es meist Jungs oder junge Männer, die man beim Üben ihrer Stunts beobachten kann. In Cochabamba in Bolivien ist das ganz anders. Hier gibt es seit 2018 eine rein weibliche Skating-Crew, die ihre typischen Skater-Turnschuhe mit traditionellen indigenen Trachten kombiniert.[11] Die Pollera ist dabei das wichtigste Element. Diese breiten, bunten, mehrlagigen Röcke machen die Bewegungen auf den Boards nicht gerade einfacher, aber sie sind den Frauen wichtig – denn sie vermitteln eine Botschaft.[12]

Polleras stehen für Tradition und Herkunftsbewusstsein, aber auch für die bittere Kolonialgeschichte Lateinamerikas. Als die Spanier den südamerikanischen Kontinent besiedelten, brachten sie auch europäische Mode mit. Die Trends der alten Welt erregten in der neuen Welt schnell Aufsehen und besonders beliebt wurden die eleganten Röcke der spanischen Frauen. Sie wurden damals in Europa mit viel Unterfütterung getragen und wirkten dadurch sehr voluminös. Die besondere Form sorgte für ihren speziellen Namen: »Pollo« heißt übersetzt Huhn, und eine »Pollera« ist eigentlich ein Vogelkäfig.[13] Die indigenen Frauen stellten die Röcke aus Schaf- oder Alpakawolle her und so vermischte sich das europäische Kleidungsstück mit der indigenen Tradition. Die Verzierungen der Polleras waren aufgestickt und zeigten oft Blumen und Tiere aus der Region, in der sie gefertigt wurden.[14] Mit der Besiedelung Lateinamerikas nahmen die spanischen Eroberer den Ureinwohnern der verschiedenen Andenregionen ihr Land weg. Die indigenen Völker verarmten, viele spanische Kolonialherren unterwarfen die einheimische Bevölkerung und machten sie zu ihren Hausbediensteten. Es wurde von den indigenen Mädchen und Frauen verlangt, sich ausschließlich in Polleras zu kleiden.[15] So wurden diese auffälligen Röcke über Jahrzehnte der Kolonialherrschaft zum typischen Kleidungsstück der von den Spaniern unterworfenen Ureinwohner. Die Pollera war einerseits ein Symbol der spanischen Unterdrückung, andererseits aber auch das typische Kleidungsstück der armen und ungebildeten Landbevölkerung. Und obwohl es nur um einen Rock geht, ein eigentlich banales Stück Stoff, geht es in Bolivien bei den Polleras auch heute noch um viel mehr.

Bis heute hat die Kleidung, die eine Frau in Bolivien trägt, starken Einfluss auf die Art und Weise, wie sie gesehen wird. Es gibt mehrere Ausdrücke, die die Frauen je nach ihrem Kleidungsstil in verschiedene Kategorien einteilen.[16] Anhand der Begrifflichkeiten wird zum Beispiel unterschieden, ob eine Frau »rein« oder »gemischtrassig« ist. Dani und ihre Freundinnen fallen unter den Begriff »Chola« oder »Cholita«. Dieses Wort wird für Frauen gemischter Herkunft genutzt, die in der Stadt leben. Sie gelten aufgrund ihrer Hautfarbe als indigen und sie nutzen weiterhin den Kleidungsstil der Kolonialzeit, statt sich dem westlichen Stil anzupassen.[17] Trägt eine Frau in einer bolivianischen Großstadt auch heute noch eine Pollera, wird sie damit als bedürftig oder mit niedrigem Bildungsgrad abgestempelt. Will eine Frau dieser Diskriminierung entkommen, muss sie ihre Tradition ablegen und sich für westliche, als modern angesehene Kleidung entscheiden. Was ich besonders bemerkenswert finde: Für Männer gibt es eine solche Kategorisierung nicht. Um auf diesen Missstand aufmerksam zu machen, tragen Dani Santiváñez und ihre Mitstreiterinnen ganz bewusst immer ihre Polleras, wenn sie zum Skaten gehen. Ihre eigenen Mütter und Großmütter hatten die bunten Kleidungsstücke oft schon vor Jahren abgelegt, um der andauernden Diskriminierung zu entgehen. Doch Dani und ihre Mitstreiterinnen tragen die Röcke mit Stolz. Sie haben sich gegen die stille Anpassung entschieden, gegen das »einfach mitlaufen und den Ball flach halten«. Sie wollen sich zeigen und ihre Unzufriedenheit mit den herrschenden Verhältnissen öffentlich machen.

> Wer eine wichtige Botschaft in die Welt bringen will,
> muss dafür sorgen, gesehen und gehört zu werden.

Die bolivianischen Frauen auf ihren Boards erregen immer mehr Aufmerksamkeit. Auf der ganzen Welt sind mittlerweile Artikel und Fotos über sie erschienen. Ihre Gruppe nennt sich »ImillaSkate« und ist auf vielen Social-Media-Kanälen zu finden.[18] Natürlich haben die skatenden Frauen und Mädchen die Gesellschaft oder das politische System in Bolivien (noch) nicht auf den Kopf gestellt. Aber sie haben eine Botschaft, die sie wagemutig, konsequent und entgegen vielen Konventionen verbreiten. Diese Botschaft stößt in ihrem Land und darüber hinaus auf immer mehr Resonanz. Dauerhaft unzufrieden zu sein und sich mit dieser Unzufriedenheit abzufinden, das ist keine Option für die Skaterinnen rund um Dani Santiváñez aus Cochabamba in Bolivien. Genau das macht sie für mich zu echten Piratinnen.

Einzahlen auf Sinnkonto und Geldkonto

»Geld allein macht nicht unglücklich.«
Peter Falk

Seit ich Anfang 2009 meine Konzernkarriere beendet und mein eigenes Business gestartet habe, werde ich permanent auf das Thema Selbstständigkeit angesprochen. Nicht von anderen Selbstständigen, sondern von den vielen Angestellten, die mir in meinem Job und Privatleben über den Weg laufen. »Ach, du bist selbstständig? Was machst du denn so? Coaching und Speaking? Ach, interessant, die Idee habe ich auch schon länger…« Gefühlt ist für mich jeder dritte Mensch, der aktuell angestellt ist, eigentlich dabei, sich zu überlegen, ob er oder sie sich nicht vielleicht auch selbstständig machen sollte. Egal ob als Coach, Speaker oder Consultant, mit einem Online-Business, einer originellen Produktidee, Strukturvertrieb oder was auch immer. Ich werde meistens gefragt, was mich dazu bewogen hat, den beruflichen Schalter umzulegen. Und natürlich will man auch wissen, wie ich es denn »geschafft« habe, dass der Laden so gut läuft. Um es ganz klar zu sagen: Ja, mein Business läuft super, aber finanziell hat sich meine Selbstständigkeit nicht gelohnt. Mit einer weiteren Karriere im Bayer-Konzern hätte ich mit sehr großer Wahrscheinlichkeit in den letzten Jahren wesentlich mehr Geld verdient als mit meiner Selbstständigkeit. Warum das so ist? Ganz einfach: Ich begann mit 19 meine Ausbildung und unterschrieb mit 22 einen festen Arbeitsvertrag in der chemischen Industrie, die im Vergleich zu vielen anderen Branchen hervorragend bezahlt. Schnell kletterte ich die Karriereleiter nach oben und saß schon mit 31 Jahren auf einer Abteilungsleiterposition. Meine Weltumseglung hatte mir dabei nicht geschadet, sondern sie hatte mich im Konzern erst richtig bekannt gemacht. Nach der Geburt meines ersten Sohnes Jonte wurde ich zur typischen »Vorzeigefrau«, die es selbst mit einem Baby schaffte, ihre Führungsposition zu behalten. Macht es mich also heute unglücklich, dass ich als Selbstständige weniger verdiene, als es bei Bayer vermutlich möglich gewesen wäre? Nein, überhaupt nicht. Denn Geld war nie die wichtigste Motivation für meine beruflichen Veränderungen.

> Geld ist nicht generell wichtig oder unwichtig. Die Bedeutung von Geld hat immer etwas mit dem Kontext zu tun.

Natürlich verdiene ich gerne viel Geld. Wie könnte ich mich für Piraten begeistern und nicht auf fette Beute stehen? Aber was heißt das denn, viel Geld zu verdienen? 5 000 Euro im Monat netto? Mehr als 100 000 Euro Jahresgehalt im Arbeitsvertrag? Oder verdient man erst viel Geld, wenn man als Selbstständige auf einen siebenstelligen Jahresumsatz blicken kann? Hast du dich schon mal gefragt, was genau für dich viel Geld wäre? Meine Entscheidung, den Konzernjob an den Nagel zu hängen, hatte vorrangig diesen Grund: Ich wollte flexibler in meiner Zeitgestaltung werden und ich wollte insgesamt weniger arbeiten. Diese Entscheidung war jedoch nicht lange geplant und gut durchdacht, sondern sie entstand aus der Situation heraus. Als ich im Herbst 2008 das zweite Mal schwanger war, hatte ich ursprünglich den Plan, wie nach der Geburt von Jonte schnell ins

Konzernleben zurückzukehren. Noch zwei Tage vor dem errechneten Geburtstermin saß ich mit einem riesigen Kugelbauch munter im Büro und versuchte, meine bevorstehende Abwesenheit so vorzubereiten, dass ich mir mit gutem Gewissen nach der Geburt ein paar Wochen Ruhe gönnen konnte. Für die Zeit meines Mutterschutzes briefte ich meine vertretende Abteilungsleiterin, aber im Grunde konnte ja nichts schiefgehen. Zur Not waren ja das Telefon und der Laptop immer schnell zur Hand. Dachte ich. Die Geburt von meinem zweiten Sohn Eike verlief dann leider sehr dramatisch, es gab heftige Komplikationen und einen Notkaiserschnitt. Ich hatte eine schwere Form von Schwangerschaftsvergiftung, die man HELLP-Syndrom[19] nennt. Nach der Geburt, die Eike zum Glück unbeschadet überstand, ging bei mir überhaupt nichts mehr. Kein Aufstehen, kein Stillen, kein Entgegennehmen der vielen Glückwünsche, ich war einfach nur fertig. Und als man mich nach mehreren Tagen im Krankenhaus endlich mit großen medizinischen Zweifeln nach Hause entließ, war ich genau eine Nacht zu Hause, um dann direkt wieder ins Krankenhaus eingewiesen zu werden. Ich war so krank wie noch nie in meinem Leben. Und ich würde viel Zeit brauchen, um wieder zu Kräften zu kommen.

Die Gynäkologin, die mich entbunden hatte, redete meinem Mann und mir ins Gewissen. Sie erklärte uns, dass es rund sechs Monate dauern könne, bis ich wieder bei vollen Kräften sein würde. Sie redete eindringlich, besonders mich fokussierte sie bei diesem Gespräch. Eine Regeneration nach diesem Ereignis würde bedeuten, dass ich es sehr lange sehr ruhig würde angehen lassen müssen. Und sie gab uns noch eine essenzielle Botschaft mit. Ihre Worte werde ich immer im Ohr haben: »Wissen Sie, Frau Voss, Sie sind wirklich in letzter Minute dem Tod von der Schippe gesprungen. Ihr Sohn auch. Wenn wir Sie 20 Minuten später entbunden hätten, dann wäre Ihr Mann als Witwer aus dem Krankenhaus gegangen, ohne Baby. Sie hatten einen Schutzengel. Und wenn man so etwas überlebt, dann stelle ich gerne die folgende Frage: Schauen Sie zurück auf das letzte Jahr. Was war das für ein Jahr? Wie haben Sie es verlebt? Wie haben Sie Ihre Prioritäten gesetzt? Wenn Sie vor 12 Monaten gewusst hätten, dass das Ihr letztes Jahr werden würde, hätten Sie es so verbracht, wie Sie es gemacht haben?«

Es gibt Botschaften, die stellen alles auf den Kopf. Oft kommen sie im perfekten Moment – auch wenn es sich erst nicht so anfühlt.

Die Botschaft saß. Und meine Antwort auf diese entscheidende Frage der Ärztin war glasklar: Ich wusste sofort, dass ich im letzten Jahr – und eigentlich auch schon zuvor – zu viel Energie in meinen Job gesteckt hatte und zu wenig in meine Familie. Deswegen entschied ich mich für die Selbstständigkeit: Ich wollte viel weniger arbeiten als bisher im Angestelltenleben. Hört sich das skurril an? Kann sein, das war mir aber egal. Weniger arbeiten, das hätte ich natürlich auch angestellt machen können, Teilzeit mit 15 oder 20 Stunden wäre sicherlich eine Option gewesen. Doch dann wäre ich der Verantwortung meiner Stelle als Abteilungsleiterin wahrscheinlich nicht mehr gerecht geworden. Und eine beliebige Sachbearbeitungsstelle annehmen, nachdem ich vorher Chefin gewesen war? Nein, das fühlte sich auch nicht stimmig an. Also drückte ich den Karriere-Pauseknopf, gab meinen Job auf und nahm drei Jahre Elternzeit. Erst mal wieder gesund werden. Erst mal den Familienalltag mit zwei kleinen Jungs auf die Kette bekommen. Da mein Mann Lars weiter fest angestellt war, waren wir finanziell abgesichert. Ich konnte es ruhig angehen lassen und mich vorrangig um unsere Söhne kümmern. Nebenher wollte ich schauen, was ich freiberuflich so anfangen könnte.

Es entwickelte sich – sehr langsam und dennoch stetig – mein heutiges Business. Dieses Business erfüllt zweierlei Dinge: Erstens arbeite ich in einem Bereich, der mir unglaublich viel Freude macht. Ich lerne als Coach, Workshop-Moderatorin und Vortragsrednerin unterschiedlichste Menschen kennen und kann meine Talente oft und vielseitig einsetzen. Regelmäßig bekomme ich positive Resonanz und habe wirklich das Gefühl, etwas zu bewegen. Zweitens verdiene ich mit diesem Job anständiges Geld. Nicht so viel, wie ich vielleicht bei Bayer hätte verdienen können, aber dennoch mehr als genug, um entspannt davon zu leben. Mein Job zahlt also auf zwei Konten ein: mein Geldkonto und mein Sinnkonto. Das ist ein großes Glück – und keinesfalls eine Selbstverständlichkeit!

Muss dein Job dein Geldkonto und dein Sinnkonto füllen?
Meine Antwort lautet: Nein.

Ein Job darf dich nicht krank machen, aber er ist auch nicht für deine tagtägliche Glückseligkeit verantwortlich. So viele glückselig machende Jobs gibt es einfach nicht, Punkt. Das gibt der Arbeitsmarkt nicht her, hat er noch nie. Egal ob angestellt oder selbstständig, nicht eine einzige Branche hat das Abo auf permanente Sinnerfüllung. Ich weiß, dass ich damit ganz vielen Menschen im Umfeld der Coaches, Speaker, Influencer und anderer Gurus komplett widerspreche. Sätze wie »Tue, was du liebst, und du musst nie wieder arbeiten!« stehen in unendlich vielen Büchern. Man verkauft damit teure Online-Kurse und lockt Menschen auf Selbstverwirklichungs-Konferenzen. Ich finde das skandalös! Nach meiner Einschätzung haben ungefähr 5 Prozent aller Menschen das riesige Glück, dass sie einen Job haben, der beide Konten füllt: Diese Menschen machen ihre Arbeit nicht nur sehr gerne und gut und erkennen einen tieferen Sinn ihres Wirkens, sie werden dazu auch noch anständig bezahlt. Viele Vertreter und Vertreterinnen dieser 5 Prozent machen aber leider die anderen 95 Prozent arbeitender Menschen total verrückt. Nur weil diese Sinn-plus-Geld-Heilsbringer ständig und lautstark darüber reden, wie großartig es bei ihnen läuft, meinen alle übrigen Leute, dass das bei ihnen auch so sein müsste. Und schon sind sie in eine Falle getappt. Auf der Suche nach dem neuen Traumjob kaufen sie sich ständig neue Bücher, absolvieren Videokurse, besuchen Seminare … und investieren womöglich noch ihre letzten Ersparnisse in eine aussichtslose Existenzgründungsidee.

Was also ist ein akzeptabler Job? Diese Frage diskutiere ich regelmäßig im Coaching, wenn es um Fragen der beruflichen Neuorientierung geht. Meiner Ansicht nach müssen folgende Kriterien erfüllt sein:

- Es ist ein Job, der dich auf keinen Fall krank machen darf. Das ist nicht verhandelbar!
- Du darfst zeitweise überfordert sein und auch eine zeitweise Unterforderung ist okay. Beides ist auf Dauer jedoch problematisch.
- Du musst insgesamt klarkommen in deinem beruflichen Umfeld. Konflikte gehören zu jedem Job dazu, schwierige Menschen gibt es überall. Das darf dich auch mal länger nerven und beschäftigen, aber ein sich über Monate entwickelndes Magengeschwür oder dauerhafte Schlafstörungen sind definitiv ein Alarmsignal. Raus da, sofort!
- Wenn der Job dir richtig Spaß macht und du dich hervorragend entwickeln kannst, dann kann es okay sein, wenn du nicht so üppig bezahlt wirst. Dann sind Freude und Sinn bei der Arbeit und dein persönliches Wachstum ein Teil deines Lohns.

- Wenn der Job sehr nervig und anstrengend, aber grundsätzlich machbar ist, dann sollte er vernünftig bezahlt sein, damit das Geld die fehlenden Motivatoren ausgleicht.

Ist dein aktueller Job nach diesen Kriterien viel mehr als nur akzeptabel? Prima, gut so. Alles, was an positiven Dingen über diese Kriterienliste hinausgeht, ist super. Freu dich, dass es so ist. Sei dankbar für deine tolle Stelle. Aber glaub bitte nicht, dass das die Norm ist. Und wenn dein aktueller Job die Kriterienliste nur gerade eben so erfüllt? Das ist auch okay. Dann gehörst du zu der großen Gruppe von Menschen, die mit ihrem Job vielleicht öfter hadern, für einen Wechsel aber zu wenig Leidensdruck empfinden. Das darf so sein, es kommt sogar ziemlich oft vor. Das ist definitiv kein Grund, alles hinzuschmeißen und mit deinen Ersparnissen als Startkapital selbstgemachte Hundehalsbänder über das Internet zu verkaufen. Viel eher solltest du den Job erst mal weitermachen, nach alternativen Stellen Ausschau halten und dir parallel dazu für deine Freizeit unbedingt etwas suchen, was dein Sinnkonto füllt. Eine Aktivität oder Tätigkeit, bei der du das Gefühl hast, wirklich dahinterzustehen.

Mein Appell an dich: Behalte deine beiden Konten immer im Blick, Geld UND Sinn sind wichtig. Wie viel Geld du brauchst und was genau dein Sinnkonto füllt, das musst du selbst herausfinden. Falls dein Job eher unspektakulär ist und es dich reizt, für dein Sinnkonto einen ganz unkonventionellen Weg einzuschlagen, dann wäre das Skateboardfahren in bunten Röcken vielleicht eine Idee für dich?

Persönliche Werte sind ein zuverlässiger Kompass

»The big secret in life is that there is no big secret.«
Oprah Winfrey

Werte – das ist ein schwieriges Thema, finde ich. Es gibt persönliche Werte, kulturelle Werte, Unternehmenswerte, manche Teams geben sich eigene Teamwerte, und dennoch ist das allermeiste davon – kritisch betrachtet – nichts anderes als heiße Luft. Große Konzerne verwenden für ihre Unternehmenswerte gern englische Begriffe wie »Integrity«, »Passion«, »Focus« oder »Innovation«. Was das genau heißt? Wie ich das Tag für Tag als Angestellte oder Angestellter spüre? Oder als Kunde? Puh, das ist praktisch unmöglich zu definieren. Hand aufs Herz: Kennst du die Werte deines Arbeitgebers? Oder kennst du die Werte von Unternehmen, bei denen du schon lange Kunde bist?

Ich begann Ende 2015, mich sehr intensiv mit meinen persönlichen Werten zu beschäftigen. Ein Auslöser war unter anderem die britische Journalistin Lucy Kellaway, die in ihrer Podcastserie »Listen to Lucy« über ein spannendes Experiment berichtete.[20] Unter dem Titel »Hands up if you can say what your company's values are«, was übersetzt bedeutet: »Bitte Handzeichen geben, wenn Sie sagen können, was die Werte Ihres Unternehmens sind«, beschrieb sie folgendes Ereignis: *»Vor einigen Wochen stand ich vor einer Gruppe von Managern aus zwei Dutzend namhaften Unternehmen und bat sie, ein kleines Spiel zu spielen. Vorab hatte ich die Websites der einzelnen Arbeitgeber besucht und eine Liste ihrer Werte zusammengestellt. Dann las ich diese Listen nacheinander vor und bat alle, die Hand zu heben, wenn sie ihre eigenen Unternehmenswerte erkannten. Ich wusste natürlich, dass dies ein etwas mieser Trick war. Ich war mir nämlich sicher, dass die meisten durchfallen würden, und ich freute mich schon auf das Spektakel. Ich wurde nicht enttäuscht. Von 24 Teilnehmern erkannten nur fünf die Werte ihres Unternehmens richtig, und in drei Fällen lag es allein daran, dass sie in den Ausschüssen saßen, die diese Werte erarbeitet hatten. Die übrigen 19 hoben selbstbewusst die Hand – nur um dann die falschen Werte auszuwählen.«*[21]

Nachdem ich diesen Podcast gehört hatte, startete ich selbst einen kleinen Versuch. Immer mal wieder fragte ich Kundinnen und Kunden, Workshop-Teilnehmer oder andere Menschen in meinem Umfeld nach ihren persönlichen Werten. Und es passierte etwas ganz Ähnliches. Einige Begriffe wurden inflationär oft genannt. Ehrlichkeit, Gesundheit und Familie hörte ich immer und immer wieder. Hören sich schick an, diese Werte, so bodenständig und demütig. Sind aber – sorry, hier muss ich Klartext reden – einfach nur Bullshit.

Persönliche Werte sollten einen Anker in deinem Leben darstellen – und sich nicht einfach nur gut anhören.

Nehmen wir die Ehrlichkeit. Klar, auf den ersten Blick ist es verständlich, dass Menschen diesen Wert nennen. Aber wer bitte schön ist eigentlich wirklich ehrlich? Zu sich selbst und zu anderen Menschen? Dauerhaft? Ich weiß genau: Ich bin es nicht. Noch nie gewesen. Ich kann sofort etliche Situationen benennen, in denen ich mir selbst Dinge schöngeredet, in denen ich sogenannte Notlügen benutzt oder mich elegant um eine klare Aussage herumgewunden habe. Auch habe ich gegenüber gewissen Menschen schon bestimmte Informationen unterschlagen. Wissenschaftlich ist längst belegt, dass ich mit meiner mangelnden Ehrlichkeit nicht allein bin. Das Magazin *PM Wissen* schreibt: »Jeder Mensch lügt mehrmals am Tag, meist aus Höflichkeit, Angst oder Egoismus.«[22] Wie sieht es bei dir aus? Bist du so wie ich ein ganz normaler Mensch mit Wünschen und Zwängen und ehrlichen wie auch unehrlichen Momenten, die dich durchs Leben begleiten?

Nehmen wir uns nun den zweiten Begriff vor: die Gesundheit. Das ist doch glaubhaft, wenn Menschen sie als wichtigen Wert benennen. Doch auch hier weiß ich aus Erfahrung: Es kommt darauf an. Klar gibt es Leute, die konsequent gesundheitsbewusst leben. Das sind aber die allerwenigsten. Von denen, die mir den Begriff Gesundheit als einen ihrer Kernwerte nannten, leben die allermeisten halbwegs ungesund. Und damit meine ich nicht ein oder zwei Glas Wein am Abend. Sondern ich meine regelmäßig unausgewogene Ernährung, zu wenig Bewegung, zu wenig Schlaf, ständige Erreichbarkeit und dadurch keinerlei gedankliche Ruhephasen – aber Gesundheit ist ein Kernwert? Nein, Leute, so funktioniert das nicht. Das ist Selbstbetrug! Da ist der Wunsch Vater des Gedankens.

Die Kernwerte einer Person sind die Dinge, die in ihrem Leben nicht verhandelbar sind.

Bleibt also noch Familie als Wertbegriff. Zu diesem Thema habe ich eine – zugegebenermaßen fiese – Übung in meinen Coachings und Führungsworkshops etabliert. Ich frage meine Teilnehmerinnen und Teilnehmer: »Wenn jeder Tag plötzlich 26 statt 24 Stunden hätte, was würdet ihr dann mit den beiden gewonnenen Stunden tun?« Ich bitte sie dann, eine Liste zu schreiben. Was wäre der Inhalt der beiden Zusatzstunden? Bei etwa

80 Prozent der Teilnehmenden steht auf den obersten Plätzen der Liste: »Ich würde mehr Zeit mit meiner Familie / meinem Partner / meiner Partnerin verbringen.« Bei fast 100 Prozent aller Eltern steht auf der Liste: »Ich würde mehr Zeit mit meinen Kindern verbringen.« Wenn die Liste fertig geschrieben ist, frage ich noch einmal nach: »Sind euch diese Dinge wirklich wichtig?« Es kommt immer ein sehr klares Ja als Antwort. Ich frage weiter: »Wärt ihr glücklicher, wenn ihr den Dingen auf der Liste mehr Zeit widmen könntet?« Wieder kommt ein Ja zurück. Erst nach beiden Bestätigungen stelle ich die folgende – bewusst provokative – These in den Raum: »Das stimmt nicht. Diese Dinge sind euch NICHT wirklich wichtig! Eure Antworten sind gelogen!« Du kannst dir vorstellen, dass sich dann sofort eine gewisse Entrüstung breitmacht. Es ist schließlich eine Unverschämtheit von mir, die ehrlichen Antworten meiner Teilnehmerinnen und Teilnehmer in Zweifel zu ziehen. Doch es gibt für meine provokative These – natürlich! – eine Erklärung: »Der Tag hat nur 24 Stunden. Er hatte nie mehr. Und er wird nie mehr haben. Was du in 24 Stunden nicht machst, wirst du auch in 26 Stunden nicht tun. Du entscheidest jeden einzelnen Tag, wie du deine Prioritäten setzt. Wenn es Dinge gibt, die dich glücklich machen, und du machst sie dennoch nicht, dann sind dir andere Dinge wichtiger. Es stehen womöglich Werte wie finanzielle Sicherheit, Reputation oder Karriere mehr im Fokus als die eigenen Kinder oder die Partnerschaft.« Jedes Mal, wenn ich diese Übung absolviere, gibt es anschließend heiße Diskussionen. Das ist mein Ziel, denn mit dieser bewussten Provokation kommt oft eine ernsthafte Selbstreflexion in Gang.

Ich will ganz ehrlich zu dir sein: Ich liebe meine Familie, mein Mann Lars und unsere beiden Jungs sind das größte Geschenk meines Lebens. Aber wenn ich zu viel Zeit mit ihnen verbringe, ist das nicht gut. Nicht für meine Familie und nicht für mich. Ich weiß, das ist harter Tobak. Aber ich schreibe hier schließlich ein Buch über Piraten, nicht über Tagträumer.

Innere Klarheit zu erlangen ist kein Spaziergang durch den Rosengarten.

Es ist ein steiniger, anstrengender und auf jeden Fall konfliktreicher Weg, dir selbst klipp und klar einzugestehen, was dich tatsächlich antreibt. PIRATE UP YOUR LIFE steht auch für konsequente Selbstreflexion, und die ist nichts für Feiglinge. Bei meinen Kernwerten ist der Begriff

»Familie« nicht dabei. Oft verbringe ich Zeit ohne meinen Mann, meine Kinder und meine Herkunftsfamilie. Weil ich auch die Verbundenheit mit anderen Menschen schätze. Weil ich meinen Job mag, neugierig die Welt entdecke und noch unendlich viele andere Dinge tun will. Das ist in meinen Augen weder verwerflich noch widerspricht es meiner Mutterrolle. Wäre ich die ersten Jahre nach den Geburten meiner Kinder als Vollzeitmutter zu Hause geblieben, es wäre in einer Katastrophe geendet. Das sehe ich so, das sieht Lars so, und meine Kinder – mittlerweile im Teenageralter – können das ebenfalls nachvollziehen.

> Als Mutter kannst du im Leben genau zwei Fehler machen:
> Du kannst arbeiten oder nicht arbeiten.

Darf man das, als Mutter den Wert Familie nicht als Kernwert ansehen? Es ist mir reichlich egal, ob »man« das darf oder nicht, für mich ist es einfach so. Das ist eine individuelle Sache, jede und jeder sollte das für sich persönlich definieren. Ich wollte immer eine eigene Familie haben, aber hätte das nicht geklappt, dann hätte ich ziemlich sicher dennoch ein erfülltes Leben gehabt. Es war nie mein wichtigster, absolut lebensentscheidender Wunsch, Mutter zu werden.

So oder so ist dir hoffentlich klar geworden: Es sind schwierige Fragen, die du dir stellen musst, wenn du deinen eigenen Werten auf die Spur kommen willst. Was steht für dich ganz oben? Was ist nicht verhandelbar? Wo steigst du aus, wenn dieser Wert verletzt wird? Für einen Piraten wie John aus Kapitel 1 waren Freiheit und Selbstbestimmung solche Werte. Er musste sein Leben auf den Kopf stellen und die Legalität hinter sich lassen, um Pirat zu werden. Witwe Zheng aus Kapitel 2 war nicht bereit, die klassische Rolle einer Frau in der chinesischen Gesellschaft anzunehmen, also zettelte sie eine emanzipatorische Revolution der Piratengesellschaft an. Solche Dinge macht kein Mensch einfach so aus einer Laune heraus, da geht es immer um mehr.

In jeder Situation hast du mit deinen Werten feste Leitplanken an der Hand, die dein Handeln bestimmen. Sie sind die Extraportion Muskeln, die du in einer immer komplexer werdenden Welt brauchst. Konsequent sein, klar vorangehen, unangenehme Entscheidungen treffen? Das wird deutlich einfacher, wenn du die Kriterien deines Handelns genau kennst.

Wenn du dich immer wieder selbst dabei ertappst, dass du auch bei kleinen Entscheidungen ewig herumeierst, dann ist es gut möglich, dass du über kein klares Wertegerüst verfügst.

> Wenn du dir die Mühe machst, deine eigenen Werte klar zu definieren, wirst du unfassbar stark.

Als ich Ende 2015 immer mehr zum Thema Werte las, begann natürlich auch ich, über meine eigenen Werte nachzudenken. Das war gar nicht so einfach. Von Beginn an hatte ich das Ziel, die Liste meiner Werte so klein wie möglich zu halten. Drei Kernwerte, die wollte ich finden. Es war ein Prozess, der mehrere Monate gedauert hat. Immer wieder schrieb ich Begriffe auf, legte sie nebeneinander, tauschte sie aus oder suchte nach Synonymen. Eines Tages war der Moment da: Ich hatte eine Dreierkombination im Kopf und wusste: Das passt. Das ist es! Ich entschied, dass es diese Begriffe bleiben würden: Verbundenheit – Neugier – Leistung. Ich schrieb jeden der drei Werte auf je einen schönen, flachen Kieselstein. Diese drei Steine liegen seither auf meinem Schreibtisch, immer in meinem Blickfeld.

Falls dir deine Werte (noch) nicht klar sind, solltest du ihnen unbedingt auf die Spur kommen. Fange damit am besten sofort an! Eine ausführliche Anleitung mit einer umfangreichen Begriffsliste findest du in den Übungen zu diesem Kapitel. Diese Anleitung hätte ich mir sehr gewünscht, als ich meine eigenen Werte definiert habe – und genau deswegen habe ich sie für dich geschrieben.

Darf ich dir das Tschüss anbieten?

> »Don't blame a clown for acting like a clown.
> Blame yourself for going to the circus.«
> Quelle unbekannt, entdeckt bei Dan Nielsen

Es ist eine Binsenweisheit, aber in ihr steckt viel Wahrheit: Wir Menschen beeinflussen uns permanent gegenseitig. Wir beobachten einander, kommunizieren miteinander, imitieren einander und leben in unbewusster Abhängigkeit voneinander. Niemand macht nur sein eigenes Ding. Es ist also alles andere als egal, mit wem du deine Zeit verbringst. Ob in deiner Familie, im Kreis deiner Freunde, bei Hobbys, in der Nachbarschaft oder in anderen Communitys: Die Menschen beeinflussen dich. Der amerikanische Unternehmer Jim Rohn hat es mit dem berühmten Zitat auf den Punkt gebracht: »Du bist der Durchschnitt der fünf Menschen, mit denen du am meisten Zeit verbringst.«[23] Diese Erkenntnis wirft eine ganze Reihe von spannenden Fragen auf:

- Wie genau beeinflussen dich die Menschen in deinem Umfeld? Positiv oder negativ?
- Geben sie dir Energie, um deine Ideen zu verwirklichen? Oder hast du viele Bedenkenträger um dich, die dich mit »Ja, aber«-Botschaften klein halten?
- Sind die Menschen in deinem Umfeld konstruktive Kritiker, bei denen du ehrliches Feedback bekommst? Oder umgibst du dich – bewusst oder unbewusst – hauptsächlich mit Jasagern, die Konflikte vermeiden?
- Gönnen sie dir Erfolg und Glück? Oder vergleichen sie sich selbst mit dir und können nicht gut damit umgehen, wenn du es »besser« hast, was auch immer das im Detail heißen mag?
- Fühlt sich das Verhältnis von Geben und Nehmen in deinen Beziehungen richtig an? Oder wirst du andauernd ausgenutzt, hilfst und unterstützt bei jeder Kleinigkeit, aber wenn du um Hilfe bittest, hat keiner Zeit?
- Bringen die Menschen in deinem Umfeld dir Inspiration, neue Perspektiven und kreative Impulse? Oder lebst du in einer Community, die vorrangig ein »Weiter so wie immer« propagiert?

Menschen beeinflussen Menschen. Das ist banal, aber entscheidend, wenn du dein Leben nach deinen Vorstellungen gestalten willst.

Wer – außer dir selbst – nimmt in deinem Leben den größten Platz ein? Frage dich, nach welchen Idealen diese Menschen leben.

Wenn du eine Liste der fünf Menschen erstellt hast, mit denen du aktuell die meiste Zeit verbringst, dann überlege dir, wie diese dich beeinflussen und wie du sie beeinflusst. Wer hat – neben deinen persönlichen Kontakten – darüber hinaus noch Einfluss auf dich? Wessen Bücher liest du, welche Podcasts flüstern dir Ideen ein, welche Persönlichkeiten sind deine Vorbilder? Mach dir dein persönliches Influencer-Netzwerk bewusst. Ist das eine gelungene Mischung von besonderen Menschen, die dich inspirieren und dir ermöglichen, dein Leben nach deinen Vorstellungen zu gestalten? Prima! Und wenn dem noch nicht so ist? Dann darfst du daran arbeiten.

Sei extrem wählerisch, mit wem du deine Zeit verbringst, denn Zeit ist ein extrem wertvolles Gut.

Ich nehme regelmäßig Veränderungen an meinem persönlichen Influencer-Netzwerk vor. Ganz bewusst suche ich mir häufiger neue Inspirationsquellen, da ich – als neugieriger Mensch – schnell gelangweilt bin, wenn ich mich zu lange mit den gleichen Dingen beschäftige. Das sind oft Journalistinnen, Künstler, Politikerinnen, Podcaster oder andere Coaches und Speaker. Ich folge ihnen eine Weile, denke mich intensiv in ihre Themen und Thesen ein, und wenn ich merke, dass meine Aufmerksamkeit nachlässt, dann suche ich neues Futter. Neben diesen Wechseln gibt es bei mir aber auch sehr feste Konstanten. Die Verbundenheit gehört zu meinen Kernwerten, und ich schätze es sehr, Menschen um mich zu haben, die mir schon seit Jahren klipp und klar sagen, wie sie mich erleben. Und natürlich brauche ich auch Menschen in meinem Netzwerk, mit denen ich meine manchmal skurrilen Ideen umsetzen kann.

Piraten umgeben sich gern mit Piraten, denn gemeinsam lässt sich besser Beute machen!

Die eigene Netzwerk-Arbeit, so wie ich sie hier beschreibe, hat eine schöne und eine unschöne Seite: Es macht Spaß, neue Beziehungen zu knüpfen und neue Inspirationsquellen ausfindig zu machen. Und gleichzeitig ist es schwierig und komplex, sich aus bestehenden Verbindungen herauszulösen, gleich welcher Art. Spätestens da kommt der Wagemut ins Spiel. Wagemutig zu sein bedeutet, dass du mit einem klaren Verständnis deiner Werte und Ziele erkennst, wer nicht (mehr) gut in dein Leben passt. Und es bedeutet, basierend auf dieser Erkenntnis zu handeln. Das ist wieder starker Tobak, ich weiß das. Und natürlich ist der Interpretationsspielraum hier riesig: Selbstverständlich meine ich nicht, dass du deine pflegebedürftigen Eltern im Stich lassen sollst. Du bist andererseits aber auch nicht auf Dauer der Kummerkasten für die Beziehungsprobleme deiner Kollegin. Dein Job wird es vermutlich mit sich bringen, auch mal mit etwas schwierigen Charakteren klarzukommen. Aber alles musst du nicht hinnehmen. Du kannst dich aus Projekten herausziehen, von Kunden trennen oder deinen Job wechseln. Wenn du erst mal den Einfluss, den die Menschen in deinem unmittelbaren Umfeld auf dich haben, als wichtigen Baustein deiner eigenen Entwicklung anerkennst, geht manchmal kein Weg daran vorbei, die Reißleine zu ziehen.

Vor einigen Jahren hatte ich einen komplizierten Kunden, der vom ersten Kontakt an Sonderwünsche in unserer Zusammenarbeit forderte. Lieber so statt so kommunizieren, lieber diesen statt jenen Prozess, lieber mehr statt weniger Vorgaben in Bezug auf meine Arbeit. Irgendwann erzählte ich bei einem Abendessen meiner Freundin Marion von ihm. Marion ist Psychotherapeutin und berät mich oft in Supervisions-Fragen. Als ich genervt von den letzten Sonderrunden berichtete, die ich für diesen Kunden gedreht hatte, nickte Marion nur verständnisvoll mit dem Kopf und sagte genau ein Wort: »Extrawurst.« Damit hatte sie den Nagel auf den Kopf getroffen. Extrawurst – dieser Mensch verlangte in allem immer eine Extrawurst. Unser Gespräch zu diesem Kunden brachte mir eine wichtige Erkenntnis: Ich bin nicht bereit, mit Extrawurst-Menschen zu arbeiten. Ich weiß, was ich kann. Ich bin ein Profi. Ich kenne meine Prozesse und habe sie durchdacht. Wer sich darauf nicht verlassen und mir vertrauen möchte, der passt nicht zu mir. Also habe ich das Projekt so schnell wie möglich zu Ende gebracht und anschließend diesen Kundenkontakt aus meinem Adressbuch gelöscht.

> Rosinenpicken ist eine Kernkompetenz, wenn es darum geht, die richtigen Menschen in deinem Netzwerk zu versammeln.

Es ist für dich wie auch für die Menschen in deinem Umfeld eine große Bereicherung, wenn ihr einander ergänzt, euch Energie schenkt und so herzlich wie auch ehrlich miteinander umgeht. Schenke Menschen Vertrauen, öffne dich, sei für andere ein Schatz in ihrem Netzwerk. Und wenn es nicht passt, dann biete Menschen das Tschüss an. Verteidige deine Zeit. Du kannst fast nicht wählerisch genug sein, wenn es darum geht, wer in deinem Leben einen festen Platz bekommt.

A: Die Supermarktkasse

Wartest du auch nicht gerne an Supermarktkassen? Und findest du es auch doof, wenn jemand unfreundlich durch den ganzen Laden brüllt: »Machensema 'ne zweite Kasse auf!«? Dann habe ich hier eine schöne Wagemut-Trainingsaufgabe für dich: Werde zum supercharmantesten Kunden, der den Kassierer oder die Kassiererin je darum gebeten hat, weitere Kollegen an die Kasse zu bitten. Wie das geht? Einfach so:

1. Du drehst dich in der Schlange um, lächelst den Menschen hinter dir an und erklärst, dass du kurz nach vorne gehst, um zu fragen, ob eine weitere Kasse geöffnet werden kann.
2. Du gehst an allen anderen Wartenden vorbei, lächelst sie alle an, bis du ganz vorne bist.
3. Du sprichst in einem höflichen, richtig netten, aber auch gut verständlichen Ton die Person an der Kasse an: »Es hat sich eine recht lange Schlange gebildet. Es wäre supernett von Ihnen, wenn Sie sich kurz die Zeit nehmen könnten, um eine Kollegin oder einen Kollegen an eine weitere Kasse zu bitten. Ist das möglich?« Du lächelst weiter.
4. Danach gehst du ganz in Ruhe wieder zu deinem Platz in der Schlange zurück. Und auch hier bleibt dein Gesichtsausdruck freundlich.

Dieses Vorgehen versetzt dich in den Mittelpunkt des Geschehens und verlangt dir vermutlich einen großen Schritt raus aus deiner Komfortzone ab. So trainierst du deinen Wagemut!

B: Der Müll-Spaziergang à la David Sedaris

Findest du auch, dass unsere Umwelt ganz schön vermüllt ist? Sollten Straßen und Grünflächen nicht sauberer und Strände plastikfrei sein? Und überhaupt, wäre es nicht schöner, wenn kein Dreck in jeder Ecke herumliegen würde? Du kannst mit dem Zustand unzufrieden sein – oder etwas dagegen tun. Der in England lebende amerikanische Schriftsteller David Sedaris macht jeden Tag lange Spaziergänge, um Müll einzusammeln. Nein, er ist kein erfolgloser und brotloser Mann, der sowieso nichts Besseres zu tun hat, sondern er hat weltweit Millionen Bücher verkauft. Sein simples, aber konsequentes Engagement hat sogar dazu geführt, dass die lokale Abfallentsorgungsfirma seiner Heimatstadt in Südengland mittlerweile einen Müllwagen nach ihm benannt hat.[24] Es ist so einfach: immer eine kleine Tüte in jeder Jackentasche und einfach bei jedem Spaziergang alles einsammeln, was nicht in die Natur gehört. Am Strand in Holland komme ich von keinem Spaziergang ohne »Müll-Beute« zurück. Du kannst jetzt und hier sofort etwas tun, um den Müll in deiner Umgebung zu reduzieren. Und wer weiß, vielleicht findest du sogar Nachahmer. Die andere Möglichkeit: Du kannst weiter jammern, dass es wirklich unerhört ist, wie die Leute die Umwelt verschandeln. Es ist deine Wahl.

C: Finde deine Werte

Werte werden öfter auch als Prinzipien oder Verhaltensnormen bezeichnet. Ich mag die Definition der Sozialwissenschaftlerin Brené Brown: »Ein Wert ist eine Art zu sein oder zu glauben, die wir für besonders wichtig halten.«[25] Um nach deinen Werten leben zu können, musst du genau wissen, was sie sind. Erst dann bieten sie dir Halt und Orientierung. Sie zu identifizieren ist ein Prozess, der vielleicht ein paar Tage, aber auch ein paar Wochen dauern kann. Dein Ziel sollte es sein, mit möglichst wenig Kernwerten auszukommen. Zwei sind super, drei sind auch gut und vier sind gerade noch okay. Danach wird es zu viel – und damit zu beliebig. Es gibt übrigens keine Unterscheidung nach Rollen, also zum Beispiel berufliche und private Werte. Was dir wirklich wichtig ist, betrifft alle Teile deines Lebens. Werte verschieben sich nicht je nach Kontext.

Um deine Werte zu definieren, gehst du wie folgt vor:

Schritt 1: Gehe durch die untenstehende Liste und kreise alles ein, was du wichtig findest.

Schritt 2: Gehe die eingekreisten Werte durch und streiche alles das wieder durch, was nicht zu 100 Prozent SUPERwichtig ist. Damit solltest du bei einer Sammlung von 10 bis 15 Werten angekommen sein.

Schritt 3: Übertrage diese 10 bis 15 Werte auf ein leeres Blatt.

Schritt 4: Setze dich mit jedem einzelnen Begriff auseinander. Hat er eine ELEMENTARE Bedeutung? Ist er vielleicht in einem der anderen Begriffe schon enthalten? Wälze jeden Wert zwischen Kopf und Herz und verabschiede dich so lange von den am wenigsten elementaren Begriffen, bis du bei zwei, drei oder vier Werten angekommen bist.

Schritt 5: Notiere diese zwei, drei oder vier Begriffe noch mal auf einem neuen Blatt. Lasse sie einige Tage sacken. Normalerweise spürst du bald, ob sie wirklich »richtig« sind und sich festsetzen. Überdenke und korrigiere sie, wenn nötig.

Schritt 6: Notiere dir deine Werte in deinem Tagebuch, in deinem Kalender, hänge sie an deinen Schreibtisch, deinen Badezimmerspiegel oder visualisiere sie anderweitig. Sorge dafür, dass sie dich begleiten und dir immer wieder präsent sind.

Mit der folgenden Werteliste hast du eine reichhaltige Auswahl. Aber natürlich darfst du sie auch ergänzen, wenn ein für dich ganz zentraler Begriff nicht dabei ist:

Abenteuer
Abwechslung
Achtsamkeit
Adaption
Agilität
Aktivität
Aktualität
Akzeptanz
Altruismus
Ambiguitätstoleranz
Andersartigkeit
Anerkennung
Anmut
Anpassungsfähigkeit
Ansehen
Anstand
Askese
Ästhetik
Aufgeschlossenheit
Aufmerksamkeit
Aufopferung
Aufregung
Aufrichtigkeit
Ausbildung
Ausdauer
Ausgeglichenheit
Ausgewogenheit
Authentizität
Autonomie

Balance
Begeisterung
Beharrlichkeit
Beherrschung
Behutsamkeit
Beitragen
Beliebtheit
Bescheidenheit
Besonnenheit
Beständigkeit
Bewahrung
Beziehungen

Charakter
Charisma

Dankbarkeit
Demut
Dienen
Diplomatie
Disziplin
Durchhalten
Durchsetzungskraft

Effektivität
Effizienz
Ehrgeiz
Ehrlichkeit
Eigenständigkeit
Einfachheit
Einfallsreichtum
Einfühlsamkeit
Einlassen
Einsicht

Einzigartigkeit
Eleganz
Elternschaft
Empathie
Engagement
Entdeckergeist
Enthusiasmus
Entscheidungsfreiheit
Entscheidungsfreude
Entschlossenheit
Entwicklung
Erfolg
Ernsthaftigkeit

Fairness
Fakten
Familie
Fantasie
Finanzielle Stabilität
Fitness
Fleiß
Flexibilität
Fokus
Fortschritt
Freiheit
Freizeit
Freude
Freunde
Freundlichkeit
Freundschaft
Frieden
Friedfertigkeit
Fröhlichkeit
Führung
Fürsorglichkeit

Geborgenheit
Geduld
Gelassenheit
Gemeinschaft
Gemütlichkeit
Genauigkeit
Gerechtigkeit
Gesellschaft
Gesundheit
Glaube
Glaubwürdigkeit
Gleichberechtigung
Gleichgewicht
Gnade
Großzügigkeit
Güte

Harmonie
Heimat
Herzlichkeit
Hilfsbereitschaft
Hingabe
Hoffnung
Höflichkeit
Humor
Hygge

Idealismus

Individualität
Initiative
Inklusion
Innovation
Inspiration
Integrität
Intelligenz
Interesse
Intuition

Jobsicherheit

Kameradschaft
Karriere
Klarheit
Klugheit
Kommunikation
Kompetenz
Kompromissbereitschaft
Konsequenz
Konservativität
Konstruktivität
Kontrolle
Kooperation
Kraft
Kreativität
Kritikfähigkeit

Lebensfreude
Leichtigkeit
Leidenschaft
Leistung

Lernbereitschaft
Lernen
Liebe
Liebenswürdigkeit
Logik
Lösungsorientierung
Loyalität
Lust

Mitgefühl
Moral
Motivation
Muße
Mut

Nachhaltigkeit
Nächstenliebe
Nähe
Natur
Natürlichkeit
Neugier
Neutralität
Nützlichkeit

Offenheit
Optimismus
Ordnung
Ordnungssinn
Organisation
Originalität

Paarbeziehung

Perfektion
Persönlichkeit
Pflichtgefühl
Pragmatismus
Präsenz
Präzision
Professionalität
Pünktlichkeit

Rationalität
Realismus
Rechtschaffenheit
Redlichkeit
Reflektion
Reichtum
Reisen
Resilienz
Respekt
Risikobereitschaft
Rücksichtnahme
Ruhe
Ruhm

Sanftmut
Sauberkeit
Schönheit
Schonungslosigkeit
Selbstachtung
Selbstausdruck
Selbstbestimmtheit
Selbstbestimmung
Selbstbewusstsein
Selbstdisziplin
Selbstführung
Selbstlosigkeit
Selbstsicherheit
Selbstvertrauen
Sensibilität
Seriosität
Serviceorientierung
Sicherheit
Sinnlichkeit
Solidarität
Sorgfalt
Sparsamkeit
Spaß
Spiritualität
Spitzenleistung
Spontaneität
Sportlichkeit
Standfestigkeit
Stärke
Stil
Stolz
Struktur
Sympathie

Taktgefühl
Tapferkeit
Teamgeist
Teilen
Tiefe
Toleranz
Tradition

Transparenz
Treue
Tüchtigkeit

Überzeugungskraft
Umwelt
Unabhängigkeit
Unbeirrbarkeit
Unbestechlichkeit
Unvoreingenommenheit

Veränderung
Verantwortung
Verbindlichkeit
Verbindung
Verbundenheit
Vergebung
Vergnügen
Verlässlichkeit
Verletzlichkeit
Vermächtnis
Verständnis
Vertrauen
Verzeihen
Vielfalt
Vision
Vitalität

Wachsamkeit
Wachstum
Wagemut
Wahrhaftigkeit
Wahrheit
Wandlungsfähigkeit
Weisheit
Weiterentwicklung
Weitsicht
Wertschätzung
Willenskraft
Wirksamkeit
Wirtschaftlichkeit
Wissbegierde
Wissen
Wissensdurst
Wohlbefinden
Wohlstand
Wohlwollen
Würde

Zeitsouveränität
Zielorientierung
Zielstrebigkeit
Zufriedenheit
Zugehörigkeit
Zuhause
Zukunft
Zuneigung
Zurückgeben
Zurückhaltung
Zusammenarbeit
Zusammenhalt
Zuverlässigkeit
Zuversicht
Zuwendung
Zweckmäßigkeit

4 AUF ZU NEUEN UFERN

»Der Unterschied zwischen Hindernissen und Chancen ist klein.
Kluge Menschen machen sich beides zunutze.«
Niccolò Machiavelli

WORUM ES GEHT:

- Piraten sind Opportunisten im besten Sinne und sehr pragmatisch, flexibel und anpassungsfähig in ihrem Denken und Handeln.
- Als Piratin oder Pirat trainierst du deinen Wagemut regelmäßig, indem du unkonventionelle Wege einschlägst und immer wieder Gänsehautmomente in deinem Leben provozierst.
- Suche dir ein Netzwerk aus wagemutigen, erfahrenen Beraterinnen und Beratern zusammen, die dich in deinem Piratenleben jederzeit unterstützen.

Opportunismus als Tugend

Sir Henry Morgan war aus meiner Sicht der größte Opportunist unter den berühmten Piraten. Ich gebe zu, die These ist gewagt, aber für mich ist sie schlüssig. Wenn ich mir den abwechslungsreichen Verlauf seines Lebens ansehe, dann fällt sofort auf: Der Kerl hatte in verschiedenen Situationen immer wieder neue, findige Ideen, wie er einen fulminanten Vorteil aus jeder Situation herausschlagen konnte. Eine Piratenkarriere, die mit einem Adelstitel belohnt wird – das muss man erst mal schaffen![26] Aber fangen wir von vorn an: Geboren wurde Henry Morgan vermutlich 1635 in einem kleinen Dorf in Südwales. Er war das Kind einer Bauernfamilie, und man geht davon aus, dass er seine Kindheit auf dem Hof seiner Eltern verbrachte.[27] Doch schon als junger Mann ließ er das unspektakuläre Landleben hinter sich, stach in See und machte sich auf den Weg in die Karibik, genauer gesagt nach Jamaika. Wie und warum er das tat, ist nicht eindeutig überliefert. Wurde er das Opfer einer press gang, wie unser Pirat John aus dem ersten Kapitel? Das könnte sein. Wahrscheinlicher ist aber, dass er aus eigenem Antrieb in die Neue Welt wollte.

Vermutlich schloss sich Henry Morgan schon in den frühen 1660er Jahren einer Gruppe von Seeräubern an, die spanische Städte und Siedlungen in der Karibik und in Mittelamerika angriffen.[28] Bald erhielt er sein erstes Kommando als Kapitän eines Kaperschiffs. Er war damit offiziell ein »Freibeuter«. Morgan wurde damit bevollmächtigt, im Namen Englands die Spanier anzugreifen und auszurauben. Dieser Auftrag wurde mit einem sogenannten Kaperbrief legitimiert. Verschiedene europäische Machthaber nutzten frei operierende Piraten als eine Art alternative Seekriegsflotte, die sich variabel und mit wenig eigenem Risiko einsetzen ließ. Die Freibeuter waren selbstständig organisiert und durften einen Teil ihrer Beute für sich behalten. Je nach Umfang der erbeuteten Schätze war das für die Piraten sehr einträglich. Henry Morgan war bereits mit seinen ersten Kaperfahrten erfolgreich und wurde schon in jungen Jahren ein vermögender Mann. Er investierte sein Geld in Zuckerplantagen auf Jamaika und heiratete. Auch da machte er einen veritablen Fang: Seine Frau war Mary Elisabeth Morgan, die Tochter des stellvertretenden Generalgouverneurs von Jamaika. Zu seinem

Schwiegervater und besonders zum neu ernannten Generalgouverneur, Sir Thomas Modyford, pflegte er von da an allerbeste Beziehungen.

Unser gewiefter Henry muss ein charismatischer Anführer gewesen sein, bekannt und beliebt in der großen Piraten-Community zu dieser Zeit. Angeblich musste er nur die Botschaft »Henry Morgan bittet zum Rendezvous« verbreiten, und schon strömten Seeräuber aus allen Ecken zu einem geheimen Treffpunkt, um sich seinen Raubzügen anzuschließen. Zimperlich war Morgan nie. Die Grausamkeiten, die der Piraterie dieser Epoche zugeschrieben werden, waren auch ihm zu eigen. Aber Gouverneur Modyford machte ihm keinen Stress. Schließlich waren Morgans Raubzüge wirtschaftlich außerordentlich erfolgreich. Gouverneur Modyford – der sich seine Zustimmung zu diesen Aktivitäten natürlich exzellent bezahlen ließ – machte die fetteste Beute.[29] Henry Morgan erhielt von seinen Leuten den Titel »König der Freibeuter« und wurde 1669 zum Oberbefehlshaber aller jamaikanischen Streitkräfte ernannt. 1670 hatte er 36 Schiffe und 1800 Mann unter seinem Kommando – nicht schlecht für einen skrupellosen Piraten, der nebenher auch mit seinen Zuckerplantagen immer mehr Geld verdiente. Doch das Blatt wendete sich für ihn im Jahr 1671, als er einen großen Angriff auf Panama City leitete – die Attacke misslang gründlich. Morgan und seine Seeräubercrew brannten zwar die gesamte Stadt nieder, machten aber keine Beute. Die Spanier hatten vorab einen Tipp bekommen und das gesamte Gold und Silber kurz vor dem Angriff in Sicherheit gebracht. Zusätzlich hatten Spanien und England ihren Krieg gegeneinander beendet, somit war der Angriff auf Panama City politisch nicht opportun. Morgan hatte das zu spät erfahren – oder auch geflissentlich ignoriert –, aber jetzt musste England die Spanier beschwichtigen. Also verhaftete man Henry Morgan und sandte ihn als Gefangenen zurück nach London. Dort wurde er unter dem Vorwurf der Piraterie unter Arrest gestellt. Das war einerseits bitter für den schillernden Henry, andererseits genoss er immer noch großes Ansehen in der englischen Gesellschaft, und sein Arrest wurde vermutlich sehr großzügig gehandhabt.[30] Außerdem wendete sich das Blatt schnell wieder zu seinen Gunsten. Es tat sich ein neuer Konflikt auf, dieses Mal zwischen England und Holland. Der lukrative Zuckerhandel wurde von den Holländern ernsthaft bedroht. Und wer konnte da besser helfen als die tollkühne Seefahrerlegende Henry Morgan? Der englische König Charles II. beendete seinen Arrest, schlug ihn kurzerhand zum Ritter, und 1674 kehrte der nunmehr geadelte Sir Henry Morgan als Leutnant-Gouverneur nach Jamaika zurück.[31] Der König beauftragte ihn, gegen die Piraterie der Holländer vorzugehen. Doch was machte unser Opportunist? Kaum in Jamaika angekommen, interessierte ihn der Auftrag des Königs nicht mehr besonders. London war weit weg, und so nahm er die freundschaftlichen Beziehungen zu seinen früheren Freibeuter-Kameraden wieder auf. Nicht nur das, er investierte sogar in ihre Schiffe. Gegen eine stattliche Beteiligung an ihren Gewinnen übersah er seine Gouverneurspflichten geflissentlich. So sorgte er dafür, dass Port Royal auf Jamaika ein populärer und sicherer Ort für Piraten blieb. Da Sir Henry Morgan als Leutnant-Gouverneur selbst keine offiziellen Kaperbriefe ausstellen konnte, vermittelte er seine Piratenfreunde an den französischen Gouverneur von Tortuga. Dort wurden die begehrten Papiere noch ausgestellt – und selbstverständlich bekam Morgan für jeden nach Tortuga vermittelten Kontakt eine hübsche Provision.

Wenn sich etwas verändert, verändern sich immer auch die Möglichkeiten. Wo schließen sich die alten und wo öffnen sich die neuen Türen?

Als Ende der 1670er Jahre nun die französischen Piraten zu einer ernsthaften Gefahr für Jamaika wurden, änderte Morgan erneut sein Vorgehen. Er befehligte die Verteidigung von Port Royal und baute die Befestigungsanlagen aus.[32] Wer, wenn nicht er, wusste schließlich, wie man diese Hafenstadt vor Piraten schützen konnte? So gelang es, dass Port Royal und letztlich ganz Jamaika – auch dank der von ihm angeschafften Kanonen und stark befestigten Küstenanlagen – jedem Versuch eines Angriffs standhalten konnte. Jamaika blieb eine englische Kolonie, bis es 1962 seine Unabhängigkeit von Großbritannien erlangte.[33]

Sir Henry Morgan starb 1688. Die genaue Ursache für seinen Tod im Alter von 53 Jahren ist ungewiss, liegt aber vermutlich in seinem exzessiven Alkoholkonsum. Sein opportunistisches Verhalten brachte ihm in seinen letzten Lebensjahren einigen Ärger ein, bedrohte ihn jedoch nie ernsthaft. Er starb als wohlhabender Plantagenbesitzer. Sein Vermächtnis ist bis heute nicht nur seine Legende als weltberühmter Pirat, sondern natürlich auch der nach ihm benannte Rum.

> Das Leben besteht aus genutzten und ungenutzten Möglichkeiten. Piraten haben das verinnerlicht.

Was mich fasziniert: Henry Morgan hat zwar eine sagenhafte Piratenkarriere hingelegt, aber nie offen gegen das System gearbeitet. Er war kein Revolutionär, sondern als Freibeuter viel eher ein Opportunist. Er wusste genau um die Schwächen der vorherrschenden Strukturen und nutzte sie für sich selbst. Henry Morgan war ein Möglichkeiten-Entdecker. Sein Ziel war es, in und mit dem System seinen eigenen Weg zu gehen und dabei seine eigenen Regeln zu schreiben. Das ist dem cleveren Sir Henry – dieses Urteil erlaube ich mir hier – sagenhaft gut gelungen!

Eine Schatzkiste voller Wagemut

> »Don't live the same year 75 times and call it life.«
> Robin Sharma

Gemeinhin hat Opportunismus keinen guten Ruf. Dabei wird ein Opportunist laut Wikipedia als jemand definiert, der »herangetragen« (wörtlich) oder »gelegen« (figurativ) kommende, günstige Gelegenheiten ergreift. Opportunismus ist also die zweckmäßige Anpassung an eine gegebene Situation.[34] Daran kann ich auf den ersten Blick nichts Schlimmes finden. Ist es verwerflich, anpassungsfähig zu sein? Ja und nein. Zu viel Anpassungsfähigkeit ist kritisch, weil sie in die Beliebigkeit abzurutschen droht. Man wird zum Fähnchen im Wind. Da bleiben wir dann doch lieber ganz fest und verlässlich bei dem, was immer schon galt. Die Welt wird zwar immer komplizierter, aber wir wollen uns nicht verändern. Hand aufs Herz: Ist das wirklich klug? Täte uns eine gewisse Portion Opportunismus à la Henry Morgan nicht manchmal ganz gut? Wie oft verhalten wir uns extrem starrsinnig oder geradezu pessimistisch, statt unsere Energie dazu zu nutzen, neue Gelegenheiten auszumachen? Das größte Hindernis, das wir überwinden müssen, wenn wir im positiven Sinne opportunistischer werden wollen, sind wir selbst. Denn unsere notorisch limitierenden Gedanken ersticken unsere Kreativität:

- Jetzt ist nicht der richtige Zeitpunkt.
- Das kann ich mir nicht leisten.
- Dafür bin ich zu alt / zu jung.
- Man wird mir nicht zuhören.
- Man wird mich auslachen.
- Das haben schon andere versucht und nicht geschafft.
- Das werde ich nie können.

Wenn wir limitierend denken, bleiben die spannenden Möglichkeiten kleine Seifenblasen. Sie sehen schön aus, schweben schimmernd in allen Regenbogenfarben vor unserer Nase, aber kaum berühren wir sie mit unseren kritischen Gedanken, zerplatzen sie. Spannende Möglichkeiten verstecken sich überall in unserem Alltag. Immer dann, wenn wir uns an etwas stoßen, was uns verärgert oder aufregt, ist das indirekt eine Einladung, es zu verändern. Die Frage ist dann: Bleiben wir in unserem Pessimismus stecken oder gelingt uns der Wechsel zum Opportunismus, zum aktiven und beherzten Suchen nach neuen Möglichkeiten?

> PIRATE UP YOUR LIFE bedeutet, den Fokus auf die offenen Türen zu richten, nicht auf die geschlossenen.

Auch die bemerkenswerte Geschichte von Hannah Kiesbye, einer damals 14-jährigen Schülerin aus Pinneberg in Norddeutschland, begann 2017 damit, dass sie sich aufregte. Ihr missfiel ein Wort der deutschen Verwaltungssprache, das in ihrem Leben eine besondere Rolle spielte. Sie empfand dieses Wort als Diskriminierung. Statt sich jedoch weiter über den blöden Begriff aufzuregen, veränderte sie ihn einfach. Mit dieser kleinen Anpassung von ein paar simplen Buchstaben erregte sie ziemliches Aufsehen. Was steckt dahinter? Ganz einfach: Hannah hat Trisomie 21, auch Down-Syndrom genannt, und ist deswegen Inhaberin eines Schwerbehindertenausweises. Hannah empfand sich selbst jedoch nie als schwer behindert. Warum auch? Sie lebt ein ganz normales Leben. Jeden einzelnen Tag nervte sie die Bezeichnung »schwerbehindert«, die in dicken Buchstaben oben auf ihrem Ausweis stand. Sie war doch einfach so, wie sie war, wieso also diese Diskriminierung? Dann hatte sie eine geniale Idee. Sie gestaltete die Plastikhülle ihres Ausweises einfach um. Aus »Schwerbehindertenausweis« machte Hannah »Schwerinordnungausweis«. Sie fotografierte ihren Ausweis, das Foto landete in den sozialen Medien und zog immer größere Kreise. Was als individueller Aufstand gegen ein diskriminierendes Wort der deutschen Amtssprache begann, wurde zu einer Bewegung. Auch Politik und Verwaltung reagierten. Nach und nach übernahmen mehrere Bundesländer die Idee und bieten mittlerweile Menschen mit einer Behinderung bedruckte Hüllen mit dem Schriftzug »Schwer-in-Ordnung-Ausweis« an.[35] Und Hannah bekam für ihren genialen Einfall im Herbst 2020 das Bundesverdienstkreuz von Bundespräsident Frank-Walter Steinmeier.[36] Für mich ist Hannah eine wahrhafte Möglichkeiten-Entdeckerin, die keine Lust hatte, sich weiter mit dem Status quo zu arrangieren. Mit ein paar umgestellten Buchstaben und einem Foto in den sozialen Medien veränderte sie nicht nur ihr Leben, sondern brachte gesellschaftlich festgefahrene Denk- und Sprachmuster in Bewegung.

> Jeder Sturm ist nicht von Beginn an ein Sturm.
> Er beginnt immer mit einem leisen, fast unmerklichen Windhauch.

Glück entsteht, wenn du Möglichkeiten nicht nur erkennst, sondern sie auch wagemutig ergreifst und umsetzt. Raus aus dem Zweifeln und Zögern, rein in den wagemutigen Opportunismus – dafür steht PIRATE UP YOUR LIFE. Egal, ob es große oder kleine Vorhaben sind: Wenn dir etwas gelingt, wenn du ohne Wenn und Aber loslegst und zum Ziel kommst, dann entsteht Glück. Ein gutes Gefühl, eine Gänsehaut, ein Moment, der dir in Erinnerung bleibt und der dich auf dich selbst stolz sein lässt. Je häufiger du nach den Möglichkeiten suchst und in deine Schatzkiste voller Wagemut greifst, desto mehr wird dir gelingen. Und desto gefüllter wird deine Kiste.

Wagemut verbraucht sich nicht – im Gegenteil! Wagemut ist eine Frage des regelmäßigen Trainings.

Manche Möglichkeiten sind offensichtlich, aber viele zeigen sich nur sehr versteckt. Du musst genau hinschauen und bewusst in den Opportunisten-Modus à la Henry Morgan schalten, um sie zu entdecken. Ist der Schritt aus deiner Komfortzone heraus richtig groß, brauchst du eine riesige Portion Wagemut aus deiner Schatzkiste. Die Belohnung ist immer das gute Gefühl, wenn es klappt. Oder es ist die wertvolle Erfahrung, wenn etwas nicht klappt. Manchmal ist es sogar so, dass andere Menschen dein Handeln mitbekommen und deinen Wagemut erkennen – und dir dazu gratulieren. Das ist dann noch schöner. Wenn du dich etwas traust, wenn du unkonventionelle Möglichkeiten ergreifst, wenn du den Opportunismus als etwas Positives begreifst, dann bekommst du sicher gelegentlich Applaus. Doch eins ist klar: Deine Motivation sollte nie der Applaus sein, sondern immer die Anerkennung, die du dir selbst dafür zollst, dass du deinen eigenen Weg gehst. Das beherzte, wagemutige Ergreifen von Opportunitäten machst du in allererster Linie für dich.

Gänsehautmomente lauern hinter jeder Ecke

»Ich frage mich nie, was ich mir dabei gedacht habe.
Das fragen immer die anderen.«
bei Visualstatements® auf Pinterest entdeckt

Jedes Jahr schenke ich mir selbst etwas zum Geburtstag. Manche Leute finden das blöd, ich finde es genial. Die Gefahr, dass mir das Geschenk nicht hundertprozentig gefällt, geht gegen null. Im letzten Jahr fiel mein Präsent an mich selbst üppig aus, mehr als 400 Euro investierte ich in einen neuen Schlafsack. Meinen letzten Schlafsack hatte ich mir 1999 für meine Weltumseglung zugelegt. Der war zwar noch in Ordnung, aber für meine anstehenden Pläne nicht geeignet. Ich wollte mir schließlich nicht komplett den Hintern abfrieren. Maximal die Nasenspitze durfte kalt werden. Also investierte ich in ein Hightech-Teil mit einer Wohlfühl-

Temperatur-Garantie bis minus 12 Grad. Was für ein weiser Schachzug! Nein, ich hatte keinen Antarktis-Segeltörn im Kopf. Nicht mal eine Campingtour durch Island. Wozu also der Schlafsack? Wegen meiner Reise nach Bisingen.

Bisingen ist ein kleines Örtchen in Baden-Württemberg. Am Namen erkennt man sofort die Gegend, hier endet der Name jedes Dorfs mit »ingen«. Auf der ortseigenen Website steht geschrieben: »Bisingen ist ein Ort mit Zukunft – liebenswert, lebenswert, sehenswert.«[37] Ich wollte herausfinden, ob Bisingen auch übernachtenswert ist – im Schlafsack an der frischen Luft. Am 22. März 2022 machte ich mich auf den Weg vom Rheinland in Richtung Schwäbischer Alb, gut ausgerüstet mit dem nigelnagelneuen Schlafsack, Thermounterwäsche im Gepäck und einer großen Kanne Tee für die Fahrt. Es war ein traumhaft sonniger Tag, ich genoss die Zugreise und saß am frühen Nachmittag bei meinen Kollegen und Freunden Beate und Olaf Hofmann im Garten. Bei Kaffee und leckerem Hefezopf tauschten wir uns aus. Wir blickten von ihrem Garten direkt hoch zur prächtigen Burg Hohenzollern – und machten uns am frühen Abend gut gestärkt auf den Weg. Beate und Olaf sind nicht nur sehr offenherzige, naturverbundene Menschen, sie sind auch Experten für sogenannte Draußen-Nächte. Die beiden haben 2017 ein Buch geschrieben, in dem sie von einem ungewöhnlichen Experiment berichten: Ein Jahr lang schliefen die zwei jeden Monat eine Nacht im Freien. Ohne Zelt, einfach im Schlafsack unter freiem Himmel. Das Buch mit dem Titel *Leben mit tausend Sternen*[38] faszinierte mich sofort. Beate hatte es mir direkt nach der Veröffentlichung geschickt und ich war augenblicklich begeistert. Ich hatte noch nicht mal ein Drittel gelesen, da versuchte ich schon, meine Familie von der Idee zu überzeugen. Draußen-Nächte, an beliebiger Stelle in der Natur, das wäre doch was für uns! Die Resonanz war, nun ja, eher verhalten. Mein jüngerer Sohn Eike ließ sich zumindest 2018 einmal von mir überreden, in einer heißen Sommernacht auf den Gartenliegen auf der Terrasse zu schlafen. Mein älterer Sohn Jonte verdrehte nur die Augen. Das ist seine Art, mir zu sagen: »Mama, du lebst echt auf deinem eigenen Planeten.« So richtig draußen? Vielleicht am Waldrand? Im Herbst oder Frühjahr? Das war meiner Familie zu radikal. Davon konnte ich weder Lars noch meine Söhne überzeugen. Ich gab die Idee jedoch nicht auf, sondern vertagte sie vorläufig. Also gut, dann eben ohne meine Männer. Es musste nur die richtige Gelegenheit kommen. Und die war jetzt endlich da – es passte einfach alles. So wanderte ich bei schon tief stehender Sonne mit Beate und Olaf hinauf auf den Blasenberg inmitten der Schwäbischen Alb, vorbei am frisch sprießenden Bärlauch.

Wann hast du das letzte Mal etwas zum ersten Mal getan?
Wenn dir dazu spontan nichts einfällt, dann wird es höchste Zeit!

Ein Mal auf den Tafelberg in Kapstadt wandern, ein Mal über die Brückenpfeiler der Harbour Bridge in Sydney klettern. Ein Mal ins Schweigekloster nach Indien, ein Mal zum Surfen auf den Monsterwellen nach Hawaii. Ich kann diese Wünsche und Ziele nachvollziehen, viele solcher Ideen standen lange auch auf meiner Liste. Doch diese Ziele sind alle nur mit einem hohen Aufwand zu erreichen. Früher fand ich diese Vorhaben einfach nur cool, doch meine Perspektive hat sich verändert. Müssen wir so weit weg, um unser Leben mit zauberhaften, einmaligen Momenten zu bereichern? Ist ein Mensch nur dann wagemutig, wenn er mit dem Fahrrad den afrikanischen Kontinent durchquert? Natürlich nicht. Ich habe überhaupt nichts gegen große Pläne und weite Reisen, ich bin selbst weit gereist und habe die Vielfalt der Welt genossen. Aber ich mache die Qualität meiner Glücksmomente schon lange nicht mehr daran fest, wie aufwendig, wie weit entfernt oder wie einzigartig eine Unternehmung ist. Besondere Momente suche ich nicht mehr auf fernen Kontinenten, denn sie liegen direkt vor meiner Tür.

Auch in kleinen Abenteuern verstecken sich Glück und Gänsehaut.

Frage dich: Was verschafft dir eine Gänsehaut und ist gleichzeitig simpel zu realisieren? Was hört sich erst mal völlig irrational an, ist aber prinzipiell sofort möglich? Was käme dir selbst nicht in den Sinn, aber wenn du davon erfährst, denkst du sofort: Hey, das könnte ich doch auch morgen mal machen? Das sind die Ideen und Gelegenheiten, die es in Sachen Abenteuerlust jetzt, hier und umgehend zu ergreifen gilt. Und wenn dir dazu überhaupt nichts einfällt? Wenn kein einziger Mensch in deinem Umfeld gelegentlich verrückte Dinge tut, die dich inspirieren könnten?

Dann kaufst du dir einfach eines der vielen Bücher zum Stichwort »Mikroabenteuer« – und schon kannst du loslegen. Egal wie klein deine erste Idee ist, auch für sie brauchst du Wagemut. Um aus einer Idee ein konkretes Ereignis werden zu lassen, musst du den Piraten in dir wecken. Denn nur weil etwas prinzipiell leicht umsetzbar ist, heißt das ja nicht, dass Menschen es tatsächlich tun. Auch ich brauchte einige Zeit, um mein kleines Abenteuer endlich Realität werden zu lassen.

Auf meiner Weltumseglung hatte ich zigfach unter freiem Himmel geschlafen, jedoch immer auf dem Wasser. Dass das ein gigantischer Unterschied zu einer Draußen-Nacht am Waldrand ist, weiß ich jetzt. Nachts auf dem ruhigen Meer, was soll da schon passieren? Nun gut, es gibt in tropischen Regionen viele fliegende Fische. Die landen jedoch maximal auf dem Bootsdeck, verirren sich aber praktisch nie in eine aufgespannte Hängematte. Weit draußen fernab einer Küste gibt es auch kein Moskitoproblem. Es ist also eine ziemlich entspannte Angelegenheit, bei wenig Wind und in warmen Nächten mitten auf dem Pazifik ein Nickerchen unter dem unfassbar schönen Sternenhimmel zu machen. Was noch am meisten stört, ist der oft geradezu grell scheinende Mond. Da hat ein einsames Plätzchen am Waldrand mitten auf der Schwäbischen Alb definitiv mehr Abwechslung zu bieten. Ganz bewusst hatte ich mir, als es lange nach Sonnenuntergang daran ging, in den Schlafsack zu kriechen, ein Stück weit weg vom Lagerfeuer und meiner Begleitung ein Plätzchen gesucht. Ich wollte allein sein in dieser Nacht. Ich wollte wirklich spüren, was diese Nacht mit mir macht. Die Natur genießen und ihr mit viel Demut gegenübertreten, das war mein Ziel. Ich gebe es unumwunden zu: Viel geschlafen habe ich nicht. Es war eine durch und durch intensive Nacht. Ich weiß nun, wie es sich anhört, wenn Rehe bellen. Ich habe gelernt, dass man mit einer saukalten Nasenspitze nicht schlafen kann, selbst wenn der ganze Körper warm ist. Ich konnte die Drehung der Sterne rund um den Polarstern beobachten. Jedes Rascheln in unmittelbarer Nähe ließ mich aufschrecken, denn ich hatte wenig Lust auf den Besuch von Wildschweinen. Ursprünglich hatte ich mir einen freien Platz mitten auf einem Wiesenstück gesucht. Möglichst wenig Getier im Schlafsack, das war mein Plan. Doch irgendwann wog ich ab: lieber Getier im Schlafsack, dafür große Holzstämme im Rücken zum Schutz vor der Wildschweingefahr. Ich zog also mitten in der Nacht um und legte mich direkt an einen großen Stapel riesiger gefällter Baumstämme. Mit dem Holz im Rücken fühlte sich diese Seite schon mal sicher an. Die vielen Spinnweben zwischen den Stämmen nahm ich schon gar nicht mehr wahr. Es relativiert sich so einiges, wenn man am Waldrand schläft. Weil mich so viele Dinge vom Schlaf abhielten und mein Gehör so unglaublich konzentriert war, wurde mir bewusst, wie entspannt und sicher sich dagegen der sogenannte Alltag anfühlt. All die vielen Themen, die mir an einem »normalen« Abend beim Einschlafen durch den Kopf gehen, hatten hier auf der Schwäbischen Alb keinen Platz. Nicht einen einzigen Gedanken verschwendete ich an ein offenes To-do, ein Jobprojekt oder eine andere Idee oder Frage. Ich war ganz auf das Hier und Jetzt fokussiert. Ohne dass ich mich dazu anstrengen oder zwingen musste. Meine Sinne regelten das allein. Natürlich nickte ich dann doch immer wieder kurz ein. Die zig verschiedenen Techniken, mit denen ich versuchte, meine Nasenspitze zu erwärmen, hatten mich müde gemacht. Doch dann nahm ich plötzlich den ersten Vogel wahr, das erste Zwitschern. Komischerweise gab mir das Vogelzwitschern mehr Sicherheit als jeder Blick in die Umgebung. Ich wusste, die Nacht würde bald enden, langsam käme das Sonnenlicht zurück. Rund um mich herum waren die Grasbüschel mit glitzernden Eiskristallen belegt. Trotz der eisigen Kälte schlief ich dann noch mal ein. Erst das laute Knistern des Lagerfeuers weckte mich endgültig. Im März gab es noch ordentlichen Nachtfrost, zumal auf 800 Metern Höhe. Kaum war ich meinem Wohlfühl-Temperatur-Schlafsack entstiegen, kroch mir die Kälte in alle Knochen. Der heiße Kaffee am Feuer bei Sonnenaufgang war ein kleines Fest. Ich war sehr dankbar. Für diese einzigartige Erfahrung, für die neue Perspektive, die sie mir auf mein Leben schenkte – und für dieses Leben.

Das, was in der Welt passiert, gut und schlecht, klein und groß, beängstigend und ermutigend, hält mich oft in Atem. Ich verfolge täglich die Nachrichten. Gedanken zu gestern, morgen und übermorgen füllen meine Zeit. Aber nicht so in dieser Nacht. Ich war ausschließlich mit mir beschäftigt und mit meinem direkten Umfeld. Eine so krasse Fokussierung hatte ich lange nicht mehr erlebt. Und sie tat richtig gut. Für mich war diese Nacht ein echtes Abenteuer.

Mein Fazit: Klar hört es sich spektakulärer an, irgendwo im Pazifischen Ozean auf einer Segelyacht unterwegs zu sein und die Nacht in einer Hängematte an Deck zu verbringen. Aber viel eindringlicher in mein Gedächtnis hat sich definitiv die Nacht auf der Schwäbischen Alb eingegraben. Bisingen ist gut 350 Kilometer von meiner Heimat entfernt, der Pazifik rund 16 000 Kilometer. Warum also in die Ferne schweifen?

Neue Denkpfade statt Meinungsautobahn

»The best ideas come as jokes.
Make your thinking as funny as possible.«
David Ogilvy

Im Coaching sehe ich es oft als meine wichtigste Aufgabe an, den Denkprozess meiner Klienten mit klugen Fragen zu verändern. Dabei geht es mir nicht um eine bestimmte, gar eine »richtige« Denkweise. Ich will nur dafür sorgen, dass neue Perspektiven entstehen und dass meine Klienten so neue Möglichkeiten für sich entdecken. Das Wort »Opportunismus« verwende ich nicht, es würde vermutlich zu viel Skepsis erzeugen. Ich bediene mich eher klassischer Coaching-Tools. Eines dieser Werkzeuge ist die Entweder-oder-Erweiterung: Wir Menschen hängen manchmal in kniffeligen Fragen fest, die wir oftmals nur mit einem »entweder so oder halt so« beantworten können. Es gibt nur zwei Optionen, von denen beide keine gute Lösung darstellen. Wir stecken damit in einem klassischen Dilemma, welches »zwei Möglichkeiten der Entscheidung bietet, die beide zu einem unerwünschten Resultat führen«[39]. So ein Dilemma ist unangenehm, und im Coaching erweitere ich dieses Möglichkeiten-Duo daher gerne um zwei weitere Antworten. Ich frage meine Klientin oder meinen Klienten: »Wie könnte denn eine Sowohl-als-auch-Lösung aussehen? Und gibt es auch eine Weder-noch-Variante?« Antworten auf diese beiden Fragen gibt es bei tiefgehender Reflexion praktisch immer und schon haben wir statt zwei Optionen immerhin vier Lösungsmöglichkeiten. Aus dem Dilemma ist ein Tetralemma (tetra = vier) geworden und damit ist der erste Schritt aus der Zwickmühle bereits geschafft.

Wenn die vier Wege erst mal auf dem Tisch liegen, entstehen oft noch weitere Ideen. Die fokussierte Möglichkeitensuche hat begonnen. Fragen, die das Spektrum noch mehr erweitern, können sein:

- Mit welcher Idee könnte man alle an der Situation Beteiligten komplett überraschen?
- Was wäre vor zehn Jahren eine gute Idee gewesen, um das Problem zu lösen, oder was wäre zehn Jahre in die Zukunft gedacht eine gute Idee?
- Vor welcher Idee hast du so viel Angst, dass du dir nicht mal erlaubst, sie zu denken?
- Wie könntest du den Satz »Wäre es nicht total cool, wenn …« besonders kreativ beenden?
- Was würde dafür sorgen, dass dein Chef/deine Chefin (oder deine Partnerin/dein Partner, deine Kollegin/dein Kollege etc.) mehr Respekt vor dir bekäme?
- Was würdest du erst gar nicht versuchen, weil es so unwahrscheinlich ist, dass es funktioniert?
- Was würde eine Piratentochter wie Pippi Langstrumpf in der Situation tun?
- Was würde in genau dieser Situation ein Mensch wie Elton John, Angela Merkel, Michelle Obama oder Bastian Schweinsteiger tun?

Es ist leicht, auf neue Ideen zu kommen, wenn du die richtigen Fragen an der Hand hast.

Sicherlich gibt es auch in deinem Leben kniffelige Fragen. Ganz wichtig ist, dass du dir Zeit nimmst für die Reflexion und für das Sammeln vieler Antwortmöglichkeiten. Denn wenn du viele Ideen produzierst, ist am Ende auch immer die eine oder andere wirklich gute Idee dabei. Masse schafft Klasse – das ist bei Ideen so. Bei der nächsten Entweder-oder-Fragestellung verwandelst du also am besten dein Dilemma erst mal in ein Tetralemma, und dann nutzt du die oben genannten Fragen, um rauszukommen aus deinen gedanklichen Limitierungen. So entdeckst du viele neue Möglichkeiten, die sich wagemutig umsetzen lassen. Gelebter Opportunismus à la Henry Morgan eben!

Auch Piraten berieten sich innerhalb ihrer Crews ausführlich, bevor sie sich für einen Beutezug entschieden. Sie nutzten die Intelligenz der Gruppe. Nicht jeder kannte jede Küstenlinie, jedes Schiff oder jedes Detail der gegnerischen Strategie. Erst die Summe der Erfahrungen der kompletten Mannschaft war der Schatz, der eine Seeräubercrew erfolgreich machte. Lagen erst einmal alle Ideen und Informationen für den nächsten Raubzug auf dem Tisch, wurde so lange über Risiken und Chancen diskutiert, bis alle Fragen besprochen waren. Bei der finalen Entscheidung gab es keine Hierarchie, sondern es wurde mehrheitlich abgestimmt. Dieses Prinzip der »Schwarmintelligenz«, das auf klassischen Marine- oder Handelsschiffen vor 400 Jahren völlig undenkbar war, war der strategische Vorteil jeder Piratencrew. Schlaue Opportunisten kennen die Rahmenbedingungen in allen Details, denn nur so können sie ihre besten Möglichkeiten identifizieren.

Ich will noch mal zurückkommen zu den letzten zwei Fragen der obigen Liste, die haben es ganz besonders in sich. Hast du schon mal ausprobiert, deine Fragen imaginär an besondere Persönlichkeiten zu stellen? Das ist eine geniale Technik. Wenn du Menschen bewunderst – prominent oder nicht, lebend oder bereits verstorben –, dann können diese Menschen ausgesprochen wertvolle Berater für dich sein. Du musst dich nur in deinen Gedanken auf einen ernsthaften Dialog mit ihnen einlassen.

Für mich ist die amerikanische Moderatorinnen-Legende Oprah Winfrey solch eine wertvolle Beraterin. Natürlich kenne ich sie nicht persönlich, habe aber schon viel über sie und von ihr gelesen und kenne zahllose Videos und Sendungen von ihr. Ich habe eine recht genaue Vorstellung davon, wie sie »tickt«. Wenn ich bei einer Entscheidung unsicher bin, hole ich öfter Oprah an meine Seite: »Was würde Oprah mir jetzt raten?« Ich erlebe sie als eine ausgesprochen souveräne, klare und offenherzige Frau, tough in ihrem Business, dennoch super empathisch. Was mir am besten gefällt: Sie zeigt sich selbst mit all ihren kleinen und größeren Unzulänglichkeiten und ist trotz ihres gigantischen Erfolgs nie arrogant, sondern beschreibt sich selbst immer als »work in progress«. Für mich ist sie eine absolute Hammerfrau! Als ich einmal las, dass an der Tür zu ihrem Büro ein großes Schild hängt mit der Aufschrift »You are responsible for the energy you bring into this room!«, überlegte ich sofort, mir auch so ein Schild an meine Bürotür zu kleben.

Du hast jederzeit Zugang zu herausragend guten Beratern, indem du sie in deinen inneren Dialog integrierst.

Die imaginären Unterstützer, wie es Oprah und andere Menschen für mich sind, helfen beim Perspektivwechsel und bei der Erweiterung der Handlungsmöglichkeiten. Meine wunderbare Kollegin Monika Scheddin, eine erfolgreiche Coaching-Expertin aus München, rät dazu, sich einen umfassenden »inneren Aufsichtsrat« zuzulegen. Dazu fragst du dich einfach: Wer könnte in welcher Situation deines Lebens schlaue und innovative Gedanken einbringen? Dann musst du Namen sammeln: Berühmte Menschen, historische Figuren, verstorbene Verwandte, Menschen, zu denen du den Kontakt verloren hast, oder auch Persönlichkeiten aus deinem aktuellen Netzwerk – alles ist erlaubt. Wenn du eine lange Liste mit Namen erstellt hast (das solltest du unbedingt schriftlich tun!), ordnest du diesen Personen spezifische Themen oder Bereiche zu. Wer hat für welches Thema eine herausragende Expertise oder Charaktereigenschaften, die du auch gerne hättest? Wer ist besonders wagemutig, denkt um die Ecke oder hat eine Prise Verrücktheit im Blut? Stelle dir einen brillanten, möglichst diversen Aufsichtsrat zusammen, der dir in den verschiedensten Situationen zur Seite stehen kann. Und wenn du Hilfe brauchst, dann gehe einfach in den inneren Dialog und rede mit deinen Aufsichtsratsmitgliedern so, als würden sie dir gegenübersitzen. Mit dieser Methode greife ich regelmäßig auf den Rat von Experten zurück. Für mein Business zum Beispiel stehe ich in engem »Kontakt« nicht nur mit Oprah, sondern auch mit zwei weiteren Unternehmerinnen, die ich sehr bewundere. Beide kenne ich nicht persönlich, mit beiden habe ich noch nie gesprochen. Das ist zum einen die Amerikanerin Sara Blakely[40], die das weltweit erfolgreiche Wäscheunternehmen Spanx gegründet hat. Sie ist für mich eine Vertriebs- und Marketing-Queen, von der ich schon einige verrückte Werbetricks übernommen habe. Außerdem bin ich ein Fan von Antje von Dewitz[41], die das deutsche Outdoor-Ausrüstungsunternehmen Vaude führt. Sie steht in meinem Aufsichtsrat für die Nachhaltigkeit meines Handelns und für die langfristige Nutzbarkeit meiner Produkte. Sie verkauft Outdoor-Kleidung, ich verkaufe Persönlichkeitsentwicklung. Kann sie überhaupt hilfreich für mich sein? Auf jeden Fall! Gerade die Unterschiedlichkeit der Märkte macht die Inspirationen, die Antje von Dewitz in mein Business einbringt, so spannend. Ist es Zufall, dass diese beiden Frauen genau wie ich ein Leben als Mütter und Businessfrauen führen? Dass beide nach klaren, durchaus eigenen Werten ihre Unternehmen führen und sich nicht sonderlich um Konventionen à la »das macht man schon immer so« scheren? Nein, natürlich nicht. Selbstverständlich suche ich mir innere Ratgeber, die zu meiner Lebenssituation und insgesamt zu mir als Mensch passen. Clevere Opportunistinnen lernen gerne von anderen Möglichkeiten-Entdeckerinnen! Es sitzen aber natürlich auch Männer in meinem inneren Aufsichtsrat! Ich achte auf Diversität und vielfältige Charaktere. Gerade dann, wenn ich glasklare Vorstellungen habe, lohnt sich die Reflexion. Bin ich wirklich gut unterwegs? Oder bin ich zu festgefahren? Bin ich zu verliebt in eine meiner Ideen und geht mir dabei der Realitätsbezug verloren? Manche Gespräche muss ich dabei zum Glück nicht nur gedanklich führen, denn auch reale Personen sind Teil meines Aufsichtsrates. An erster Stelle natürlich mein Mann Lars, aber auch geschätzte Kolleginnen und Kollegen. Manchmal ist auch eine Kundin oder ein Kunde zu so einer engen Bezugsperson geworden, dass ich sie oder ihn um eine Reflexion bitte, wenn ich eine diffizile Entscheidung treffen muss.

> Um eine Situation oder ein Problem wirklich zu verstehen, solltest du aus mindestens drei verschiedenen Perspektiven daraufgeschaut haben.

Was für ein Glück, dass du nicht alles allein lösen musst. Dass du dir jederzeit Hilfe holen kannst, zumindest in deinen Gedanken. Auf diese Hilfe zu verzichten, das wäre dumm. Die Welt wird immer komplexer und die eigene Perspektive ist nur eine unter vielen. PIRATE UP YOUR LIFE steht für das Streben nach gedanklicher Vielfalt, nach kreativen Ideen und neuen Wegen. Opportunist im besten Sinne zu sein, Möglichkeiten zu suchen und zu erkennen, statt sich an Zweifeln festzubeißen – darum geht es. Überlege dir also am besten jetzt gleich: Wer gehört in deinen inneren Aufsichtsrat? Wann ist die nächste Sitzung? Und hast du schon eine Tagesordnung geschrieben?

A: Die Affen-Frage

Wenn du in deinem Leben nach neuen Möglichkeiten suchst, lohnt es sich immer, neue Menschen kennenzulernen. Smalltalk hilft dir allerdings nicht weiter, denn du suchst ja nach den besonderen Geschichten oder versteckten Talenten. Wieder kommt die Inspiration zu dieser Übung von dem Schriftsteller David Sedaris. Für seine meist ausverkauften Lesungen reist er rund um den Globus, also fährt er oft Taxi. Eine seiner Lieblingsfragen an Taxifahrer lautet: »Wann haben Sie das letzte Mal einen Affen berührt?«[42] Wenn dir diese Frage viel zu unkonventionell ist, dann darfst du gerne eine der folgenden Fragen nutzen:

- Was geht Ihnen heute besonders oft durch den Kopf?
- Was muss man in Ihrem Job richtig gut können?
- War Ihre Berufswahl die richtige? Würden Sie sich heute wieder dafür entscheiden?
- Wären Sie gerne älter oder jünger, als Sie aktuell sind? Warum?
- Wenn Sie eine Sache auf der Welt verändern könnten, was würden Sie verändern?
- Wenn Sie irgendwo anders auf der Welt leben könnten, für welchen Ort würden Sie sich entscheiden und warum?

Hier ist deine Aufgabe: Wenn du das nächste Mal in eine typische Smalltalk-Situation hineinrutschst, dann nutze eine dieser Fragen und lerne etwas richtig Interessantes von dem Menschen, dem du gerade erst begegnet bist.

B: Die nie ausgesuchte Zeitschrift

Wie lässt sich ein Perspektivwechsel üben? Diese Frage höre ich oft, also habe ich dazu eine Aufgabe entwickelt.

An einem sehr gut sortierten Zeitschriftenladen, zum Beispiel am Bahnhof oder am Flughafen, bleibst du kurz vorm Eingang stehen und überlegst dir zwei Zahlen. Die erste zwischen 0 und 5, die zweite zwischen 0 und 30. Mit diesen beiden Zahlen im Kopf betrittst du den Laden und gehst zum größten Zeitschriftenregal. Du startest ganz unten links in der Ecke. Dann gehst du deine erste Zahl an Reihen nach oben und deine zweite Zahl in dieser Reihe an Zeitschriften nach rechts. So landest du mit ziemlicher Sicherheit bei einer Publikation, die du dir nie ausgesucht hättest. Jetzt kaufst du dir diese Zeitschrift. Es gibt nur zwei Gründe, die dagegensprechen:

- Sollte die Zeitschrift über 10 Euro kosten, dann darfst du die nächste nehmen.
- Sollte es eine Pornozeitschrift sein, dann darfst du die Übung von der gegenüberliegenden oberen rechten Ecke des Regals erneut starten. Du gehst dann erst nach unten und dann nach links.

Wenn du die Zeitschrift gekauft hast, musst du sie natürlich noch lesen. Nicht alle Artikel, aber doch mindestens 40 bis 50 Prozent solltest du dir intensiv anschauen. Stelle der Zeitschrift Fragen, suche nach neuen Antworten, lerne andersartige Ideen und Perspektiven kennen.

Viele meiner Vortragsteilnehmer haben diese Übung nach meiner Anregung schon gemacht, mit sehr positiver Resonanz. Der international erfahrene Manager, der in der voll besetzten ersten Klasse des ICE auf dem Weg von München nach Frankfurt eine überwiegend in Rosa gestaltete Barbie-Zeitschrift las, konnte nicht nur aus der Zeitschrift etwas Neues lernen. Er durfte auch die Erfahrung machen, wie es ist, wenn das eigene Verhalten im gesamten Umfeld Irritationen und Getuschel auslöst. Als standhafter Mensch hielt er das durch und las die Zeitschrift von der ersten bis zur letzten Seite!

5 DER PIRATENKODEX – MEHR WIR, WENIGER ICH

»Eine gute Regierung ist wie eine geregelte Verdauung; solange sie funktioniert, merkt man von ihr kaum etwas.«
Erskine Caldwell

WORUM ES GEHT:

- Damit eine Gemeinschaft funktioniert, braucht es echte Gleichheit, demokratische Mitbestimmung, klare Regeln und gute Kontrollmechanismen.
- Gerade wenn es ums Geld geht, sind Transparenz und Fairness ganz besonders wichtig für den sozialen Frieden innerhalb einer Gruppe.

Die Macht muss fair verteilt sein

In diesem Kapitel lernst du einen meiner liebsten Piraten kennen – wieder ein echt spezieller Typ. Er trank angeblich ausschließlich Tee, rührte keinen Alkohol an und soll insgesamt ungemein diszipliniert gewesen sein. Er hasste das Glücksspiel und war ein großer Freund von klaren und knallharten Regeln. Fast schon eine Art Law-and-Order-Typ, der dem Bild des volltrunkenen, in Lumpen gekleideten und säbelschwingenden Seeräuber-Raufbolds in keiner Weise entsprach. Ich vermute, dass er genau deswegen eine herausragende Figur der Piraterie im beginnenden 18. Jahrhundert wurde. Von wem ich hier spreche? Die Rede ist von Bartholomew Roberts, einem Piraten, der wie Henry Morgan aus Wales stammte. Auch Roberts war zu seiner Zeit berühmt und berüchtigt, aber da es heute keinen Rum gibt, der nach ihm benannt wurde, hast du seinen Namen vermutlich noch nie gehört. Der Autor Thomas Meine schreibt in seinem Buch über die weltweit bekanntesten Piraten: »Wenn Roberts heute leben würde, dann wäre er im Rat des örtlichen Sitten-Komitees.«[43] Ein gesetzloser Pirat als Verfechter von Tugend und Anstand? Das klingt widersprüchlich, aber Roberts war eben anders. Klar, wie alle Seeräuber plünderte er so ziemlich jedes Schiff, das seinen Weg kreuzte, doch sein Auftreten war geradezu gentlemanlike. Außerhalb der akuten Gefechtssituationen soll er nie einen Menschen getötet haben.[44] An ihm war nichts Blutrünstiges, er schätzte klare Strukturen, hasste das Chaos und hatte zeitweise sogar einen Kaplan an Bord, der sonntags einen Gottesdienst abhielt. Fast immer gab er das von ihm geplünderte und leer geräumte Schiff seinem rechtmäßigen Kapitän zurück.[45] Doch es kommt noch besser: Angeblich ließ Bartholomew Roberts die weiblichen Gefangenen, die er auf seinen Kaperfahrten in Gewahrsam nahm, extra bewachen, damit ihnen nichts zustoßen würde.[46] Stellst du dir so einen berühmt-berüchtigten Piraten vor? Doch gerade seine Prinzipientreue und die Klarheit seiner Vorgaben als Piratenanführer machten Roberts bei seiner Mannschaft in höchstem Maße beliebt. Außerdem waren sie vermutlich entscheidend für seinen Erfolg. Die Historiker sind sich einig, dass Bartholomew Roberts im Laufe seiner gerade mal drei Jahre dauernden Piratenkarriere rund 400 Schiffe aufgebracht haben soll.

400! Er segelte um die halbe Welt und suchte strategisch geschickt ganz unterschiedliche Plätze auf, um üppig beladene Handelsschiffe zu kapern. Ein Pirat mit viel Köpfchen, ausgeprägtem navigatorischem Geschick und sicherlich auch einer guten Portion Glück. Der erfolgreiche Kapitän und seine Mannschaft müssen viel Grund zum Feiern gehabt haben, aber wer nur Tee trinkt, fokussiert sich wahrscheinlich sofort wieder auf die nächste Beute.

Doch wie wurde er Pirat? Bartholomew Roberts, der in vielen Piratengeschichten wegen seines eher dunklen Teints auch »Black Bart« (nicht zu verwechseln mit Blackbeard!) genannt wurde, war zunächst viele Jahre ein rechtschaffener, tüchtiger Seemann. Er arbeitete als »Sailing Master« in der englischen Handelsmarine und hatte in dieser Rolle die komplette seglerische Verantwortung an Bord, eine überaus wichtige Aufgabe. Im Zuge eines Überfalls auf das Schiff, auf dem er angestellt war, zwangen ihn die Seeräuber in ihren Dienst, denn seine Expertise war zu wertvoll, um ihn einfach ziehen zu lassen. Roberts war den Piraten gegenüber zunächst sehr feindselig eingestellt, kein Wunder bei seiner sittlich-disziplinierten Haltung. Er hatte jedoch keine Wahl, haderte dann aber auch nicht lange und fügte sich schnell in sein Piratenschicksal. Außerdem lernte er die Vorzüge des neuen Piraten-Lebensstils bald zu schätzen. In kürzester Zeit wurde er ein wichtiges Crewmitglied unter dem ebenfalls aus Wales stammenden Piratenkapitän Howell Davis, der ihn in seine Crew hinein befohlen hatte. Black Bart Roberts war gerade mal sechs Wochen an Bord des Piratenschiffes, da wurde Kapitän Davis bei einem Angriff auf eine portugiesische Insel in einen Hinterhalt gelockt und getötet. Ein neuer Anführer musste her. Das war bei den Piraten ein basisdemokratischer Prozess, es wurde abgestimmt, wer Anführer sein sollte. Die Mannschaft wählte ihn, den gerade erst hinzugekommenen, aber cleveren und erfahrenen Sailing Master Bartholomew Roberts, zum neuen Kapitän. Als erste Amtshandlung organisierte er einen wagemutigen und trickreichen Angriff, um den Tod seines Vorgängers bei den Portugiesen zu rächen. Das Vorhaben gelang und Roberts konnte sich der Bewunderung und Loyalität seiner Mannschaft sofort sicher sein.[47]

Die demokratische Auswahl der Führungskräfte bei den Piraten ist ein Aspekt, der mich als Leadership Coach besonders begeistert. Wenn du schon Chef oder Chefin bist oder es noch werden willst, dann nutze diese Frage zur Selbstreflexion: Würdest du von deiner Mannschaft mit einer soliden Mehrheit zur Anführerin oder zum Anführer gewählt? Falls ja, warum? Falls nein, warum nicht? Mit dieser »Leadership-Piratenfrage« konfrontiere ich alle Führungskräfte, die mir in meinen Vorträgen, Coachings oder Workshops gegenübersitzen. Diese Frage ist der Knüller, denn mit ihr kommen sofort alle spannenden Themen auf den Tisch. Hast du Autorität? Nehmen andere Menschen dich als souverän wahr? Bist du fair? Ist deine Kommunikation klar und authentisch?

Bartholomew Roberts muss viele typische Leadership-Qualitäten gezeigt haben, denn er blieb Piratenkapitän vom Tag seiner Wahl bis zu seinem Tod etwa drei Jahre später. Angeblich nahm er seine Kapitänswahl mit den Worten an: »Da ich nun schon meine Hände ins dreckige Wasser getaucht habe und Pirat bin, bin ich es lieber als Anführer denn als einfacher Mann!«[48] Er verstand es, seine Mannschaft hinter sich zu versammeln, genoss Respekt aufgrund seiner seglerischen Fähigkeiten und erfolgreichen Beutezüge, und er liebte den großen Auftritt. Wenn es zum Kampf kam, erschien er in feine Damasthosen gekleidet und trug eine rote Feder an seinem Hut. Auf seiner Brust prangte eine goldene Kette mit einem funkelnden diamantenbesetzten Kreuz. Natürlich durften auch Säbel und Pistolen nicht fehlen.[49]

Neben der üppigen Beute, die er im Laufe seiner Raubzüge einfuhr, ist er auch deswegen besonders bekannt, weil die geltenden Regeln an Bord seines Schiffes – sein persönlicher Piratenkodex – vollständig überliefert sind. Es handelte sich dabei um eine Art Gesellschaftsvertrag, in dem Pflichten und Rechte rund um die Tätigkeiten an Bord und die Verteilung der Beute geregelt wurden.[50]

Der erste Artikel der Piratenverfassung stand für die basisdemokratische Ausrichtung, die auf Piratenschiffen üblich war: »Jeder Mann hat eine Stimme in Angelegenheiten von Bedeutung; hat gleiches Anrecht auf die frischen Lebensmittel oder starken Getränke, die erbeutet werden, und kann sie nach Belieben verwenden, es sei denn, eine Knappheit macht es notwendig, zum Wohle aller, eine Rationierung vorzunehmen.«[51] Allein dieser erste Absatz zeigt, wie radikal sich die Piratengesellschaft von den etablierten Gesellschaften und von dem Leben in der herkömmlichen Seefahrt unterschied.

Auch der zweite Artikel in Roberts Piratenkodex zeigt, wie sehr auf Gleichheit und Fairness in den allgemeinen Lebensumständen geachtet wurde: »Jeder Mann wird abwechselnd der Reihe nach an Bord der gekaperten Schiffe gerufen, weil man ihm bei diesen Gelegenheiten einen Wechsel der Kleidung gestattet.«[52] Kleidung als eigener Punkt im Piratenkodex? Ging es bei den Piraten nicht vielmehr um fette Beute, Gold und Silbermünzen? Was man bedenken muss: Gute Kleidung war auf den Ozeanen damals ein echtes Luxusgut, denn Sonne, Wind und Salzwasser zersetzten alles. Das ist auch heute noch so. Gute Segelkleidung ist kostspielig, weil die Bedingungen auf hoher See hart sind, jede Art von Material wird extrem strapaziert.

Roberts gelang es, eine große Beute nach der anderen zu finden. Tragisch, dass sein letztes Gefecht vermutlich deswegen verloren ging, weil seine Mannschaft nach einem von ihm ausnahmsweise genehmigten Trinkgelage noch nicht wieder nüchtern und einsatzfähig war. Er wurde frühmorgens am 10. Februar 1722 von einem Schiff der britischen Royal Navy in einer Bucht vor Westafrika angegriffen, ein Kanonensplitter traf und tötete ihn. Seine Gefährten warfen ihn in voller Montur, mit all seiner opulenten Kleidung, seinem Schmuck und seinen Waffen über Bord. So hatte er es zu Lebzeiten verfügt.

> Das Leben als Pirat war hart und risikoreich, doch gerade wegen der freiheitlich-demokratischen Strukturen auch ausgesprochen attraktiv.

Nicht nur bei Roberts gab es einen Piratenkodex, sondern auf den allermeisten Schiffen wurde eine gemeinschaftliche Verfassung als Fundament der Mannschaft vereinbart, unterzeichnet und befolgt. Der englische Autor und Piratenkenner Sam Conniff Allende ist überzeugt: »Der Piratenkodex war das Fundament des Erfolgs der Piraten im goldenen Zeitalter.«[53] Die Artikel einer Piratenverfassung mussten vor jedem Vorhaben neu verhandelt werden, dennoch waren sie erstaunlich konsistent. Sie waren leicht zu merken, glasklar und präzise formuliert. Eben so, wie man sich gute Regeln wünscht. Es wurde das aufgeschrieben, was wichtig war, nicht mehr und nicht weniger. Der

Kodex wurde nachweislich umgesetzt, so hart und gnadenlos er auch formuliert war. Wer nicht zu 100 Prozent einverstanden war, musste die Artikel natürlich nicht akzeptieren und unterschreiben. Dann war man allerdings gezwungen, die Crew zu verlassen. So entstanden ein klares Commitment und ein zuverlässiges Fundament der Zusammenarbeit. Ziemlich genial, was die Piraten als Ordnungsstruktur für sich selbst erschufen!

Deshalb ist es kaum überraschend, dass nicht nur auf See, sondern auch in einigen von Seeräubern bevölkerten Plätzen an Land das Leben unter dem strengen Piratenkodex viel Zuspruch fand. Das Örtchen Nassau auf der Insel New Providence, heute zu den Bahamas gehörend, entwickelte sich ab etwa 1713 zu einer Art selbstständiger Piratenrepublik. Für einige Jahre nahmen verschiedene Piratengruppen den Ort komplett für sich ein. Hier trafen eine ganze Reihe berühmter Persönlichkeiten zusammen, die heute in vielen Piratenfilmen verewigt sind. Vielleicht hast du die folgenden Namen schon mal gehört? Es geht um Benjamin Hornigold, den berühmt-berüchtigten Kapitän Blackbeard, »Calico« Jack Rackham, Sam Bellamy und die beiden weiblichen Vorzeigepiratinnen dieser Zeit, Anne Bonney und Mary Read. Sie alle trafen sich in Nassau.[54] Hier lebten Männer und Frauen, Schwarze und Weiße, Europäer, Afrikaner und Amerikaner in einer selbst erschaffenen, demokratischen Gesellschaftsstruktur. Ganz ohne König, ohne eingesetzten Gouverneur, in freier und selbstverwalteter Struktur.

> Demokratische Strukturen erscheinen uns heute oft selbstverständlich. Doch das sind sie nicht und das waren sie nie.

Die demokratischen Strukturen der Piraten im 17. und 18. Jahrhundert waren den europäischen Königshäusern ein Dorn im Auge. Sie konnten ein freiheitliches Gesellschaftssystem, in dem jeder Mensch gleich viel zählte, nicht tolerieren. Das Prinzip der Gleichheit und Augenhöhe, wie wir es heute kennen, war damals unvorstellbar. Auch der sich neu formierende Staatenbund in Nordamerika war weit davon entfernt, eine Demokratie auf Basis von echter Gleichheit zu errichten. Hier regelten allein weiße, gebildete Männer die Angelegenheiten unter sich. Die Piraten mit ihren basisdemokratischen Strukturen stellten die Machtansprüche der diesseits und jenseits des Atlantiks herrschenden Gesellschaften offen und radikal infrage. Für mich ist dies eine herausragende gesellschaftspolitische Leistung! Wie gerne würde ich eine Zeitreise unternehmen und im Jahr 1715 ein paar Tage in der demokratischen Piratenrepublik Nassau auf den Bahamas verbringen!

Wie viel Transparenz darf's denn sein?

»No matter what life throws at you, refuse to play the victim.«
Zero Dean

Wenn es ums Geld geht, hört meistens der Spaß auf. Das war damals nicht anders als heute. Deswegen etablierten die Piraten bei diesem elementar wichtigen Thema eine maximal transparente Regelung, die – aus heutiger Sicht – geradezu revolutionär daherkommt. Weder der Kapitän noch der Quartiersmeister, der die Belange der Besatzung vertrat, entschieden allein oder zu zweit, wie die Beute aufgeteilt wurde. Die Vergütung war klar und transparent im Piratenkodex geregelt. In der Regel bekam der Kapitän den doppelten Anteil, der Quartiersmeister, Schiffsarzt, Schiffsschreiner und Segelmaster bekamen eineinhalb Anteile und alle anderen Crewmitglieder bekamen einen Anteil der Beute. Diese Prinzipien der Entlohnung waren geradezu sozialistisch geprägt. Der erfahrene Kapitän, der vielleicht schon mehrere Jahre die Mannschaft anführte, verdiente gerade mal das Doppelte dessen, was ein einfacher Seemann bekam, der gerade zur Mannschaft dazugestoßen war. Lass dir das auf der Zunge zergehen. Dazu die totale Transparenz: Jeder an Bord wusste genau, was der andere bekommt. Keiner durfte vorneweg etwas für sich behalten, auch die kleinste persönliche Bereicherung war strengstens verboten. Dazu wurde auf die Bibel geschworen.[55] Alles war für alle durchschaubar, klar kommuniziert und gemeinsam vereinbart, bevor man zu einem Beutezug startete.

Stell dir mal vor, du würdest einen neuen Job antreten, und in deinem Arbeitsvertrag würde dir im Detail erläutert, wie viel jeder einzelne Mitarbeitende des Unternehmens verdient. Spannender Gedanke, findest du nicht? Würden dann mehr oder weniger Menschen einen Arbeitsvertrag unterschreiben, was glaubst du? Meine Vermutung ist, dass es weniger Leute wären. Was wir im 21. Jahrhundert in Sachen Einkommensfairness und Gehaltstransparenz erleben, ist – mit wenigen Ausnahmen wie zum Beispiel in Schweden[56] – kein Fortschritt zu den Piraten im 17. Jahrhundert. Na klar, es ist ein heißes Thema. Über faire Gehälter kann man trefflich streiten. Aber letztlich muss die Frage erlaubt sein: Was macht es mit deiner Motivation als Mitarbeiterin oder Mitarbeiter in einer großen Organisation, wenn du genau weißt, dass der oberste Chef oder die oberste Chefin deiner Firma das 10-, 30- oder 70-fache deines Gehalts bekommt? Ist das noch erklärbar? Vernünftig? Einen richtigen Motivationsschub hat diese Gehaltsdiskrepanz bei mir jedenfalls nie ausgelöst, als ich noch im Großkonzern tätig war. Vielleicht soll es ein Ansporn sein? Ellenbogen raus und ab nach oben um jeden Preis, um auch so üppig zu verdienen? Das mag für manche Leute motivierend sein, für mich war es das nicht. Denn was passiert, wenn solche Strukturen sich etablieren? Das Prinzip der Augenhöhe geht verloren. Wenn du diese Diskrepanz im finanziellen »Wert« eines Mitarbeitenden dauerhaft billigen musst, kapierst du ziemlich schnell: Manche sind offenbar gleicher als andere. Das ist die harte Realität. Wir sind hier nicht bei Wünsch-dir-was, sondern bei So-isses!

> Die Ungleichverteilung der Gehälter in vielen Organisationen hat nichts mit dem Prinzip der Augenhöhe zu tun.

Wer selbst finanziell gut abgesichert ist, hat meist eine gewisse Toleranzgrenze für Ungleichheit. Vielleicht ist es auch Trägheit, die hier eine Rolle spielt. Große Gehaltsdiskrepanzen fühlen sich zwar nicht richtig an, rauben aber auch nicht den Schlaf. Da nehme ich mich nicht aus. Ich finde einen Mindestlohn von 12 Euro oder auch 15 Euro absolut richtig, gehe dafür aber nicht auf die Straße. So wie mir geht es dir vielleicht auch. Aber mal unter uns: Sitzen wir nicht ganz schön bequem mit unserem breiten Hintern im Butterfass? Ist es nicht auch in deinem und meinem Interesse, dass sich da etwas mehr tut?

PIRATE UP YOUR LIFE, das heißt für mich keineswegs, dass ich alles bekomme und die anderen nichts. Es heißt vielmehr, dass ich meinen Wagemut einsetze und eine Zukunft gestalte, die für mich UND alle anderen lebenswert ist. Piraten waren keine Einzelkämpfer und auch ich will keine Individualistin sein. Für ein Leben ohne Wenn und Aber braucht es auch eine starke Gemeinschaft. Solidarität ist unentbehrlich. Ich frage mich: Wie lange noch wollen wir beim Thema Gehaltstransparenz zu tolerant, zu unmotiviert und zu bequem im Status quo hängen bleiben? Was muss noch passieren? Wie wenig darf man am unteren Rand unserer Gesellschaft verdienen? Wie schnell muss der Gehaltsunterschied zwischen Frauen und Männern ausgeglichen werden? Wie weit dürfen die Gehälter in einer Organisation auseinandergehen? Was macht es mit deinem individuellen Selbstverständnis, wenn die Gehaltsdiskrepanz in deiner Organisation riesig ist? Kannst du dir die großen Unterschiede in der Bezahlung zwischen »normalen« Angestellten und Topmanagern sinnvoll erklären? Mir fällt es zunehmend schwer, dafür gute Antworten zu finden. Am skurrilsten finde ich in den Debatten um Vorstandsgehälter das gerne genannte Argument, dass es in Deutschland und Europa doch nicht »so schlimm« sei. In den USA würde ja noch viel mehr verdient. Vielleicht stehe ich ja auf dem Schlauch, aber ein Vorstandsgehalt im Jahr 2021 von Werner Baumann bei Bayer mit 5,1 Millionen Euro oder von Tim Höttges bei der Telekom mit 7,44 Millionen Euro wird doch nicht allein dadurch vertretbarer, weil Larry Culp bei General Electric über 70 Millionen US-Dollar verdient.[57] Verstehst du dieses Argument? Mir erschließt sich diese Logik nicht. Ich kenne nicht genug Topmanagerinnen und Topmanager, um zu verstehen, was sie genau motiviert und wie sich ihr Gehalt auf ihre Leistung auswirkt. Vielleicht sind sie alle auf dem Sprung in die USA, weil sie hier nicht genug verdienen können? Ich vermute, dass viele von ihnen einen erstklassigen Job machen, voll engagiert sind und sich durch echte Leadership-Qualitäten auszeichnen. Topmanager-Bashing liegt mir fern, zumal sie ihre eigenen Gehälter ja nicht selbst bestimmen. Und dennoch: Augenhöhe in einer Gemeinschaft von Mitarbeitenden einer Organisation sieht anders aus. Ich bin fest davon überzeugt, dass das, was wir – gerade in großen Konzernstrukturen – in Sachen Bezahlung erleben, auf Dauer für den Zusammenhalt der Menschen nicht gesund ist.

> Echte Gehaltsgerechtigkeit ist vielleicht nie erreichbar, aber eklatante Gehaltsungerechtigkeit hat das Zeug zum sozialen Sprengstoff.

Noch skurriler wird die Situation, wenn zwei Menschen in einer Firma auf gleichen Positionen mit gleicher Verantwortung unterschiedlich viel verdienen. Das habe ich in meiner Zeit bei Bayer selbst erlebt. In Sachen Motivation kann ich dazu ein deutliches, persönliches Statement geben: Es fühlt sich scheiße an! Als junge, hoch motivierte Produktmanagerin bin ich die sogenannte Extra-Meile mehr als einmal im Sprint gelaufen. Um mich herum gab es auf identischen Produktmanagementpositionen einige Kolleginnen und Kollegen, die deutlich gemütlicher unterwegs waren, aber aufgrund unterschiedlicher »Vorgeschichten« ihrer Karrieren finanziell in ganz anderen Sphären schwebten als ich. Einer davon stand etwa drei Jahre vor dem »wohlverdienten« Ruhestand, hatte sich aber im Grunde genommen schon in den Status des Elder Statesman verabschiedet. Der konnte sich an einem Donnerstagnachmittag um 16.15 Uhr wirklich nicht mehr um eine gerade eingehende Kundenreklamation kümmern. Der Rechner war doch schon dabei herunterzufahren! Das musste wirklich jemand anderes übernehmen. Gab es bei so einem Verhalten Konsequenzen? Mitnichten. Wurde wenigstens die Bonuszahlung gekürzt? Nein, die Leistungsbewertungen des Langsamtreters blieben top, bis zum letzten Tag. Habe ich das verstanden? Nein. Hat es mich wütend gemacht? Auf jeden Fall. Gerechtfertigt wurde diese Situation wie folgt: Kurz vor der Rente zettelt man doch keinen Ärger mehr an. Puh! Was »man« macht oder nicht macht, das ist mir damals schon ziemlich bitter aufgestoßen.

> Die fadenscheinige Begründung »weil man das halt so macht« ist fast immer ein Indiz dafür, dass es keine stichhaltige Begründung gibt.

Ich mochte meinen Job zu dieser Zeit, keine Frage. Ich liebte das internationale Business, jeden Tag neue Herausforderungen, ich konnte mich entwickeln und viel lernen. Aber es nagte auch häufiger das Gefühl an mir, dass ich mich über den Tisch ziehen lasse. Mir wurde regelmäßig versichert, dass ich zu den Top-Performern des Bereichs gehörte. Auf

Potenzial-Listen für die nächsten Führungspositionen stand mein Name angeblich weit oben. Doch in Sachen Gehalt war ich eher untere Mittelklasse. Ich hakte nach, wollte etwas verändern. Dann erklärte mir die Personalabteilung, dass ich halt leider noch jung sei. Meine Stelle sei zwar mit viel Verantwortung verbunden und ja, meine Beurteilungen seien exzellent, aber das allein reiche nicht. Jetzt müsse ich erst einmal Schritt für Schritt durch die verschiedenen Entgeltstufen laufen, da könne man leider nichts beschleunigen. Was für ein Bullshit! Ich war wütend und frustriert, aber damals leider noch nicht wagemutig genug, um auf den Tisch zu hauen und Konsequenzen zu ziehen. Ich grollte ein paar Tage vor mich hin, aber dann fand ich mich damit ab. Was für ein blöder Fehler! Ein guter Freund von mir hatte eine viel bessere Strategie als ich. Er wusste um sein Können und sein exzellentes Netzwerk im internationalen Sportgeschäft und hatte mit seinem Arbeitgeber – einer großen Sportmarketing-Agentur – immer nur auf ein oder zwei Jahre befristete Arbeitsverträge ausgehandelt. So kam er regelmäßig in den Genuss, sein Gehalt und alle anderen Konditionen komplett neu zu verhandeln. Als er mir später davon erzählte, schlug ich mir die Hand vor die Stirn. Wie genial einfach!

> Dein Gehalt, dein Honorar oder deine Arbeitsvertragskonditionen solltest du aktiv, selbstbewusst und kreativ verhandeln – das ist gelebter Wagemut!

Heute bin ich davon überzeugt: In Deutschland wird auch deswegen ein so großes Geheimnis um die Offenlegung von Gehältern gemacht, weil die Arbeitgeber von der herrschenden Intransparenz massiv profitieren. Vermutlich wäre es für 99 Prozent aller Organisationen eine echte Katastrophe, wenn die Mitarbeitenden herausfinden könnten, wie unfair bei ihnen im Laden bezahlt wird. Gerade die Frauen trifft diese Intransparenz besonders. Regelmäßig stelle ich in meinen Coachings und Karriereseminaren fest, dass Frauen in Sachen Gehalt noch viel zurückhaltender sind als Männer. Sie fordern nicht genug, sind nicht kreativ genug in ihren Wünschen und Zielen und knicken zu schnell ein. Viele Frauen (und sicherlich auch einige Männer) lassen sich leiten von Gedanken wie diesen:

- Das Gehalt ist zwar nicht super, aber passt schon irgendwie.
- Ich hätte zwar gerne mehr verdient, aber zumindest bedeutet es eine Steigerung im Vergleich zum letzten Job.
- Wenn ich akzeptiere, dann erspare ich mir weitere Diskussionen.
- Damit komme ich einigermaßen gut klar und werde hier nicht zu aufmüpfig wahrgenommen.
- Beim nächsten Mal kann ich ja ein bisschen mehr fordern.
- Die von der Personalabteilung waren jetzt schon so genervt, da will ich nicht noch mehr Trubel verursachen.
- Meine Chefin oder mein Chef wird sich schon für mich eingesetzt haben.
- Das ist bestimmt das übliche Gehalt, was alle hier bekommen.
- Ich muss jetzt erst mal zeigen, was ich kann, bevor ich große Forderungen stelle.

Kommt dir der eine oder andere Gedanke bekannt vor? Fühlst du dich ertappt? Keine Sorge, viele Menschen denken so wie du. Aber ich gebe dir jetzt einen entscheidenden Tipp: Hör auf damit! Sofort!

> Wenn du nicht selbst für dein angemessenes Gehalt eintrittst
> und deine erbrachte Leistung souverän benennst,
> dann verlierst du den wichtigsten Fürsprecher deiner Karriere.

Sei Pirat oder Piratin, sei wagemutig, fordere eher zu viel als zu wenig. Manchmal ist es schwierig, mehr Geld herauszuschlagen. Tatsächlich sind viele Organisationen diesbezüglich kompliziert und statisch aufgestellt. Ist das bei dir der Fall, dann solltest du kreativ denken und statt mehr Gehalt nach anderen Möglichkeiten der Anerkennung deiner Leistung fragen. Hier sind ein paar Ideen: Ein international renommiertes, berufsbegleitendes MBA-Programm in den USA? Der zweiwöchige Englisch-Intensivkurs in Cambridge? Ein dreimonatiger Jobtausch mit einer Kollegin in einer anderen Filiale? Ein sündhaft teurer Bürostuhl für deinen strapazierten Rücken? Eine bessere IT-Ausstattung? Ein Firmen-E-Bike? Was stellt für dich eine Anerkennung deiner Arbeit dar? PIRATE UP YOUR LIFE bedeutet, dass du dir Alternativen zur Gehaltserhöhung überlegst und dich nicht mit einem »Das gibt es bei uns nicht!« billig abspeisen lässt.

In Sachen Gehalt zahlt sich Hartnäckigkeit immer aus. Dranbleiben heißt die Devise!

In meiner Angestelltenkarriere habe ich es nur ein einziges Mal erlebt, dass eine Personalerin mich wirklich in meinen Interessen unterstützt hat. In allen anderen Situationen hat sie die Interessen des Arbeitgebers vertreten. Bin ich deswegen sauer auf sie oder am besten gleich alle Personaler? Nein, natürlich nicht! Die machen nur ihren Job, und der besteht ja nicht darin, die Mitarbeitenden glücklich zu machen. Ich weiß nicht, wie oft ich in meinen Coachings schon diesen Satz ausgesprochen habe: »Personaler sind nicht die Fürsprecher des Personals!« Ich kenne viele HR-Leute, richtig gute, fitte und engagierte Menschen sind dabei. Aber sie sind in den Verhandlungen um deine Gehalts- und Arbeitsvertragskonditionen dein Gegenüber, NICHT dein Partner. An dieser Stelle muss ich leider die Frauen-Klischeeschublade erneut öffnen: Gerade wir Frauen lassen uns zu schnell durch die Freundlichkeit, Souveränität oder Klarheit der Verhandlungspartner von unseren Positionen abbringen. Bloß keinen Konflikt erzeugen, bloß nicht zickig werden, dann doch lieber einlenken. Bloß nicht zu viel fordern. Und das, obwohl viele Frauen im Job eher noch eine Schippe drauflegen, als Nein zu sagen und eine Aufgabe auch mal nicht zu erledigen. Immer wieder schmunzeln muss ich in diesem Zusammenhang über den Postkartenspruch der Feministin Marlies Krämer: »SUCHE: fünf fleißige Männer – oder eine Frau.«[58]

Bei der Gehaltstransparenz können wir alle – Männer wie Frauen – viel von den Piraten lernen! Transparenz macht dich stark, sie zeigt dir deine Möglichkeiten (und vielleicht auch mal deine Grenzen). Ich rate in meinen Coachings und Karriereseminaren dazu, sich im Freundes-, Bekannten- und auch im Kollegenkreis offen über Gehälter und Vertragskonditionen auszutauschen. Information ist Macht! Ja, ich weiß, dass in vielen Arbeitsverträgen untersagt wird, Gehaltsinformationen preiszugeben. Aber hast du dich schon mal gefragt, wem diese Klausel nützt? Kleiner Tipp: Du bist es nicht.

Ob bei Männern oder bei Frauen: Die Intransparenz in allen Fragen rund um Gehälter und andere Formen der Bezahlungen gehört abgeschafft!

Auch als Selbstständige tausche ich mich mit meinen Kolleginnen und Kollegen über Honorarsätze aus, das ist doch selbstverständlich. Das machen meine Auftraggeber schließlich auch. Ins Gedächtnis gebrannt hat sich mir ein Ereignis aus dem Jahr 2014, als ich nach fünf Jahren Selbstständigkeit erstmalig meine Honorarsätze erhöhen wollte. Ein wichtiger Kunde – nennen wir ihn Rolf – hatte mich zum allgemeinen Update-Gespräch eingeladen. Gut vorbereitet mit soliden Argumenten wollte ich dieses Treffen nutzen, um meine Preiserhöhung zu kommunizieren. Doch es lief ganz anders als erwartet. Nach nur wenigen Sätzen Smalltalk kam Rolf direkt zur Sache: »Stefanie, wir müssen über deine Honorarsätze sprechen, du bist viel zu teuer.« Ich brauchte einen Moment, um zu überlegen, wie ich darauf reagieren sollte. Dann entschied ich, bei meiner geplanten Strategie zu bleiben: Die Preise werden nach fünf Jahren erhöht. Punkt. Das hatte ich bei allen Kunden vor, also auch bei diesem. Ich atmete durch. Meine Antwort an ihn lautete deswegen: »Das überrascht mich zu hören, denn das Feedback zu meinen Aufträgen bei euch im Unternehmen ist durchweg positiv. Manche Teams begleite ich im Teamcoaching schon über mehrere Jahre. Hinzu kommt: Ich sehe mich im Vergleich zu anderen Coaches und Workshop-Moderatoren eher im mittleren Honorarfeld, nicht im oberen. Schon seit fünf Jahren bin ich unverändert mit diesen Konditionen unterwegs, und daher habe ich entschieden, meine Honorarsätze jetzt erstmals zu erhöhen. Das kommt jetzt in Bezug auf dein Statement sicherlich überraschend – aber ich bleibe dabei. Das wollte ich dir heute in unserem Gespräch erläutern. Es ist die erste Erhöhung seit dem Start meiner Selbstständigkeit, ich habe mich etabliert, bin gut aufgestellt. Die Preiserhöhung ist jetzt einfach dran.« Jetzt war es raus, mein Adrenalinspiegel ging wieder auf Normalniveau. Ein sehr skeptischer, gleichsam erstaunter Gesichtsausdruck zeigte sich bei Rolf. Er machte eine Pause, dachte nach. Dann entgegnete er: »Eine Erhöhung deiner Honorare kann ich nicht akzeptieren. Wenn du das durchziehst, ist es deine Entscheidung. Aber dann kann ich dich intern nicht mehr empfehlen.« Das saß. Einatmen. Ausatmen. Fokus auf meine Position: »Das fände ich wirklich schade. Aber wenn das so ist, dann ist das so. Ich habe eine einheitliche Honorarstruktur über alle meine Kunden, also betrifft sie auch euch.« Rolf und ich wussten beide, dass wir hier nicht zusammenkommen würden. Einerseits war mir mulmig zumute, denn ich hatte im Unternehmen von Rolf schon viele Projekte begleitet. Andererseits war ich stolz, dass ich klar bei meiner Position geblieben war. Immerhin machte Rolf zum Abschluss unseres Gesprächs die Tür für weitere Beauftragungen nicht ganz zu. Er sagte: »Wenn dich jemand bei uns unbedingt als Moderatorin oder Coach haben will, dann segne ich das ab. Aber ich empfehle dich mit diesen Honoraren definitiv nicht proaktiv, und ich gebe auch bei Anfragen meinen Senf dazu, dass ich deine Preise zu hoch finde.« Ich rang mir ein Lächeln ab. Fair enough! Damit konnte ich leben. Dennoch fuhr ich ziemlich aufgewühlt nach Hause.

Doch die Geschichte ist noch nicht zu Ende. Nur fünf Tage nach diesem Gespräch rief Rolf mich an. Würde er mich jetzt doch komplett aus dem Coaching- und Moderationspool des Unternehmens rauswerfen? Hatte ich es übertrieben mit meiner Standhaftigkeit? Meine Sorgen lösten sich zum Glück schnell auf. Rolf begrüßte mich ausgesprochen freundlich und wollte mit dem Smalltalk überhaupt nicht mehr aufhören. Was war denn da los? Irgendwann fragte er dann, ob ich zufällig meinen Terminkalender zur Hand hätte. Hatte ich. »Was machst du denn am 21. und 22. Oktober?«, wollte er wissen. Das war schon in drei Wochen – doch ich hatte an beiden Tagen noch Zeit. »Ich kann an beiden Tagen – worum geht es denn?« Dann erläuterte er mir seine Anfrage – vermutlich innerlich ziemlich zähneknirschend. Es ging um einen komplexen Moderationsauftrag. Was soll ich sagen? Ich war mehr als überrascht. Er hatte mich angerufen. Mich! Die ach so teure Stefanie Voss. In solchen Situationen kann ich manchmal charmant und gemein zur gleichen Zeit sein. Ich sagte: »Rolf, ich kann das gerne übernehmen, auch wenn euer Zeitplan wirklich eng ist. Aber erlaube mir bitte eine Frage: Warum ausgerechnet ich? Ihr kennt zig Leute mit Moderationserfahrung. Euer Coaching-Pool ist riesig. Warum rufst du mich an, obwohl du mir gerade letzte Woche noch klipp und klar gesagt hast, dass du mich nicht mehr empfehlen wirst? Ich verstehe das nicht.« Ich war natürlich superfreundlich im Ton, ohne Häme. Er druckste herum und sagte dann: »Das Projekt ist kniffelig, da sind ein paar schwierige Leute dabei. Manche Teilnehmer wollen den Workshop eigentlich nicht machen, lieber weiter über die Kollegen jammern. Wir brauchen jemanden, der den Laden hier gut kennt und der sich von starken Charakteren nicht die Butter vom Brot nehmen lässt. Und da fiel dann ziemlich schnell dein Name, als wir überlegten, wen wir fragen könnten.«

Innerlich war das ein mega High-five-Moment für mich. Ich hätte am liebsten laut »Tschakkah!« gebrüllt. Stattdessen fragte ich ganz ruhig, aber zugegebenermaßen breit in mich hineingrinsend die Auftragsdetails ab. Nur zur Sicherheit stellte ich noch mal klar, dass meine neuen Honorarsätze jetzt gelten würden. Rolf bestätigte alles und sagte mir den Auftrag sofort zu. Und die Moral von der Geschichte? Ganz einfach:

> Stehe zu dem, was du wert bist. Achte auf Augenhöhe, auch auf deine eigene.

Sei dir der Konditionen, Regeln oder Vereinbarungen bewusst, die du unterschreibst oder eingehst. Piraten wussten vor einem Beutezug, welcher Anteil der Beute ihnen und ihren Kameraden zustehen würde. Sie kannten auch ihre Absicherung, falls sie sich schwer verletzen würden. Und sie wussten, dass sie für ihre Kameraden finanziell einstehen mussten, sollten diese verwundet werden. Dann würde ihre eigene Beute entsprechend kleiner ausfallen. Gemeinschaft nach klaren, fairen Regeln. Ich finde, diese Idee sollte unbedingt ins Heute transportiert werden! Zum Glück gibt es mittlerweile einige Firmen, die verstanden haben, dass sich altmodische und intransparente Bezahlungsmodelle ändern müssen. Sie haben begriffen, dass nur eine stellenbasierte, qualifikationsbasierte und einheitliche wie auch transparente Entlohnung faire Rahmenbedingungen schafft. Dein Kollege ist Ingenieur und fordert eine Gehaltserhöhung, weil die Ansprüche an seine Stelle größer geworden sind? Er trägt jetzt mehr Verantwortung für den Erfolg des Unternehmens? Und das trifft ebenso auf dich und deine Stelle zu? Wie wäre es, wenn dein Personaler oder deine Chefin von sich aus auf dich zukämen, um dir – genau wie ihm – die gleiche Gehaltserhöhung zuzuteilen, damit ihr beide auf einer Gehaltsebene bleibt? Cool, oder? Hört sich das unglaublich für dich an? Ich verrate dir was: Es gibt Organisationen, die agieren exakt so. Was zum Beispiel das Düsseldorfer Unternehmen sipgate mit seinem Lean Salary

Framework geschaffen hat, nenne ich wagemutig! Ihr Gehaltsmodell ist komplett rollenbasiert und für alle transparent. Jeder weiß, mit welchen Faktoren und nach welchen Kriterien das eigene Gehalt kalkuliert wird – aber eben auch, wie das bei sämtlichen Kolleginnen und Kollegen aussieht. Das Verhandlungsgeschick Einzelner spielt keine Rolle, sondern es geht immer um die Verantwortung der Position, die übernommen wird. Außerdem gibt es eine automatische jährliche Gehaltsanpassung für alle, die ebenfalls nach transparenten und nachvollziehbaren Kriterien abläuft. Zudem orientiert sich sipgate an viel mehr als einfach nur am Geld, das Gesamtpaket muss stimmen. Statt individuellem Gemauschel ist maximale Offenheit und Fairness das wichtigste Prinzip.[59] Es sind noch nicht viele Unternehmen, die so wie sipgate an das Thema transparente Vergütung herangehen, aber das Konzept ist in der Wirtschaftswelt von heute angekommen. Es wurde auch Zeit!

A: Der Ohne-Grund-Kuchen

Hast du schon mal einen Ohne-Grund-Kuchen gebacken? Also aus reiner Freundlichkeit, ohne Anlass, nur für das generelle Miteinander und ohne jedwede spezielle »Absicht«? Einfach nur, um ihn deinen Kolleginnen und Kollegen mitzubringen? Oder zum Fördervereinstreffen des Kindergartens? Oder zur Vorstandssitzung deines Sportvereins? Ohne-Grund-Kuchen (Kekse gehen natürlich auch!) ist eine einfache, frische, meist sehr positiv aufgenommene Geste. Er gehört schon viele Jahre zu meinem Standardrepertoire der Gemeinsinn-Pflege. Gerade in meiner Angestelltenzeit habe ich darauf geachtet, neben meinem eigenen Team auch andere Menschen auf diese Weise gelegentlich zu erfreuen. Die IT-Support-Abteilung zum Beispiel war mir immer wohlgesonnen, die Leute dort wurden zu großen Fans meines Nusskuchens!

B: Bedingungsloses Geben

Gelungene Gemeinschaft und Gemeinsinn entstehen immer dann, wenn Menschen freundlich, offenherzig, großzügig und mit Neugierde aufeinander zugehen. Magst du es, Teil einer gut funktionierenden Gemeinschaft zu sein? Ist es dir wichtig, dass wir als Gesellschaft gut miteinander umgehen? Prima, dann tu auch was dafür. Am besten jeden Tag, am besten unkompliziert und schnell, am besten vielseitig und breit gestreut. Was ich damit meine? Hier sind ein paar banale, aber wirkungsvolle Möglichkeiten, deiner Umgebung etwas Gutes zu tun:

- Schreibe eine positive Rezension für das neueröffnete Café in deinem Stadtviertel.
- Spende einen Betrag deiner Wahl an die Wikipedia (du nutzt sie schließlich auch).
- Geh ins Theater, Kino, Museum oder in eine Lesung. Kauf neben dem Ticket am besten noch Getränke und gib

üppiges Trinkgeld. Die Kunst- und Kulturbranche schafft wichtige Orte der Gemeinsamkeit und Zusammenkunft und ist nach den Jahren der Pandemie extrem gebeutelt. Es fehlen in vielen Einrichtungen immer noch solide Einnahmen und regelmäßige Besucher.
- Verschenke Haushaltsdinge, indem du eine »Gerne-mitnehmen-Kiste« vor deine Haustür stellst.
- Kaufe die Zeitung von obdachlosen Menschen.
- Stelle neu erschienene Bestseller-Bücher, die du schon gelesen hast, in einen öffentlichen Bücherschrank.
- Biete fremden Menschen in der Bahn etwas von deinen Süßigkeiten an.
- Verschenke deinen Parkschein, wenn er noch ungenutzte Zeit anzeigt.

Fällt dir noch mehr ein? Gut! Dann tu deiner Umgebung noch viel mehr Gutes!

6 BEHARRLICH UND STANDHAFT BEI JEDEM WETTER

»Feel the fear and do it anyway!«
Susan Jeffers

WORUM ES GEHT:

- Charakterstärke und echte Piratenqualitäten zeigen sich besonders dann, wenn es richtig stürmisch wird im Leben.
- Du brauchst Wadenbeißer-Qualitäten, um in den schwierigen Situationen an deinen Zielen festzuhalten. Im Leben wird dir wenig geschenkt.
- Es ist essenziell, auch das »Unmögliche« für möglich zu halten, wenn du echte Veränderungen bewirken willst.
- Dein Neid kann dir – wenn er konstruktiv ausgerichtet ist – genau zeigen, in welche Richtung du dich entwickeln willst.

Die Wadenbeißer-Qualitäten des Francis Drake

Meine Weltumseglung dauerte gut 14 Monate. Der englische Pirat Francis Drake brauchte deutlich länger. Als erster englischer Weltumsegler war er mehr als 1 000 Tage, also knapp drei Jahre unterwegs gewesen, bevor er wieder in seinen Heimathafen in Plymouth einlief.[60] Ich war bei meiner Rückkehr nach Deutschland ziemlich abgebrannt. Für meine Reise hatte ich fast alle meine Ersparnisse eingesetzt, mein Kontostand kannte also über Monate nur eine Richtung: abwärts. Drake hingegen brachte ein unermessliches Vermögen mit nach Hause. Er hatte rund um den Globus geplündert und geraubt und vornehmlich die ihm verhassten Spanier um sehr viel Gold und Silber erleichtert. Ich dagegen war kriminell gesehen rund um den Erdball halbwegs sauber geblieben. Außer einer geprellten Zeche in einer Bar auf der Karibikinsel Antigua kann ich mich an keinen größeren Fehltritt erinnern. Zurück in der Heimat musste ich wieder arbeiten und Geld verdienen. Francis Drake hätte sich zur Ruhe setzen können. Er war nach dieser Reise ein ausgesprochen reicher, gemachter Mann. So unterschiedlich können die Rahmenbedingungen sein, die eine Weltumseglung begleiten.

Nein, ich werde meine Reise nicht weiter mit der des vielleicht berühmtesten englischen Freibeuters Sir Francis Drake vergleichen. Denn eine überlebensgroße Bronzestatue[61] in meiner Heimatstadt wird mir vermutlich ohnehin keiner mehr bauen. Lieber stelle ich dir diesen berühmten Piraten vor. Auch er ist auf seine Weise ein spannendes Vorbild, ich schätze ihn für sein herausragendes Durchhaltevermögen. Doch fangen wir von vorn an. Drake gehört nicht ins goldene Zeitalter der Piraterie, welches auf die Jahre zwischen 1650 und 1730 datiert wird.[62] Er lebte deutlich früher. Geboren wurde er etwa 1540 und seine Karriere als Seemann begann er vermutlich mit 13 Jahren in der Gegend von Plymouth in Südengland. Drake konnte lesen und schreiben. Das hatte ihm sein Vater, der als Prediger tätig war, in früher Kindheit durch das gemeinsame Lesen der Bibel beigebracht.[63] Daher rührt vermutlich auch seine protestantisch-religiöse Prägung.[64] Sein seglerisches und navigatorisches Handwerkszeug lernte er bei Verwandten, im Seehandelsunternehmen der Familie Hawkins. Er war anfangs vorwiegend in Europa unterwegs und nutzte die Gelegenheit, um Spanisch zu lernen. Bald mischte er auch beim wirtschaftlich ausgesprochen lukrativen Sklavenhandel mit, der ihn regelmäßig über den Atlantik segeln ließ. Der junge Francis Drake bekam mit noch nicht einmal 30 Jahren das Kommando über ein eigenes Schiff innerhalb eines größeren Flottenverbandes. Er entwickelte über die folgenden Jahre ein großes navigatorisches Geschick und wurde immer mehr zu dem wagemutigen, entschlossenen und risikobereiten Seefahrer und Entdecker, den wir heute in Erinnerung haben. Richtig berühmt machte ihn sein wahrscheinlich kühnster Plan: Er wollte einen Raubzug gegen die spanischen Kolonien entlang der Westküste Südamerikas durchführen, also im Pazifik. Dieses Gebiet war bislang rein spanisches Territorium und von den Engländern unentdeckt, also rechneten die Spanier dort nicht mit Piraten. In aller Seelenruhe konnten sie ihre in den Silber- und Goldminen der Kolonialgebiete erbeuteten Schätze an der Pazifikküste sammeln und mit Schiffen gen Norden nach Panama schicken. Dort wurde das Gold und Silber über den Landweg an die Karibikküste transportiert und dann nach Europa verschifft.

Drake hatte nicht nur die navigatorischen Fähigkeiten für so eine Kaperfahrt, er hatte noch ein weiteres, ganz persönliches Motiv. Schon früh in seinem Leben hatte der Protestant Drake die katholischen Spanier zu seinen Erzfeinden erklärt. Bei seinen ersten Fahrten als Kapitän war er mit den Südeuropäern heftig aneinandergeraten, und so ist heute übermittelt, dass »Drake einen sehr persönlichen Hass auf König Philipp II. von Spanien hegte«.[65] Diese erwiderten die Abneigung mit Leidenschaft. »El Draque« – der Drachen – wurde in Spanien sein Spitzname. Bekam er für diese wagemutige Reise einen offiziellen Kaperbrief Ihrer Majestät, der Königin Elisabeth I.? Genau geklärt ist das nicht, aber die meisten Historiker vermuten, dass die Königin sehr wohl ihre Finger im Spiel hatte.[66] Was wir definitiv wissen: Die sagenumwobene Weltumseglung von Francis Drake begann 1577, als er am 13. Dezember mit einer hochmodernen Flotte von fünf Schiffen und etwa 170 Mann in See stach.[67] Drakes Plan ging auf. Die Westküste Südamerikas wurde sein persönlicher Beute-Honigtopf, obwohl seine Reise unglaublich strapaziös verlief und er riesige Herausforderungen meistern musste. Mehrfach schlug er dem Schicksal ein Schnäppchen und schaffte es, weiterzusegeln anstatt mit Mann und Maus in den Weltmeeren unterzugehen.

Der wagemutige Törn lohnte sich: Drake brachte nach gut drei Jahren so viel spanisches Gold und Silber mit zurück nach England, dass die Investoren seiner Mission mit einer Rendite von 4 700 Prozent (nicht vier Komma sieben, sondern viertausendsiebenhundert!) belohnt wurden. Allein der Queen spülte er rund 160 000 englische Pfund in die Kasse, was damals ungefähr dem jährlichen Staatshaushalt des gesamten Königreichs entsprach.[68]

Drake wurde von seiner Mannschaft nicht, wie auf anderen Piratenschiffen üblich, gewählt. Er wurde von seinen Auftraggebern eingesetzt. Umso mehr musste er sich beweisen, um sicherzustellen, dass er nicht einer Meuterei zum Opfer fiel. Eine fordernde Aufgabe. Umso außergewöhnlicher ist es, dass er die mehrjährige Reise nicht nur als Kapitän zu Ende brachte, sondern dabei auch große Erfolge verbuchen konnte, finanzieller wie persönlicher Art. Trotz aller Probleme – furiose Stürme, anspruchsvolle Schiffsgäste und fehlende Karten –, Francis Drake gab nicht auf. Er verlor schon in den ersten Monaten seiner Reise vier seiner fünf Schiffe umfassenden Flotte, doch er war ein Abenteurer durch und durch, hielt an seinen kühnen Plänen fest und wurde so zum berühmten Entdecker und akribischen Kartografen der südamerikanischen Westküste.

> Als ängstlicher Feigling, der schnell aufgibt, bekommst du keinen prominenten Platz in der Geschichte der Menschheit.

Er plünderte im Pazifik auf seinem Weg von Kap Horn nach Norden zahlreiche spanische Schiffe und Hafenorte, bis er schließlich an der Westküste Mexikos ankam. Hier waren die nördlichsten spanischen Kolonien angesiedelt. Und jetzt? Wieder zurück nach Süden? Nein, er hatte eine bessere Idee: Jetzt wollte er noch die Nordwestpassage entdecken. Man vermutete damals einen Seeweg im Norden des amerikanischen Kontinents vom Pazifik gen Osten zurück in den Atlantik. Drake hatte anscheinend immer noch nicht genug Abenteuer erlebt und machte sich Mitte April 1579, als er schon rund 16 Monate unterwegs war, von

Mexiko aus auf den Weg nach Norden. Bis in den Juni hinein suchte und suchte er nach der Durchfahrt gen Osten. Vermutlich auf der Höhe der heutigen Grenze zwischen den USA und Kanada gab er auf. Also zurück gen Süden? Nein, das hielt er für nicht klug. Er entschied sich für die Weltumseglung, brach also Ende Juni nach Westen in Richtung Asien auf, um durch den Pazifischen und den Indischen Ozean rund um Afrika zurück nach Europa zu fahren. Nimm dir bitte mal einen Globus zur Hand und schau dir das an. Von Vancouver aus über den Pazifik bis etwa nach Indonesien, dann weiter nach Südafrika und ums Kap der Guten Hoffnung herum zurück nach Europa. Da fährt dein Finger über ziemlich weite Strecken fast um den ganzen Globus herum. Das ist richtig, richtig weit. Es dauerte geschlagene 15 Monate, bis er endlich wieder englischen Boden unter den Füßen hatte. Mangels aussagekräftiger Karten hatte er sich mächtig verschätzt, was die Größe des Pazifiks anging.

Ich stelle mir vor, dass viele Seeleute an Bord seines Schiffes öfter mal den Gedanken gehabt haben mussten, der Kerl sei übergeschnappt und von allen guten Geistern verlassen. Was der sich zutraute! Was der für Risiken einging! Wie unbeirrt er trotz aller Rückschläge an seinen Ideen festhielt! Ich vermute, dass er sehr souverän, klar und ohne Zweifel kommuniziert haben muss, um seine Leute trotz aller Probleme bei Laune zu halten. Was für eine starke Persönlichkeit.

> Der Charakter ist das, was von einem Menschen übrigbleibt, wenn es im Leben richtig stürmisch wird.

Obwohl er seine Leute strengen Regeln unterwarf, sagt man Francis Drake eine hohe Beliebtheit nach. An Land war der Besuch von Bordellen oder Tavernen strikt untersagt, und nicht mal Schimpfwörter durfte seine Mannschaft verwenden. Das machten seine Leute mit? Der Historiker Dr. Helmut Neuhold schreibt: »Für seine Zeit unüblich und fast schon ›modern‹ anmutend ist der Umstand, dass er Gefangene, Indianer und Schwarze freundlich und zuvorkommend und auf keinen Fall grausam behandelte.«[69] Er war ein wahrlich außergewöhnlicher Typ.

Eins ist sicher: Er reiste als Kapitän in England ab und kam auch als Kapitän wieder in England an. Sein Durchhaltevermögen ist für mich herausragend. Von einer versuchten Meuterei aus der Mitte seiner Mannschaft gegen ihn ist nichts überliefert. Das muss man erst mal über mehr als 1 000 Tage hinweg und unter solch harschen Bedingungen hinbekommen. Der Mann hatte nicht nur klare Ziele, sondern er hatte – um es mal deutlich zu sagen – auch die Fähigkeit, die Arschbacken fest zusammenzukneifen und durchzuziehen, was er sich vorgenommen hatte.

Weitermachen, auch wenn es weh tut

»You don't have to be extreme, just consistent.«
Lauren Gleisberg

Wie schnell gibst du auf, wenn es nicht so läuft wie geplant? Wie schnell lässt du dich entmutigen? Wie gut kannst du dich motivieren, Widerstände anzupacken und beherzt aus dem Weg zu räumen, statt den Schwanz einzuziehen und frustriert im »Mimimi« zu versinken?

> Wagemutig zu sein bedeutet weiterzumachen,
> auch wenn es richtig anstrengend wird.

Mein eigenes Durchhaltevermögen ist über die Jahre gewachsen. Ich war sicherlich immer schon ehrgeizig, kann mich aber auch in einer gemütlichen Alles-egal-Haltung einnisten. In den letzten Jahren passiert es mir jedoch seltener, dass mir alles egal ist. Der Ehrgeiz ist immer noch da, und hinzugesellt hat sich die Erfahrung, dass oftmals viel mehr geht, als wir im ersten Moment denken. Als ich mit gerade 23 Jahren nach Argentinien umzog, um dort als Expat für Bayer zu arbeiten, war das ein großer Schritt. Erst war ich aufgeregt, voller Freude und positiver Erwartung, dann überwältigt von den neuen Eindrücken vor Ort. Schließlich war der Anfangs-Hype vorbei und die Zeit dort wurde mühsam und belastend. Ich war verdammt einsam in der Megametropole Buenos Aires, einige Tausend Kilometer weit entfernt von Freunden und Familie. Erst wenige Monate vor der Ausreise hatte ich mit einem Spanisch-Intensivkurs begonnen und die ständige Fokussierung auf neue Vokabeln und die spezielle argentinische Aussprache waren echte Plackerei. Mir rauchte nach jedem Tag im Büro abends der Kopf. Dann noch Freizeitgestaltung, einen neuen Freundeskreis finden und irgendwie so etwas wie ein Heimatgefühl aufbauen? Oh Mann! Ich war zumindest gedanklich oft kurz davor, das Handtuch zu werfen. Bei meinen Eltern oder Freunden in Deutschland ausheulen konnte ich mich kaum, denn ein Telefonat in die Heimat kostete 1997 schlappe 2,50 US-Dollar pro Minute. Ich telefonierte nur alle 14 Tage für etwa zehn bis zwanzig Minuten mit meiner Familie. Und ich entschied mich, durchzuhalten. Eine meiner besten Entscheidungen war die Anmeldung zum Segelkurs beim Club Náutico Olivos. Ich war bisher noch nie gesegelt, denn in Leverkusen, wo ich aufgewachsen bin, gab es dazu wenig Gelegenheit. Mein Büro-Spanisch war zwar mittlerweile ganz passabel, mein Segel-Spanisch hingegen nicht existent. Was ich damit meine? Ganz einfach: Falls du eine Fremdsprache wirklich gut beherrschst, sind dir in dieser Fremdsprache auch Segelfachbegriffe wie Anluven, Schäkel, Halse, Backbord, Tampen und so weiter geläufig? Eben! Das ist eine ganz eigene Sprache! Nicht nur im Deutschen, auch im Spanischen gibt es 1 Trillion Segelbegriffe, die man kennen muss. Ich wollte endlich in Argentinien auch privat Fuß fassen und ein neues Hobby schien dafür perfekt geeignet. Doch nach der ersten Theoriestunde war ich total am Boden. Das würde nie was werden. Ich hatte gefühlt maximal 25 Prozent verstanden. Aber immerhin, die Leute waren offenherzig. Sie nahmen mich in ihren Kreis auf. Niemand hatte etwas mit meiner Expat-Welt bei Bayer zu tun, hier war ich auf völlig neuem Terrain. Es wurde viel gelacht und ich fühlte mich wohl. Ich heulte einen Abend lang meinen ganzen Frust in die Kissen und schrieb einen sechsseitigen Wutausbruch in mein Tagebuch. Dann fing ich an, Segelvokabeln zu pauken. In meinem Badezimmer stellte ich ein Vokabelkästchen auf und sagte mir bei jedem Toilettenbesuch mindestens fünf Wörter jeweils mindestens fünf Mal laut vor. Spaß machte das nicht, aber es zwang mein Gehirn, diese Begriffe zu speichern. Dass ich später auf meiner Weltumseglung mit einer schottischen Wachführerin alle Segeltermini auch noch auf Englisch lernen musste – geschenkt. Ich wusste ja jetzt, dass ich in der Lage war, mir diese komplizierten Wörter einzuprägen. Im Englischen klappte das dann sogar ziemlich fix und ganz ohne Vokabelkärtchen auf der Toilette.

> Piraten sind Wadenbeißer. Ein Leben ohne Wenn und Aber gibt es nicht mit permanentem Rückenwind.

Vielleicht hast du diese Erfahrung auch schon gemacht: Es geht immer noch ein Tacken mehr. Wenn du tief in dir drin weißt, wofür du antrittst, dann findest du Motivation und Kraft, die du dir selbst vielleicht nie zugetraut hättest. Außerdem frisst auch dauerhaftes Jammern sehr viel Energie. Wenn du dich aus einem Jammertal befreist und eine Situation – so ätzend sie auch sein mag – annimmst, dann kannst du frische Kraft für den weiteren Weg schöpfen. In einer solchen Situation ist der – zugegeben etwas brachial formulierte – Hinweis hilfreich: »Was ist der unbewusste Nutzen der beschissenen Situation? Finde ihn!« Wenn es für dich richtig mies läuft, kannst du den Nutzen einer Situation nicht erkennen. Du denkst dann: »Es kann doch nichts gut daran sein, was gerade passiert!« Du bist dann vielleicht beherrscht von Wut, Frust oder Enttäuschung und willst einfach nur raus aus dem Mist. Das kenne ich. Das kennen wir vermutlich alle. Aber mit ein bisschen Abstand kannst du die Situation auch anders bewerten. Irgendwo, ganz versteckt, hat sie vielleicht doch einen Nutzen. Der ist vielleicht noch nicht in deinem Bewusstsein angekommen und im Moment noch von deinen starken Emotionen überdeckt. Doch du kannst ihn finden, wenn du konsequent danach suchst. Also raus aus der Jammerfalle und rein in die Analyse. Frage dich selbst:

- Was lerne ich gerade über die Welt?
- Was lerne ich gerade über mich?
- Warum serviert das Universum ausgerechnet mir so ein ätzendes Problem?
- Welche derzeitige Erfahrung kann später in meinem Leben noch einmal richtig wichtig werden?
- Welchen Fehler erkenne ich bei mir, kann ihn nun abhaken und muss ihn nicht erneut machen?

Als Piratin oder Pirat darfst du selbstverständlich fluchen und schimpfen wie ein verwegener, übler, mit allen Wassern gewaschener Seeräuber. Hau einen raus! Der den Piraten zugeschriebene Ausruf »Arrrgggh!« wirkt sehr befreiend, wenn du ihn in so einer Lautstärke brüllst, dass auch deine gesamte Nachbarschaft etwas davon hat. Wenn du danach heiser bist, hast du alles richtig gemacht. Ich weiß, wovon ich rede. Dann ist der schlimmste Frust raus und du kannst dich auf den unbewussten Nutzen der beschissenen Situation fokussieren. Mach ihn dir jetzt bewusst. Erst schreien, dann suchen, das funktioniert wirklich.

Mit meinem Segelkurs hatte ich eine extrem herausfordernde Aufgabe vor der Brust. Sie war so herausfordernd, dass ich fast keine Zeit mehr hatte, mich mit dem Kulturschock und meiner Sehnsucht nach Freunden und Familie zu beschäftigen. Da war er, der unbewusste Nutzen: lieber komplizierte Vokabeln pauken als in Heimweh versinken!

Das Unmögliche möglich machen

»Impossible is not a fact. It's an opinion.«
Aimee Lehto Schewe

Die beiden Frauen Robin Tyler und Diane Olson lernten sich in den 1970er Jahren in Los Angeles kennen. Viele Jahre lang waren sie gute Freundinnen, dann wurde ihre Beziehung Anfang der 1990er Jahre zu einer festen Partnerschaft. Robin Tyler, gebürtig aus Kanada stammend, ist ein eher burschikoser Typ, mit kurzen braunen Haaren und kräftigem Körperbau. Sie ist schon lange als Aktivistin im Kampf für die Rechte homosexueller Menschen engagiert. Diane Olson hingegen ist eher die typische Kalifornierin, hat lange blonde Haare und beschreibt sich selbst als spirituellen Typ. Als sich die Beziehung der beiden Frauen gefestigt hatte, wollten sie heiraten. Doch das war damals in Kalifornien nicht möglich, per Gesetz konnte eine Ehe nur zwischen Mann und Frau geschlossen werden. Um ihren Widerstand gegen die diskriminierende Regelung zu demonstrieren, überlegten sich die beiden etwas sehr Außergewöhnliches: Jedes Jahr am Valentinstag gingen sie zum Gerichtsgebäude von Beverly Hills. Jedes Jahr stellten sie einen Antrag auf Eheschließung. Und jedes Jahr wurden sie abgewiesen. Statt einer Heiratslizenz überreichte ihnen ein Beamter Jahr für Jahr ein Dokument, in dem ihnen erklärt wurde, dass eine Ehe zwischen zwei Frauen nicht möglich sei. Gaben sie eines Tages auf? Nein, im Gegenteil. Sie bliesen zum Angriff.[70] Mit tatkräftiger Unterstützung der auf Frauen- und Minderheitenrechte spezialisierten Anwältin Gloria Allred[71] klagten sie im Jahr 2004 gegen das kalifornische Verbot der gleichgeschlechtlichen Ehe. Sie waren davon überzeugt, dass es ihre in der Verfassung verankerten Grundrechte verletzte. Und sie hatten diese Diskriminierung lange genug hingenommen. Die Anwältin Allred nahm den Fall pro bono an, sie war zu dieser Zeit schon viele Jahre eine prominente Größe in der amerikanischen Anwaltschaft und hatte sehr spektakuläre und kontroverse Fälle verhandelt. Gloria Allred wurde zum Glücksfall für den Rechtsstreit der beiden Frauen gegen die kalifornische Gesetzgebung. Von nun an – und solange der Fall laufen würde – gingen sie zu dritt am Valentinstag zum Gerichtsgebäude. Gloria Allred beantragte als Anwältin für ihre beiden Mandantinnen, dass sie die Ehe schließen dürfen. Das Spiel ging weiter, der Antrag wurde weiterhin Jahr für Jahr abgelehnt. Der Rechtsstreit der beiden Frauen zog sich über vier Jahre. Dann passierte das, was man nicht für möglich gehalten hatte: Die beiden lesbischen Frauen bekamen Recht. Ein Richter des Obersten Gerichtshofs von Kalifornien entschied zu ihren Gunsten. Von einem auf den anderen Tag wurde ihr ruhiges Leben durch diese bahnbrechende Entscheidung für die LGBT-Community in den USA in die breite Öffentlichkeit gespült. Robin Tyler und Diane Olson heirateten im Jahr 2008, kurz nach der Urteilsverkündung. So wurden sie das erste gleichgeschlechtliche Paar, das in Los Angeles den Bund der Ehe schloss. Gloria Allred wurde durch diesen historischen Fall noch bekannter mit ihrer Arbeit für die Bürgerrechte von Schwulen, Lesben, Bisexuellen und Transgender-Personen. Das hier war nicht das Ende eines langen Prozesses, sondern erst der Anfang einer wichtigen Bewegung. Die für ihren unerschütterlichen Kampfgeist berüchtigte Rechtsanwältin sagte dazu: »Es gibt noch viele Schlachten zu schlagen.«[72]

Für mich ist Gloria Allred eine wagemutige Piratin der heutigen Zeit: Sie hat ein festes Wertegerüst und keinerlei Respekt vor dem Status quo.

Mittlerweile ist sie über 80 Jahre alt und immer noch aktiv. Allred fokussiert sich heute auf Fälle, in denen Männer wegen sexueller Übergriffe zur Verantwortung gezogen werden. Sie kennt auch hier keine Zurückhaltung. Für ihre Mandantinnen legte sich Gloria Allred unter anderem bereits mit Roman Polanski, Bill Cosby, Harvey Weinstein und Donald Trump an. Im Februar 2020 gelang es ihr auf spektakuläre Weise, auch den britischen Prinzen Andrew in die Enge zu treiben. Dieses Mal jedoch nicht vor Gericht, mit einer Klage oder einer Vorladung. Sie hatte eine viel originellere Idee: Sie mietete einen gelben amerikanischen Schulbus und beklebte ihn großflächig mit der Aufforderung an den Prinzen, sich zu den gegen ihn erhobenen Vorwürfen beim FBI zu äußern. Dann ließ sie diesen Schulbus vor dem Buckingham Palace in London auf- und abfahren.[73] Selbstverständlich ging diese Aktion weltweit durch die Medien. Das Motto PIRATE UP YOUR LIFE zeigt Gloria Allred immer wieder auf brillante Weise in ihrem Wirken als Anwältin.[74]

Jetzt frage ich dich:

- Was hast du in deinem Leben erst gar nicht versucht, weil du es für unmöglich gehalten hast?
- Welche Frage hast du nie gestellt, weil du von vorneherein von einer ablehnenden Antwort überzeugt warst?
- Welche Gelegenheiten hast du nicht als solche erkannt, weil sie außerhalb deiner Vorstellungskraft lagen?
- Wie oft warst du davon überzeugt, dass du zu wenig Einfluss haben würdest, um etwas zu erreichen?
- Wie oft hast du einfach still und leise die Schultern gezuckt und deine Ideen, Wünsche und Ziele an dir vorbeiziehen lassen, ohne sie zu ergreifen?

Piraten geben ihre Ideen nicht einfach so auf. Sie starten mindestens einen Anlauf, auch wenn der Erfolg noch so unrealistisch erscheint.

Ein resigniertes Schulterzucken ist keine Geste für Piraten.

Als ich 1999 die Idee gefasst hatte, um die Welt zu segeln, da gab es bei Bayer keine Sabbatical-Regeln. Es gab keine Arbeitszeitkonten und keinen unbezahlten Urlaub für »Vergnügungstouren«. Aber zum Glück war ich naiv genug zu denken und frech genug zu fragen, ob man so etwas nicht für mich einführen könnte. Außerdem war ich klar in meiner Entscheidung: Ich würde diese Reise so oder so antreten, selbst wenn ich dafür eine Kündigung in Kauf nehmen müsste. Das machte mich stark in meiner Verhandlungsposition, denn was hatte ich schon zu verlieren? Meine innere Klarheit wurde belohnt. Das eigentlich Unmögliche wurde dann doch möglich. Für Fräulein Meyer (so hieß ich damals noch) rauchten ein paar Köpfe in der Personalabteilung, und nach einigem Stirnrunzeln und »da könnte ja jeder kommen« fand man eine Lösung, die zu meiner Weltumseglung passte: Ich musste zwar kündigen, bekam aber im Gegenzug eine schriftliche Wiedereinstellungszusage zu meinen bisherigen Vertragskonditionen. Meine Vorgesetzten hatten anscheinend echtes Interesse an meiner Rückkehr. Wieder so ein High-five-Moment in meinem Leben! Der damalige Geschäftsbereichsleiter bat mich vor meiner Reise sogar noch zu einem kurzen Termin in sein Büro. Er war selbst segelbegeistert und wollte wissen, was ich genau vorhatte. Ich schilderte ihm meine Reiseroute und hatte ein wenig den Eindruck, dass er am liebsten selbst gerne den Seesack gepackt hätte und mitgekommen wäre. Da meine außergewöhnlichen Pläne Bayer-intern mittlerweile ziemlich die Runde gemacht hatten, fragte ich ihn, ob er denn keine Angst habe, dass jetzt lauter Nachahmer kommen würden. Er lächelte souverän und antwortete mir ganz gelassen: »So was trauen sich die wenigsten. Und falls doch, dann kann jeder gerne zu mir kommen und nach einer Auszeit fragen. Jeden einzelnen Kandidaten schaue ich mir dann genau an und entscheide jedes Mal neu, ob ich zustimme oder nicht.« Ich war beeindruckt – und natürlich auch stolz auf dieses indirekte Kompliment. Vielleicht war er in seinem Herzen eben auch ein Pirat.

Nutze Neid als deinen Motor

»Live your life by a compass, not a clock.«
Stephen R. Covey

Welche Wünsche lassen dein Herz höherschlagen? Welche »Unmöglichkeiten« würdest du gerne möglich machen? Vielleicht hast du viele verschiedene Ideen und Ziele? Und es fällt dir schwer, genau zu differenzieren, was echte Relevanz hat und was einfach nur einer kurzen Laune entspringt? Bist du schon ein Opportunist im besten Sinne, und die vielen Möglichkeiten, die sich immer wieder anbieten, überfordern dich? Dann musst du lernen, deine tiefsitzenden und wichtigen Ziele von den eher belanglosen Ideen zu unterscheiden. Oder ist das bei dir ganz anders? Hast du vielleicht überhaupt keine Wünsche? Verordnest du dir selbst ein Leben in Mäßigung? Dann lass dir gesagt sein:

Vernünftig sein ist manchmal wie tot sein. Nur vorher.

Für die überforderten Opportunisten genau wie für die selbstregulierten Asketen habe ich einen einfachen, aber sehr effektiven Tipp: Nutze deinen Neid als Kompass. Neid? Wirklich? Ist das nicht eine durch und durch böse Emotion, die wir uns besser verkneifen sollten? Hat man uns nicht seit Kindheitstagen eingebläut, niemals unseren Mitmenschen mit Missgunst zu begegnen?

Ich war lange davon überzeugt, dass neidisch zu sein etwas ist, was ich mir abgewöhnen sollte. Es fühlte sich nicht gut an, wenn ich wieder mal erleben musste, dass ein anderer Mensch etwas war, hatte oder erlebte, was ich gerne gewesen wäre, gehabt oder erlebt hätte. Sehr gut erinnere ich mich in diesem Kontext an eine Geschichte, die sich 2006 ereignete. Als Abteilungsleiterin bei Bayer hatte ich mich zu einem Seminar über Kreativtechniken angemeldet. Ich wollte die Innovationskraft meines Teams stärken, das Thema interessierte mich schon länger und von dem Trainer hatte ich viel Gutes gehört. Er hieß Michael und veranstaltete seine Seminare oft auf einem absolut zauberhaften, kleinen, zum Seminarhotel umgebauten Bauernhof im Münsterland. Schon beim Betreten des mit vielen Blumen und Kletterpflanzen geradezu verwunschen gestalteten Innenhofs blieb mir die Spucke weg. War das schön hier! So idyllisch, so anders als die tagtägliche Businessumgebung, so liebevoll und natürlich gestaltet. Hier eine kleine Sitzecke, dort eine Feuerschale, da eine Hängematte. Und überall konnte man hellklingende Windspiele durch das Vogelgezwitscher hindurch hören. Im Seminarraum selbst hing eine riesige tibetische Gongschale, mit der Michael manchmal eine Seminareinheit begann oder beendete. Das Vibrieren der Schallwellen durchdrang den ganzen Körper, es war jedes Mal Gänsehaut pur. Ich fühlte mich vom ersten Moment an unglaublich wohl, die Gruppe war aufgeschlossen und engagiert und die Themen und Übungen waren durchweg sehr nützlich und interessant. Doch am Abend lag ich im Bett in meinem Hotelzimmer und konnte nicht einschlafen. Der Neid hatte mich gepackt und hielt mich wach: Das, was Michael da machte, das wollte ich auch machen, das wäre genau mein Ding! Ich war neidisch auf unseren Seminarleiter, auf seine mit großer Souveränität und Leichtigkeit erfüllte Arbeit mit unserer offenherzigen, tollen Gruppe und auf seine Möglichkeit, immer wieder hierherkommen zu können. Hier zu arbeiten, das war doch keine Arbeit – das war pure Lebensfreude! Nach dem Seminartag hatte er sich in eine Ecke des Innenhofs zurückgezogen und mit einem Glas Wein auf einem Gartensessel Platz genommen, um noch zu telefonieren. Was für ein fabelhaftes, entspanntes Arbeitsleben! Wieso saß ich eigentlich fast täglich in eher uninspirierenden Besprechungen? Wieso kämpfte ich mich permanent durch E-Mail-Berge? Wieso schlug ich mich mit anstrengenden Kolleginnen und Kollegen und zähen Projekten herum? Von den ollen dunklen Möbeln, dem Neonlicht und den lieblos herumstehenden Hydrokultur-Büropflanzen ganz zu schweigen. Wieso stand ich ständig im Stau auf dem Weg zur Arbeit? Wieso waren auch viele Geschäftsreisen nichts anderes als ermüdende Ausflüge in andere, uninspirierende Bürokomplexe irgendwo auf der Welt? Wieso tat ich mir das alles an? Wieso hatte ich mich in meinem Großkonzern-Hamsterrad so festgefahren?

Vielleicht kennst du das: In Momenten, in denen wir neidisch sind, sehen wir unsere eigene Situation rabenschwarz, während die Person, die wir beneiden, auf einer rosaroten Wolke durchs Leben schwebt.

> Neid ist nicht dazu da, deinen realistischen Blick zu schärfen, im Gegenteil. Er polarisiert deine Gedanken – und genau das ist ziemlich wertvoll.

Du kannst es dir sicherlich denken: Selbstverständlich hatte ich keinen miserablen Job bei Bayer. Viele Dinge machten mir Spaß, viele Leute, mit denen ich zu tun hatte, waren super – Neonlicht und olle Möbel hin oder her. Es war sicherlich nicht alles top, aber insgesamt war ich nie mit Bauchschmerzen zur Arbeit gegangen. Ich identifizierte mich sowohl mit meinem Job als auch mit der Organisation. Und dennoch – an diesem Abend im Münsterland wurde mein Neid zu einem Geburtshelfer für einen tiefsitzenden Wunsch: Workshops moderieren, das wollte ich auch hauptberuflich machen. Was für ein großartiges Berufsleben. Die Schattenseiten blendete ich selbstverständlich komplett aus, an diesem Abend vor dem Einschlafen kreisten meine Gedanken nur um all die grandiosen Vorteile, die so ein Seminarleiter-Job mit sich bringen würde. In den kommenden Tagen und Wochen grübelte ich weiter. Der Neid war nicht mehr so stark, aber er ließ mich auch nicht los. Ich recherchierte intensiv, was Michael und andere Trainer und Trainerinnen, Coaches und Beratungsunternehmen so machten und anboten. Das sah von außen betrachtet alles extrem gut aus. Überall lächelnde Gesichter, immer tolle Kundenreferenzen, und ständig begegneten mir sinntriefende Statements wie »Ich liebe das, was ich tue!« oder »In meinem Job ist das Angekommensein die Oase der Realität«. Mannomann, das war vielleicht doch etwas dick aufgetragen. Waren diese Leute alle im dauerhaften Om-Zustand? Konnte das stimmen? Ich bekam mit der Zeit Zweifel, ob wirklich alles an einem Job wie dem von Michael so rosarot war, wie ich es mir an dem Abend ausgemalt hatte.

Je mehr Zeit verstrich, desto mehr hatte mich mein Alltag wieder fest im Griff und mein Leben als gut bezahlte und anerkannte Abteilungsleiterin war dann doch wieder ganz erträglich. Meine neiderfüllten Gedanken von besagtem Abend im Seminarhotel verblassten, und auch mein Wunsch wurde leiser, aber komplett verschwand er nicht.

Heute weiß ich: Es gibt zwei unterschiedliche Arten von Neid. Damals war für mich klar, dass an Neid nichts Gutes sein kann, daher verdrängte ich ihn immer, wenn er aufkam. Statt mit zusammengepressten Lippen auf andere Leute zu schauen, versuchte ich, meinen Fokus auf mich selbst zu richten, auf das, was ich bereits erreicht hatte. In mir gab es eine starke Stimme, die mir einhämmerte: »Vergleiche dich nicht! Der Vergleich macht dich nur unglücklich!« Heute sehe ich das differenzierter und unterscheide den konstruktiven und den destruktiven Neid:

- Der konstruktive Neid steht für meinen Wunsch, etwas zu sein, zu erleben oder zu haben, was jemand anderes schon ist, erlebt oder hat. Es geht also darum, dass ich etwas anstrebe, was ich bei einem anderen Menschen erlebe.

– Der destruktive Neid steht für meinen Wunsch, dass die Person, die ich beneide, das verliert, was ich auch gerne hätte. Das ist Missgunst. Ich will, dass er oder sie Schaden nimmt.[75]

Der konstruktive Neid ist nichts Schlechtes. Im Gegenteil, er kann ein echter Motor sein. Er ist eine Inspirationsquelle und eine Hilfe, um deine eigenen Wünsche und Ziele genauer zu erforschen und detaillierter zu beschreiben. Auch der Vergleich ist, wenn man ihn richtig nutzt, ein wertvoller Ansatz. In dem Moment, in dem du dich mit anderen Menschen vergleichst, nimmst du eine Art »Einordnung« vor.[76] Du erlebst, was bei anderen Menschen möglich ist, und fragst dich, ob das auch für dich möglich wäre. Daran ist zunächst nichts Schlechtes. Es wird nur dann problematisch, wenn du den Vergleich so anstellst, dass du deine eigenen Möglichkeiten von vorneherein limitierst. Wenn du also dem Irrglauben verfällst, dass jemand anderes etwas sein, haben oder erleben kann, und du kannst das nicht. Dann wird dein Neid womöglich destruktiv: Er verbindet sich mit dem Glauben, dass du etwas nie wirst erreichen können, was andere in deiner Umgebung sehr wohl hinbekommen, und dann entsteht Missgunst. Das kann dich richtig runterziehen. Du tappst in die Nicht-genug-Falle, und der typische, dich selbst limitierende Neid-Gedanke lautet dann wie folgt: »Ich werde nie so reich / schlank / sportlich / erfolgreich / beliebt / glücklich / gut organisiert / intelligent / geduldig / weitgereist etc. sein wie … .« Das kennst du garantiert. In solchen Momenten sind wir felsenfest davon überzeugt, dass wir unsere Grenzen nie werden überwinden können. Und was machen wir dann? Wir suhlen uns in unserer Missgunst und werden böse: »Wenn ich das schon nicht bin, habe oder erlebe, dann soll das auch keinem anderen Menschen vergönnt sein.« Das ist zwischenmenschlicher Irrsinn, der weh tut und Schaden anrichtet. Lass das lieber gleich! Sei nicht engstirnig bezüglich deiner Fähigkeiten. Vielleicht wirst du in diesem Leben keine Primaballerina mehr, kein Bundeskanzler und keine Nobelpreisträgerin. Aber ansonsten ist noch jede Menge möglich, wenn du dir erst einmal erlaubst, dir das vorzustellen.

Wenn du dein Denken über deine Möglichkeiten veränderst, veränderst du deine Möglichkeiten.

Fast drei Jahre nach dem besagten Kreativseminar begegnete mir meine Neid-Episode in Bezug auf Michaels Trainerjob erneut. Mein Wunsch von damals war plötzlich wieder ganz präsent, als ich entschieden hatte, nach der Geburt von meinem zweiten Sohn Eike meine beruflichen Prioritäten neu zu sortieren. Jetzt könnte diese Idee Realität werden. Jetzt wäre eine freiberufliche Tätigkeit als Workshop-Moderatorin oder Coach vielleicht auch mein Weg. Was mich besonders umtrieb: Mittlerweile wusste ich, dass es in dem Trainer- und Beraterumfeld etliche Menschen gab, die genau wie ich erst einige Jahre in großen Organisationen gearbeitet hatten, bevor sie ihren Kurs änderten. Es gab also verschiedene Vorbilder, an denen ich mich orientieren konnte. Alles Menschen, die die sichere Angestelltentätigkeit mit guten Karrierechancen aufgegeben und sich für die Selbstständigkeit entschieden hatten. Als ich damals das Kreativseminar absolviert hatte, erschien mir der Gedanke, Bayer zu verlassen, noch sehr fern. Einfach meine bestens laufende Karriere aufgeben? Die Möglichkeit, im Konzern aufzusteigen, mehr Einfluss und Macht zu gewinnen und natürlich auch mehr Geld zu verdienen, unwiderruflich loslassen? Das war 2006 noch unvorstellbar gewesen. Zu dieser Zeit nährten mein Ehrgeiz und meine Identifikation mit dem Job noch die Idee, in der Konzernhierarchie bis ganz nach oben zu klettern. Das Bild von unserem Workshop-Moderator auf dem Gartensessel in der Abenddämmerung in diesem atemberaubend schönen Innenhof hatte eben seinen Preis. Und jetzt, mit neu sortierten Prioritäten in meinem Leben, erschien dieser Preis auf einmal nicht mehr so hoch. So wurde aus einer schlaflosen Nacht in einem kleinen Seminarhotel drei Jahre später ein neues Kapitel in meinem Leben. Doch es kommt noch besser: Die Kraft meiner Visionen trug mich noch weiter. Im vierten oder fünften Jahr meiner Selbstständigkeit moderierte ich ein zweitägiges Teamcoaching und durfte ein Seminarhotel für dieses Event vorschlagen. Jetzt rate mal, welchen Ort ich für meine Coaching-Gruppe auswählte. Genau, wir trafen uns im Münsterland! Tagsüber arbeiteten wir in dem Raum mit dem durchdringenden tibetischen Gong, und abends saß endlich ICH als Workshop-Moderatorin in der Ecke des idyllischen Innenhofs, um noch in Ruhe zu telefonieren. Es war ein perfekter Moment, den ich nie vergessen werde.

Visionen sind kraftvoll. Und Neid ist ein wertvoller Kompass, der dich zu deinen Visionen führen kann. Wenn du den Dingen auf die

Spur kommen willst, die dich begeistern, dann beobachte, mit wem du dich vergleichst. Lass die limitierenden Gedanken weg und öffne dich für das, was aktuell noch unmöglich erscheint. Sei wagemutig, vielleicht auch mal verrückt, und glaube daran, dass viel mehr geht, als alle immer meinen. Das ist Selbstführung nach dem Motto PIRATE UP YOUR LIFE! Wird das einfach? Nein, es verlangt dir eine Menge ab. Du musst in dich investieren und dich durchbeißen. Außerdem musst du es aushalten können, wenn die Dinge auch mal gegen dich laufen. Deine Vision oder dein Ziel muss so stark sein, dass du daran festhalten kannst, auch wenn es stürmisch wird.

> Das Leben als Pirat ist herrlich! Von einfach war nie die Rede.

Der nach seiner Weltumseglung von der englischen Königin geadelte Sir Francis Drake ist für mich ein Symbol für starke Selbstführung. Seine herausragenden Fähigkeiten: Auch im fiesesten Sturm und trotz großer Schwierigkeiten immer daran glauben, dass es weitergeht. Neue Möglichkeiten im Blick haben, Risiken bewusst eingehen und Stärke zeigen, statt sich in Selbstzweifeln zu zerfressen. Das hat ihn als Piraten zu der Legende werden lassen, die er heute noch ist. Ich kenne keine Menschen, die zum Nulltarif Erfolg haben. Jede und jeder muss echten Einsatz zeigen, wenn das Leben mehr bieten soll, als einfach nur dahinzuplätschern. Was ist dein nächstes Ziel? Und was ist dein Einsatz? Passen beide zusammen? Oder kombinierst du vielleicht zu große Ziele mit zu geringem Einsatz?

> Wo ein starker Wille ist, da hat ein weiches Sofa keinen Platz.

Piraten waren keine Schönwettersegler. Bei aller hemmungslosen Sauferei und wilden Gesetzlosigkeit waren sie oft sehr hart und unerbittlich gegenüber sich selbst. Ein gewisses Maß an Disziplin und Durchhaltevermögen brauchte jeder einfache Seemann. Als Piratenkapitän hatte man diese Eigenschaften im Blut. Zumindest die, an die wir uns heute noch erinnern, weil sie so erfolgreich waren.

A: Die MV-WV-Ziele

Wenn du dir zu viele und zu komplexe Dinge vornimmst, ist die Wahrscheinlichkeit groß, dass du scheiterst. Das erlebe ich als Coach oft, wenn Menschen sich Ziele setzen. Sie kommen dann häufig mit der Idee, ihre Ziele müssten unbedingt SMART sein, also spezifisch, messbar, erreichbar, relevant und zeitgebunden (das Akronym SMART kommt aus dem Englischen: »specific, measurable, achievable, relevant, time-bound«)[77]. Ganz ehrlich: Ich habe mir noch nie Ziele nach dem SMART-Prinzip aufgeschrieben und ich komme trotzdem voran. Ich finde es viel zu aufwendig, jedes Ziel nach fünf Kriterien abzuklopfen, wer macht so was im Alltag? Als Piratin habe ich es gern einfach und pragmatisch! Das gelingt mit den MV-WV-Zielen, die ich vor einigen Jahren bei dem australischen Coach Michael Bungay Stanier[78] aufgeschnappt habe. Dahinter steht eine simple Idee: Wovon willst du mehr in deinem Leben tun? Und wovon weniger? MV = »mehr von« und WV = »weniger von«. MV-WV-Ziele kannst du dir für eine Stunde vornehmen, für einen Tag, für eine Woche, für einen Monat oder für ein Jahr. Ich will heute mehr Wasser trinken. Diese Woche will ich weniger Zeit am Handy verbringen. In der nächsten Stunde will ich mehr zuhören. In diesem Jahr will ich weniger mit dem Flugzeug reisen. Der einzige, aber tatsächlich wichtige Aspekt: Halte dein WV- oder MV-Ziel schriftlich fest. Wirklich! Aufschreiben! Bei mir zu Hause sind das einfach kleine Haftnotizen, auf denen dann so etwas steht wie »MV: langsam sprechen« oder »WV: Social-Media-Daddelei« oder »MV: Geduld mit den Kindern«. Es funktioniert, weil es so einfach ist.

B. Die Rohrkrepierer krepieren lassen

Kennst Du den besten Zeitpunkt, um neue Ideen und Projekte fallen zu lassen? Wann ist der ideale Punkt erreicht, halbherzig betriebene Dinge loszulassen und sich auf das zu fokussieren, was wirklich wichtig ist? Ich verrate es dir: Es ist der Moment, BEVOR du angefangen hast, Zeit, Energie und womöglich auch Geld zu investieren.

Mal ehrlich: Wie viele Ideen und Projekte stehen mit der Zeitangabe »irgendwann mal« auf deiner inneren To-Do-Liste? Bei den meisten Menschen sind das ziemlich viele. Je neugieriger und interessierter du als Person bist, desto öfter hast du vermutlich den Gedanken: »Wow, das würde ich auch gerne mal machen / erleben / lernen.« Kennst du das? Prima, dann ist es jetzt deine Aufgabe, dich ans wagemutige Ausmisten zu machen.

Wenn eine Idee sich zwar irgendwann mal spannend angefühlt hat, du aber nie in dir das Feuer gespürt hast, auch konkret in die Umsetzung zu gehen, dann ist das ein sicheres Zeichen: Es handelt sich um eine Rohrkrepierer-Idee. Sie darf endgültig krepieren. Verabschiede dich von ihr und streiche sie komplett aus deinen Gedanken. So ensteht neuer Freiraum, den du für die Dinge nutzen kannst, die dir wirklich wichtig sind.

Kannst du auf Anhieb nicht nur eine, sondern gleich zwei oder drei oder noch mehr Rohrkrepierer-Ideen benennen, die du schon viel zu lange halbherzig mit dir herumschleppst? Dann ist jetzt der Zeitpunkt gekommen, klar Schiff zu machen.

C: Der Visionen-Generator

Am Anfang eines neuen Jahres sammle ich Ideen und Visionen für die kommenden Monate. Das ist nicht aufwendig, sondern ich gehe so vor, dass ich den folgenden Satzanfang mit ganz unterschiedlichen Antworten vervollständige: »Wäre es nicht cool, wenn ...« Ich schreibe im ersten Schritt alles auf, was mir einfällt. Egal wie realistisch, anstrengend oder wie wichtig mir etwas ist. Erst mal geht es nur darum, Ideen zu sammeln – je mehr, desto besser. Erst wenn mindestens 25 bis 30 Ideen aufgeschrieben sind, klopfe ich sie einzeln ab. Wofür schlägt mein Herz? In welche Richtung zeigt mein Neid-Kompass? Meist kommen drei bis fünf Sätze heraus, die sich wirklich in meinem Kopf und Herzen festsetzen. Diese werden dann in meinem Logbuch als neue Zielvorgaben festgehalten. Vorletztes Jahr stand dort: »Wäre es nicht cool, wenn ich ein Buch schreiben würde, das der Campus Verlag publiziert.« Das war zum damaligen Zeitpunkt eine irre Idee. Ich hatte weder ein Buchkonzept noch einen Plan, wie man als Erstautorin bei einem der renommiertesten deutschen Sachbuchverlage landet. Aber was soll ich dir sagen? Es hat trotzdem geklappt, ich kam im Zielhafen an. Du hältst den Beweis gerade in der Hand.

7 VON ROBINSON CRUSOE LERNEN

»Sprich aus, was dich wütend macht, und du wirst die beste Rede halten, die du jemals bereuen wirst.«
Ambrose Bierce

WORUM ES GEHT:

- Konflikte sind für den Zusammenhalt einer Mannschaft eine Seuche, sie rauben Energie und verderben die Stimmung.
- Viele Konflikte werden ausgesessen, weil wir uns nicht trauen, unangenehme Themen beherzt anzupacken. Wir sehen nur den großen Aufwand, den eine Konfliktlösung erfordert, vergessen aber, dass ungelöste Konflikte viel mehr Kraft kosten.
- Rechthaberei und die drei Killerfragen sind Gift für die gute Zusammenarbeit.
- Mit einer einfachen Frage kannst du deine Beziehungen zu anderen Menschen stärken.

Eine einsame Insel ist auch keine Lösung

Den Namen Alexander Selkirk hast du vermutlich noch nie gehört. Ein richtig berühmter Pirat war er auch nicht, dennoch ist seine Lebensgeschichte bemerkenswert. Er war ein heißblütiger Schotte, geboren im Jahr 1676, vermutlich mit einem starken Charakter und einer gehörigen Portion Dickköpfigkeit ausgestattet. Seine Motivation, Pirat zu werden, wird so erklärt: »Da er wegen Suff und Schlägereien an Land häufig mit dem Gesetz in Konflikt kam, heuerte er 1704 auf einem englischen Kaperschiff […] als Segelmeister an, um der britischen Gerichtsbarkeit zu entgehen.«[79] Der Kapitän seines Schiffes war ein gewisser Thomas Stradling, und Selkirk und Stradling hatten gar keinen guten Draht zueinander. Alexander Selkirk stellte die Fähigkeiten von Kapitän Stradling permanent infrage und dieser war darüber verständlicherweise wenig erfreut. Offene und starke Konflikte zwischen zwei Leuten sind schon an Land eine Belastung, aber auf hoher See sind sie gnadenlos aufreibend. Nach 14 Monaten Weltumseglung weiß ich, wovon ich spreche. Man kann sich an Bord nicht aus dem Weg gehen, hat keinen privaten Rückzugsort und muss womöglich noch eng zusammenarbeiten. Dazu können die Rahmenbedingungen sehr anstrengend sein. Die allgemeine Dünnhäutigkeit wird durch Schlafmangel und schlechte Ernährung noch befördert. Wenn all das zusammenkommt – was auf See schnell passieren kann –, hat man den perfekten Nährboden für richtig fiese, verletzende Streitereien. Das betrifft dann nicht nur die eigentlichen Konfliktparteien, sondern wirkt sich meist auf die gesamte Stimmung an Bord aus. Nicht schön, so etwas. Wie eklig solche Erfahrungen tatsächlich sind, habe ich zum Glück weitgehend verdrängt, aber mein Tagebuch von meiner Zeit auf See spricht Bände.

Der streitsüchtige Alexander Selkirk und seine notorischen Konflikte mit dem Kapitän wurde für die gesamte Crew zunehmend zu einer Belastung. Was also wurde unternommen? Selkirk wurde »marooned«. Das sogenannte Marooning war eine in vielen Piratencrews anerkannte und auch im Kodex festgeschriebene Prozedur, die in Konfliktsituationen angewendet wurde. Wer zu aufrührerisch war, musste runter vom Schiff. Der Störenfried wurde auf einer einsamen Insel ausgesetzt, meist auf einem kleinen Eiland, das kaum größer war als ein bewachsener Sandhügel. Er bekam eine Flasche Wasser und eine Pistole mit Munition für einen einzigen Schuss. Wenn die Crew einen guten Tag hatte, überließ sie dem Ausgesetzten noch seine Kleidung als Schutz vor der Sonne. Das Marooning war eine grausame Strafe. So brutal es klingt: Wenn man zur Strafe über Bord geschmissen wird und ertrinkt, geht das um ein Vielfaches schneller. Alexander Selkirk wurde also »marooned«, weil sein starker Charakter für die Crew unzumutbar geworden war. Doch er hatte Glück: Auf der Insel im Südpazifik vor der chilenischen Küste, wo ihn seine Mannschaft im Oktober 1704 zurückließ, gab es frisches Quellwasser. Er konnte also überleben und musste nur geduldig darauf warten, von einem vorbeifahrenden Schiff gerettet zu werden. Es dauerte allerdings ziemlich lange, bis das passierte: Es waren über vier Jahre, die er dort in totaler Einsamkeit verbrachte. So lange Zeit in völliger Isolation zu verbringen ist emotional und physisch unglaublich brutal. Dass Selkirk diese Zeit überlebte, ist eine kleine Sensation. Als er schließlich im Februar 1709 von einem vorbeifahrenden Schiff entdeckt, an Bord genommen und zurück nach England gebracht wurde, war er vermutlich etwas handzahmer geworden und nicht mehr ganz so auf Krawall gebürstet wie vorher. Zurück in der Heimat berichtete Alexander Selkirk von seinen außergewöhnlichen Jahren im Südpazifik, und es ergab sich, dass auch ein gewisser Daniel Defoe davon hörte. Dieser Daniel Defoe war Schriftsteller – seine Bücher werden auch heute noch gelesen. Dämmert es bei dir? Genau, Alexander Selkirk wurde zwar nicht als Pirat berühmt, aber die weltbekannte Romanfigur Robinson Crusoe von Daniel Defoe geht eindeutig auf ihn zurück.[80]

Das Marooning war die härteste Strafe, die es bei den Piraten für Fehlverhalten gab. Doch warum waren Piraten in ihren Methoden zur Unterdrückung von Konflikten überhaupt so unerbittlich, so rigoros? Der Grund ist einfach. Konflikte waren die destruktivste Seuche, die eine Seeräubercrew befallen konnte. Ohne echten Mannschaftsgeist und ohne ein klares Bekenntnis zum absoluten Zusammenhalt konnte praktisch keine Piratentruppe Erfolg haben. Zankereien, Streit, Feindseligkeiten und Prügeleien an Bord bedeuteten ein großes Sicherheitsrisiko für die gesamte Besatzung. Deswegen wollte man mit drakonischen Strafandrohungen wie dem Marooning dafür sorgen, dass die Selbstdisziplin der Crewmitglieder funktionierte. So drastisch die Maßnahme auch war, im Grunde genommen war sie eine gut durchdachte Strategie der Risikominimierung. Die Piraten hatten verinnerlicht: Konflikte sind ein riesiges Problem, also darf man sie erst gar nicht hochkochen lassen. Und wenn sie doch auftraten, dann musste es eine schnelle und harte Lösung für die Krawallmacher geben, die idealerweise auch Abschreckungscharakter hatte. Nur dass wir uns recht verstehen: Selbstverständlich bin ich keine Befürworterin des Maroonings als Methode zur Konfliktvermeidung oder -unterdrückung in der heutigen Zeit. Aber die Erkenntnis, die dahintersteht, halte ich auch heute noch für ungemein wichtig:

> Konflikte sind eine Seuche. Sie infizieren das gesamte Umfeld.

Konflikte gibt es schon immer, in jeder Gruppe, jeder Community, jeder Familie, jeder Gesellschaft und jeder Organisation. Da sollte man doch meinen, dass du und ich, einfach wir alle, bei so vielen Konflikten irgendwann hervorragende Expertinnen und Experten für Konfliktlösungen geworden sind. Tja, das wäre schön. Aber die bittere Wahrheit ist:

> Wir sind keine Konfliktlösungsexperten,
> sondern Konfliktverschleppungsexperten.

Ich nehme mich da nicht aus. Räume ich alle meine zwischenmenschlichen Baustellen sofort wieder auf? Nun ja, mal so und mal so. Was mir dabei in erster Linie im Weg steht, ist mein Ego. Gewiss bin ich keine weibliche Version des Krawallgroßmeisters Alexander Selkirk, aber ein »starker Charakter« zeichnet mich definitiv aus. Wie positiv oder weniger positiv du die Formulierung »starker Charakter« interpretierst, das überlasse ich dir. Auch ohne je auf einer einsamen Insel gestrandet zu sein, habe ich schon viel über mich und meine Stärken und Schwächen nachgedacht. Meine Weltumseglung war in dieser Hinsicht eine unschätzbar wertvolle Lektion in meinem Leben. Ich behaupte heute, dass ich mir auf dem Meer die gröbsten Kanten meines Egos abgeschliffen habe. In den Folgejahren kam die Feinarbeit, die allerdings bis heute noch andauert. Was meine Persönlichkeit angeht, werde ich immer »work in progress« sein – und das ist okay. Mein ausgeprägtes Ego gibt es auch heute noch, keine Frage, aber heute muss ich nicht mehr ständig mit dem Kopf durch die Wand. Inzwischen weiß ich, dass es auch Türen gibt. Wenn ich heute Konflikte mit meinen Mitmenschen habe, kann ich viel eher den Weg zur Lösung einschlagen. Aber hundertprozentig perfekt bin ich diesbezüglich nicht. Bin ich deswegen eine Versagerin als Coach? Müssten Leute mit meinem Beruf nicht jegliche Konfliktlösungstools perfekt beherrschen? Nein, müssen sie nicht.

Du und ich, wir sind immer perfekt, genau so, wie wir gerade sind. Und wir sind niemals fertig.

Persönliches Wachstum und Veränderung passieren permanent. Zum Glück! Es ist ein großes Geschenk, persönlich zu wachsen. Jede schwierige Erfahrung bietet dir die Chance, einen Schritt weiterzukommen. Das kann auch schmerzhaft sein. Aber möchtest du eines Tages auf einer Stufe stehenbleiben und nichts mehr hinzulernen? »Perfekt zu sein« ist hinsichtlich unserer Persönlichkeit ein Status, den es nicht geben kann. Die alten Griechen sagten dazu: »Panta rhei«[81] – alles fließt.

Wenn ich meinen Piratenvortrag halte und über Alexander Selkirk und das Marooning spreche, dann frage ich mein Publikum gerne nach aktuellen Konflikten in ihrem Umfeld. Zum Beispiel will ich dann wissen: »Wie lange dauert der längste schwelende Konflikt schon an, den ihr in eurem Umfeld wahrnehmt?« Die Antworten überraschen mich immer wieder. Mehrere Monate sind der absolute Standard. Meist ist auch jemand dabei, der von Streitereien berichten kann, die schon zwei bis drei Jahre andauern. Bedauerlicherweise gibt es dazu oft richtig schockierende Ausreißer nach oben. Acht Jahre habe ich schon gehört, elf Jahre, und einmal rief jemand aus dem Publikum sogar: »16 Jahre!« Halleluja! Wie kann denn so was passieren?

Bei dem Beispiel von 16 Jahren wollte ich natürlich herausfinden, worum es dabei ging. Der Herr aus dem Publikum kam später zu mir und erklärte, er sei Zahnarzt. In seiner Praxis gab es zwei Arzthelferinnen, die sich seit dem ersten Tag ihrer Zusammenarbeit vor 16 Jahren regelmäßig gegenseitig schikanierten. Sie konnten sich vom ersten Tag an nicht leiden und hatten keinerlei Hemmungen, diese gegenseitige Abneigung offen zu zeigen. Und was passierte im Umfeld? Alle zwölf Personen im Praxisteam arrangierten sich irgendwie damit. Immerhin hatten sich alle nach so langer Zeit halbwegs an die Situation gewöhnt. Manchmal blitze der Zwist zwischen den beiden zwar unangenehm auf, aber für gewöhnlich sei das meist unterschwellige Gezanke einigermaßen auszuhalten, so berichtete der Arzt. Doch jetzt kommt der eigentliche Knackpunkt: Konsequente Bemühungen, den Konflikt zu lösen, hatte es nie gegeben. In den ersten Jahren hatte der Arzt zwar mehrfach zaghaft versucht, die beiden zu einer Klärung untereinander zu bewegen, doch diese stritten unbeirrt weiter. Manche im Team hatten sich mehrfach über die beiden beschwert und eine Auszubildende hatte die Praxis sogar nach nur einem Jahr wieder verlassen. Warum ließ er das als Chef zu? Seine Antwort überraschte mich nicht: »Ach wissen Sie, es ist so schwierig, gutes Personal zu finden, da arrangiert man sich halt. Und wenn man tatsächlich mal neue Leute findet, kostet es viel Zeit, sie einzuarbeiten. Das wollte ich der Praxis bisher einfach nicht antun.«

Konflikte zu lösen ist aufwendig, schwierig und manchmal teuer.
Aber was kostet es, Konflikte auszuhalten?

Einerseits verstehe ich sein Vorgehen. Es ist in der Tat schwierig, Konflikte im Team zu klären, zumal wenn das Tagesgeschäft praktisch keinerlei Freiräume für klärende Gespräche lässt. Zwischen Wurzelbehandlung und Oberkieferabdruck mal schnell den Streit um die Verteilung der Urlaubstage klären? Das ist wohl keine gute Idee. Also lässt man es erst mal laufen. Der Haken dabei ist: Je länger eine Situation ungeklärt bleibt, desto schwieriger wird es, den Konflikt ernsthaft anzupacken und zu lösen. Und dann läuft und läuft und läuft es so weiter. Der Teamspirit rutscht auf ein Ist-gerade-noch-so-auszuhalten-Niveau, mal gibt es passable Tage, mal nur eine schmallippige bis bissige Kommunikation. Auf diesem Level fährt sich das ganze System fest. Und was ist der Preis für ungelöste, schwelende Konflikte?

Schwelende Konflikte kosten Motivation, Teamgeist, Leistungsfähigkeit, positive Energie, Hilfsbereitschaft, Kreativität, Zeit – und am allerwichtigsten: FREUDE!

Das war meine Botschaft an den Mann aus meinem Vortragspublikum und es ist meine Botschaft an dich: Konflikte dauerhaft auszusitzen ist eine dämliche Strategie. Je länger du einen Konflikt aussitzt, desto schwieriger werden die Lösungswege. Zudem werden viele Konflikte mit der Zeit immer schmerzhafter, verletzender und energieraubender. Oft leidet auch das Umfeld darunter. Das ist Mist! Konflikte sind oft unvermeidbar, keine Frage. Aber wenn du das nächste Mal in eine Situation gerätst, in der sich eine Auseinandersetzung verfestigt, frage dich Folgendes: Ist es auf lange Sicht eine schlaue Idee, nichts zu tun und den Streit einfach auszuhalten? Was ist der emotionale Preis des ach so »bequemen« Stillhaltens? Wie dagegen könnte die Situation für dich aussehen, wenn es diesen Konflikt überhaupt nicht mehr gäbe?

Die Killerfragen halten uns gefangen

»There are many situations in life you do not control,
but you often contribute to them.«
James Clear

Eine einfache Möglichkeit, unproduktive Konflikte zu verhindern, ist das Vermeiden der Killerfragen. Kennst du sie? In meinen Vorträgen wird die Folie mit diesen drei Fragen am häufigsten abfotografiert. Die Menschen wollen sich das mit den Killerfragen unbedingt merken. Warum das so ist? Weil wir alle wissen, wie sinnbefreit die Diskussionen sind, die sich um die drei Killerfragen drehen:

1. Wer hat Recht?
2. Wer hat Schuld?
3. Wer hat angefangen?

Es ist sinnlos, hierüber zu streiten. Es schmerzt einfach nur oder es macht dich wütend. Keine der drei Fragen hat auch nur ansatzweise das Potenzial, einen Lösungsweg aufzuzeigen. Leider sind uns die Fragen dennoch geläufig – sie gehören zur Alltagskommunikation. Falls du Kinder hast, dann kennst du diese Fragen von den Streitereien zwischen den Geschwistern. Aber auch im Businessumfeld sind sie fest verankert. Immer dann, wenn es nicht rund läuft, kommen diese Fragen auf den Tisch. Aus zahlreichen Moderationen von Team- und Führungskräfteentwicklungen kann ich dir versichern: Die Killerfragen gibt es in Versicherungskonzernen, bei der Feuerwehr, im Krankenhaus, im Architekturbüro, im internationalen Forschungsteam, in der Stadtverwaltung, bei der Wirtschaftsberatung und beim Automobilzulieferer. Ich treffe überall auf diese nutzlosen Diskussionen.

Besonders heftig geht es zu, wenn die erste der drei Killerfragen in epischer Breite diskutiert wird. Ums Rechthaben wird leider gerne verbissen gekämpft. Der international berühmte Konfliktforscher und Mediator Marshall Rosenberg sagt dazu: »Willst du Recht haben oder glücklich sein? Beides geht nicht.«[82] Aus meiner Erfahrung gibt es drei wichtige Voraussetzungen, die für jeden konstruktiven Meinungsaustausch erfüllt sein müssen. Bevor du dich mit einem Menschen auf eine Diskussion einlässt, stelle dir diese Fragen:

- Sind wir beide in der Lage, mit unterschiedlichen Perspektiven umzugehen?
- Bin ich ehrlich interessiert an seiner / ihrer Meinung?
- Kann ich diese respektieren, auch wenn sie mir nicht gefällt?

Wenn du zu diesen Punkten nicht beherzt Ja sagen kannst, dann droht dir eine unproduktive Killerfragen-Diskussion. Spar die Energie und suche dir lieber einen Gesprächspartner oder eine Gesprächspartnerin, mit dem oder der ein echter Meinungsaustausch möglich ist.

Da du die drei Killerfragen jetzt kennst, wird es dir ab sofort leichtfallen, sie im Alltag zu entdecken. Vielleicht geht es dir dann so wie mir. Als ich diese Killerfragen fest abgespeichert hatte, war ich anfangs total überrascht, wie oft sie mir begegnet sind. Erstaunt hat mich zudem, dass sie kein rein deutsches Phänomen zu sein scheinen. Auch in meinen internationalen Projekten tauchen sie regelmäßig auf. Und – wenig überraschend – auch dort sind sie null produktiv. »Fott damit«, würde der Rheinländer jetzt sagen. Schmeiß sie raus aus deinem Leben! Wenn etwas schiefläuft, dann muss es das Ziel sein, so schnell wie möglich eine Lösung zu finden. Entweder braucht es eine Kurskorrektur, oder eine Problemlösung, oder es braucht eine Idee, wie eine Fehleinschätzung zukünftig vermieden werden kann. Auch eine Kombination daraus kann erforderlich sein. Fest steht: Die drei Killerfragen, die wir so häufig bei einem Problem diskutieren, bringen uns keiner Lösung näher. Sie sind nicht nur nutzlos, sondern geradezu schädlich. Sie befeuern zusätzliches Konfliktpotenzial und münden oft in Anschuldigungen oder fiesen Vorwürfen.

> Mit Killerfragen-Diskussionen ruinierst du jede gute Zusammenarbeit – und zwar nachhaltig.

Vielleicht schreibst du dir die drei Fragen direkt auf einen Zettel und hängst ihn dir an deinen Schreibtisch? Oder in euren Besprechungsraum? Oder an den Kühlschrank, wo ihr als Familie regelmäßig draufschaut? Es lohnt sich, sie im Blick zu haben. So lernst du, sie aus deinem Leben zu eliminieren. Und das ist ein riesiger Gewinn! Nicht nur für deine Kommunikation, sondern auch für die Beziehungen zu deinen Mitmenschen.

Die wagemutige Wachstums-Frage

> »In any given moment we have two options: To step forward into growth or to step back into safety.«
> Abraham Maslow

In den ersten Jahren meiner Selbbstständigkeit hatte ich Gelegenheit, bei einem großen Projekt zum Thema Unternehmenskultur in einem internationalen Konzern mitzuwirken. Um es vorweg zu sagen: In dieser Organisation lag kulturtechnisch einiges im Argen. Die allgemeine Stimmung war maximal mittelmäßig, es wurde viel gelästert, von vertrauensvoller Zusammenarbeit war wenig zu spüren. Manche Abteilungen bekämpften sich regelrecht, statt gemeinsam Projekte zu stemmen. Okay, wäre mit der Unternehmenskultur alles in Ordnung gewesen, hätten wir als externe Berater auch keinen Auftrag bekommen.

Nach einer eingehenden Analyse der Situation orchestrierten wir ein großes Paket an Maßnahmen. Natürlich gehörten Kommunikations- und Führungstrainings dazu, es gab unzählige Workshops zur Teamentwicklung für einzelne Abteilungen und für Projektgruppen, und so manche Führungskraft wurde auch in einem persönlichen Coaching-Prozess begleitet. Es wurde wirklich viel Energie (und sehr viel Geld!) investiert, um diese Organisation wieder kulturell flottzumachen.

Was spannend war: Ein einzelner, sehr simpler Baustein des großen Pakets von Veränderungsmaßnahmen zeigte mit Abstand die größte Wirkung. Diese Methode, von der ich dir jetzt berichte, ist wieder ganz nach meinem Geschmack: nicht kompliziert, sondern geradezu banal einfach. Dennoch braucht es Wagemut, um sie einzusetzen. Einmal in Aktion, überzeugen die positiven Ergebnisse die meisten Menschen rasch davon, diese Methode regelmäßig für sich zu nutzen. Es geht bei dieser Methode um persönliches Wachstum, um Zusammenarbeit und um Vertrauen, und sie besteht nur aus einer einzigen Frage. Ich nenne sie »die wagemutige Wachstums-Frage«, und ich habe sie bei dem amerikanischen Coach Marshall Goldsmith[83] kennengelernt. Du kannst sie auf alle deine Lebensbereiche anwenden. Mit wem hast du private oder berufliche Kontakte und Beziehungen, die nicht immer einfach sind? Mit wem willst du oder musst du klarkommen? Suche dir einen Kollegen, deine Chefin, eine Projektpartnerin, deinen Ehemann oder deine Schwester aus und stelle folgende Frage: »Was kann ich tun oder was sollte ich lassen, um für dich ein besserer Kollege, Mitarbeiter, Projektpartner, Ehepartner, Bruder oder Schwester zu sein?« Und nachdem du diese Frage gestellt hast, gilt für dich nur noch eins: einfach mal die Klappe halten und zuhören. RICHTIG gut zuhören!

Wenn du dir zu deinen eigenen Verhaltensweisen aktiv, strukturiert und regelmäßig Feedback einholst, zündest du den Turbo für deine Entwicklung.

Kannst du dir vorstellen, die wagemutige Wachstums-Frage für dich zu nutzen? Die meisten Menschen verstehen sofort, wie kraftvoll die Frage ist, aber sie hat auch einen ganz fetten, ziemlich unangenehmen Haken: Wenn du die Frage stellst, bekommst du vermutlich eine Antwort. Willst du diese Antwort wirklich hören? Erträgst du ein ehrliches Feedback? Kannst du es aushalten, wenn Dinge über dein Verhalten geäußert werden, die dein Ego vielleicht angreifen? Wäre die Frage für dich okay, wenn du sie mit deiner netten Kollegin besprechen würdest, aber definitiv schwierig mit deinem Bruder oder deiner Chefin? Und unvorstellbar mit deinem verhassten Kollegen aus der Nachbarabteilung? Ich weiß genau, was du jetzt denkst: Die Frage hat es in sich, in jeglicher Hinsicht. Du bekommst mit den Antworten zu der Frage die Gelegenheit, sehr effektiv an dir selbst zu arbeiten – wenn du das willst. Aber du bekommst auch auf womöglich wenig schmeichelhafte Art den Spiegel vorgehalten. Es ist eine Wachstums-Frage, und sie zeigt dir genau, was du verändern könntest. Sie spiegelt dir deine positiven wie auch deine ungünstigen Verhaltensmuster wider, sodass du entsprechende Maßnahmen ergreifen kannst. Im ersten Schritt musst du jedoch bereit sein, die Antworten annehmen zu können.

Ich bin ganz ehrlich: Ich kannte die wagemutige Wachstums-Frage aus meiner Coaching-Praxis schon lange, bevor ich mich selbst das erste Mal getraut habe, sie in einem sehr persönlichen Kontext anzuwenden. Ich stellte sie meinem damals elfjährigen Sohn Eike. Dazu musst du wissen, dass Eike und ich uns in vielerlei Hinsicht sehr ähnlich sind. Zwei starke Charaktere, zwei argumentationsfreudige Kommunikatoren, zwei Menschen, die es sehr gerne haben, wenn es nach ihren eigenen Vorstellungen läuft. Deswegen ist unsere Beziehung einerseits innig und vertraut, denn wir verstehen genau, was in dem anderen vorgeht. Andererseits geraten wir permanent aneinander, es kracht oft und eine banale Meinungsverschiedenheit kann explosive Auswirkungen haben. Ich habe dir ja bereits verraten, dass ich mich selbst, was meine Persönlichkeit angeht, als »work in progress« erlebe. In Bezug auf meinen Sohn Eike könnte man vielleicht sagen: »lots of work in progress«. Nun ja, so ist es eben. Ich bin sicher, viele Mütter und Väter wissen, wovon ich spreche. Oder du kennst das von deiner Rolle als Sohn oder Tochter gegenüber einem deiner Elternteile? Eins weiß ich genau: Eike und ich sind kein Einzelfall, wenn es um eine anspruchsvolle Familiendynamik geht. An einem ruhigen Abend saß ich mit Eike zusammen und wir tauschten uns über die Ereignisse des Tages aus. An diesem Tag hatte ich die wagemutige Wachstums-Frage wieder einmal mit einem Coaching-Klienten als Lösungsidee für seinen Konflikt mit einem Mitarbeiter diskutiert. Und ich war gelassen genug und hatte ausreichend Mumm, um sie auch Eike zu stellen. Ich sagte zu ihm: »Ich hatte heute ein gutes Gespräch beim Coaching. Da ging es um eine Frage, die man dazu benutzt, um mit anderen Menschen besser klarzukommen. Diese Frage möchte ich dir gerne stellen, wäre das okay?« Er nickte, schaute neugierig, und so fuhr ich fort: »Wenn du dir mein tägliches Verhalten dir gegenüber anschaust, was sollte ich dann tun oder was sollte ich lassen, um für dich eine bessere Mutter zu sein?« Die Frage brachte ihn zum Nachdenken. Er sagte erst mal nichts, und das kommt bei ihm (genau wie bei mir) eher selten vor. Oha, dachte ich! Aber ich blieb still. Nachdem er genug überlegt hatte, sagte er: »Dass du ziemlich streng bist, finde ich schon okay. Klar ist das oft doof, wenn ich ins Bett muss oder kein Fernsehen mehr gucken darf, aber das verstehe ich ja meistens. Aber was du ändern musst, ist, wie du was sagst. Dein Ton macht mich manchmal voll wütend. Streng, lehrermäßig, einfach voll nervig. Und du wirst auch schnell laut. Das hasse ich. Wenn du das änderst, wäre das gut.« Was sollte ich dazu sagen? Eikes Botschaft saß. Am besten sagt man in so einer Situation nichts. Oder noch besser: Man bedankt sich für die ehrliche Rückmeldung. Das tat ich auch bei Eike. Denn natürlich hatte er einen wichtigen Punkt getroffen. Das wusste ich genau. Ich konnte mich ja ausgezeichnet in ihn hineinfühlen. Auch ich kann einen herrischen und befehlenden Ton nicht gut ertragen. Da waren wir uns wieder sehr, sehr ähnlich. Und ist es nicht beeindruckend, dass eine effektive Methode zur Verbesserung von menschlichen Beziehungen so einfach ist, dass auch ein Elfjähriger sie problemlos anwenden kann? Ich bin heute ein absoluter Fan der wagemutigen Wachstums-Frage, vielleicht wirst du es ja auch.

Einige Jahre nach dem großen Kulturveränderungsprojekt in dem internationalen Konzern traf ich zufällig eine Führungskraft wieder, die damals in dem Unternehmen gearbeitet und den Kulturwandel miterlebt hatte. Der Mann hatte zwar mittlerweile das Unternehmen verlassen, aber die wagemutige Wachstums-Frage, die hatte er immer noch fest im Kopf. Er berichtete mir bei unserem Wiedersehen: »Kulturwandel ist ja eine schwierige Sache. Das war sie damals und in meinem jetzigen Job haben wir damit auch ein Thema. Wir haben damals so viel Energie investiert, allein die vielen Workshops, Teambuildings, die vielen Abendessen und all der Aufwand. Aber nichts war so effektiv wie diese simple Frage. Jede einzelne zwischenmenschliche Beziehung, in der diese Frage gestellt wurde, hat sich zumindest minimal verbessert. In der Summe hat das richtig was ausgemacht. Wenn sich zwei Leute mit dieser Frage konfrontieren, dann kommt immer etwas in Bewegung. Die Frage habe ich mir gemerkt, für mich ist sie eins der besten Führungstools!« Da stimme ich ihm hundertprozentig zu. Die Frage ist genial,

- wenn du dich selbst effektiv führen und entwickeln willst,
- wenn du andere besser führen willst,
- wenn du auf gute Zusammenarbeit Wert legst, und
- wenn du deine Beziehungen in den verschiedenen Bereichen deines Lebens stärken willst.

Der einzige Haken: Du musst dich trauen, diese Frage zu stellen. Also los: Sei Pirat oder Piratin. Sei wagemutig und überlege dir, welchen Personen in deinem Leben du diese Frage auf jeden Fall stellen solltest. PIRATE UP YOUR LIFE heißt in diesem Fall: ran an deine wichtigen und komplexen Beziehungen!

A: Die Konflikt-Zauberfrage

Für kleine, alltägliche Konflikte und Verstimmungen habe ich noch ein geniales Werkzeug für dich. Es passt in folgenden Kontext: Ein Missverständnis hängt in der Luft, aber genau kann man das nicht spezifizieren. Du hast das Gefühl, deine Chefin ist dir gegenüber etwas schmallippig, dein Kunde ist genervt oder dein Kollege verhält sich seltsam reserviert, wenn ihr euch begegnet. Keiner spricht etwas an, die Stimmung schwelt vor sich hin. Solche Situationen können viel Energie rauben. Du grübelst, findest aber keine plausible Erklärung für die Verstimmung. In solchen Situationen kannst du die Konflikt-Zauberfrage stellen. Das geht so: Du wartest auf einen Moment, in dem du ein kurzes, ungestörtes Vieraugengespräch führen kannst. Dann schaust du den Menschen dir gegenüber offen an und sagst: »Liebe Chefin / lieber Kunde / lieber Kollege, ich habe ein Anliegen, das ich ansprechen möchte. Irgendwie habe ich den Eindruck, zwischen uns liegt eine Verstimmung in der Luft. Vielleicht irre ich mich auch und da ist überhaupt nichts, aber für mich fühlt es sich so an, es beschäftigt mich. Daher frage ich dich: Was kann ich dafür tun, dass sich das auflöst und wir wieder eine richtig gute Verbindung zueinander haben?«
Natürlich kannst du die Zauberfrage in deinen eigenen Worten formulieren. Achte jedoch darauf, dass du keine Anschuldigung und keinen Vorwurf formulierst, kein »Du bist so komisch …« oder »Was ist denn nur los mit dir?«. Bitte nichts davon. Stattdessen signalisiere

1. dein Bewusstsein für ein mögliches Problem,
2. deinen Wunsch, es zu lösen, und
3. deine Bereitschaft, selbst den ersten Schritt zu tun.

Verlange nichts, sondern biete etwas an. Das ist das Zauberhafte an dieser Frage – und gerade deswegen funktioniert sie so gut.

B: Komplimente an den Feind

Denk an die Person in deinem nahen Umfeld, die du am wenigsten leiden kannst. Wer macht dir nur Ärger, kostet dich Nerven, ist notorisch anstrengend, und am liebsten würdest du sie oder ihn zum Mond schießen? Hast du jemanden im Kopf? Solche ekligen Quälgeister haben wir doch alle irgendwo in unserem Umfeld, oder nicht? Schritt eins: Überlege dir nun ernsthaft, was du an diesem Menschen bewundern kannst. Was kann er oder sie gut? Wo hat die Person echte Stärken und Talente, die dir vielleicht sogar fehlen? Du wirst etwas finden. Niemand ist nur lästig, selbst die größten Querulanten haben besondere Begabungen. Hast du was gefunden? Gut, dann kommt Schritt zwei: Suche eine Gelegenheit, bei der du dieser Person ein ernsthaftes Kompliment machen kannst. Nicht zynisch, abfällig oder gespielt, sondern als aufrichtige Anerkennung. Du wirst dadurch bei deinem Gegenüber bestimmt für Überraschung sorgen, denn sicherlich ist ihm oder ihr deine Abneigung nicht verborgen geblieben. Dein Kompliment wird also auf jeden Fall etwas in Bewegung bringen.

Ich verordne diese Aufgabe, dem »Feind« ein Kompliment zu machen, all meinen Coaching-Klienten mit einem Konfliktthema. Das ehrliche Kompliment ist ein wichtiger Schritt zurück zur Augenhöhe, die in Konflikten oft verloren gegangen ist. Erst wenn die Augenhöhe wiederhergestellt ist, kann die Konfliktlösung gelingen. Also: Welcher deiner Feinde bekommt demnächst eine Dusche der Wertschätzung von dir?

8 FEIERN OHNE GRUND

»Lass mal Dopamin vergeuden!«
Julia Engelmann

WORUM ES GEHT:

- Musik, Gesang, Tanz und Geselligkeit sind wichtige Elemente eines gesunden Lebens, weil sie Sorgen und Nöte zumindest temporär abmildern.
- Du brauchst zum Feiern weder einen Anlass noch einen besonderen Termin oder einen Grund. Gute Ideen und der Wagemut, diese Ideen umzusetzen – das reicht.
- Dem Leben mit Freude entgegenzutreten ist eine Frage der Haltung, nicht der äußeren Rahmenbedingungen.

Feiern oder nicht feiern – eine überflüssige Frage

Ich möchte dich mit auf eine Reise nehmen: Wir beamen uns in die Vergangenheit nach Port Royal auf Jamaika, genauer gesagt ins Jahr 1664. Du darfst gespannt sein, denn zu dieser Zeit wurde der für Piraten so denkwürdige Ort als »die verruchteste Stadt der Welt« bezeichnet.[84] Port Royal wurde bereits 1494 von den Spaniern besiedelt, niemand Geringeres als Christopher Columbus erkundete bei seiner zweiten Karibikreise auch die Küstenlinie von Jamaika. Er war beeindruckt von dem großen natürlichen Hafen im Südosten der Insel, der den Schiffen sicheren Schutz bot.[85] Die strategisch günstige Lage beförderte die Entwicklung der Stadt und bald hatte sich hier ein pulsierendes Zentrum und die größte Siedlung der Neuen Welt etabliert.[86] Im Jahr 1664 herrschte hier Seeräuber-Hochbetrieb, mittlerweile war Port Royal von den Engländern erobert worden. Auch der berühmt-berüchtigte Henry Morgan konnte einem zu dieser Zeit in Port Royal über den Weg laufen. Es wurde überall emsig geschmuggelt und gehandelt, mit Gold und Silber, mit Sklaven, mit Zucker, sehr viel auch mit Holz und Rum. Das Wirtschaftsleben pulsierte, es war viel Geld im Umlauf und deswegen waren auch Alkohol und Sex in Hülle und Fülle verfügbar. Die hier anlandenden Händler, Seeleute und Piraten hatten die Qual der Wahl: Jedes vierte Gebäude in der Stadt soll eine Taverne, ein Pub oder ein Bordell gewesen sein.

Eine Taverne war eine Art zweites Zuhause für viele Piraten. Hier traf man alte Bekannte, hier konnte man gemütlich zusammensitzen, hier machten Neuigkeiten und legendäre Seefahrergeschichten die Runde. Hier konnte man auch ein Zimmer mieten, die Taverne war gleichzeitig das Postamt, der Versammlungsort verschiedener Gruppen und auch Tante-Emma-Laden. Die Wände einer Taverne waren eine Art gigantisches Schwarzes Brett, voller Zettel und Schriftrollen. Hier wurden Käufe und Verkäufe angepriesen, es wurden Suchmeldungen zu entlaufenen Sklaven ausgehängt und Bekanntmachungen wie Gerichtstermine und Verurteilungen unters Volk gebracht. Auch die Verbreitung von neuen Musikstücken und Liedtexten wäre ohne die viel besuchten Tavernen nicht denkbar gewesen. Und gefeiert wurde hier praktisch immer. Jede in den Hafen einlaufende Crew, die längere Zeit auf See gewesen war, nutzte den ersten Landgang für eine fröhlich-musikalische Runde mit einem guten Fass Rum. Man scherte sich nicht um die Uhrzeit. Um sieben Uhr früh wurde genauso gesoffen, gesungen und getanzt wie um elf Uhr abends.

Wer sich wie unser Freund John aus dem ersten Kapitel wagemutig für das Leben als Pirat entschieden hatte, der musste jeden Tag damit rechnen, dass das Schicksal zuschlug. Ein wagemutiger Beutezug konnte unermesslichen Reichtum bringen – oder den Tod. Was machte dieses extrem auf Kante genähte Leben mit den Menschen? Ganz einfach: Es animierte sie zum Feiern. Jeder Tag war ein neues Geschenk, also musste nur die Sonne wieder aufgehen – und zack! Schon hatte man wieder einen Grund, um ausgelassen zu sein. Wieder eine Möglichkeit, die vielen Sorgen, Nöte und Ängste mit einem großen Schluck Rum zu betäuben. Egal ob an Land oder auf See.

Erinnerst du dich noch an den Piratenkapitän Bartholomew Roberts aus dem fünften Kapitel? Der, dessen Piratenkodex komplett überliefert ist? Das fröhliche, idealerweise von Musik begleitete Beisammensein hatte bei den Piraten einen dermaßen hohen Stellenwert, dass Roberts dazu sogar einen eigenen Artikel in seinen Kodex aufgenommen hatte. Da hieß es: »Die Musiker sollen am Sabbat ruhen, aber nicht an den anderen sechs Tagen und Nächten, außer bei besonderer Erlaubnis.«[87] Diese Regelung erzählt uns eine Menge über das Leben an Bord von Kapitän Roberts Schiff. Es gab an praktisch jedem Tag Musik. Der Crew wurden eine ausgelassene Stimmung und gemeinsam geschmetterte Seemannslieder geradezu verordnet. Wenn auf einem Schiff Musik gespielt wurde, konnte man sich dem allein räumlich gesehen nur schwer entziehen. Die allgemeine Motivation, der Teamgeist und der Optimismus wurden durch die tägliche Dosis Musik und Tanz gestärkt. Der hoffnungsvolle Glaube daran, dass alles gut laufen würde, blieb erhalten. Ohne besondere Maßnahmen konnte die Zuversicht in einer Crew schnell abhandenkommen, wenn man die Segel setzte und den sicheren Hafen verließ. Das war bei den Piraten vor 400 Jahren so und das war bei meiner eigenen Segelreise nicht anders. Wenn auf einem Schiff das Wetter ungemütlich wird, wenn Materialschäden auftreten oder einzelne Crewmitglieder krank werden, dann schlägt das allen aufs Gemüt. Schlechte Laune wiederum schwächt das Immunsystem, also werden womöglich noch mehr Leute krank und es entsteht ein Teufelskreis. Du musst bedenken: Die Piraten unter Bartholomew Roberts waren nicht für gemütliche zehn Tage in der sonnigen Karibik auf einem entspannten Segeltörn. Sie waren teilweise über Wochen und Monate auf See, manchmal den härtesten Bedingungen auf hohen Breitengraden ausgesetzt und vermutlich oft am Rande ihrer Kräfte. Dass sie immer wieder erfolgreich Beute machten, hob sicherlich die Stimmung. Doch es muss auch Phasen gegeben haben, in denen es über längere Zeit einfach ein extrem hartes Leben war, das sie führten.

Musik und gemeinsamer Gesang sind ein altbewährtes Heilmittel gegen angespannte Gemütsverfassungen. Auf meiner Weltumseglung hatten wir zwar keine Musiker dabei, aber immerhin gab es ein uraltes Autoradio mit Kassettenspieler, das in der Bordküche eingebaut war. Waren die Bordbatterien gut geladen, dann konnten wir Musik hören. Natürlich kein Radio, dafür gab es keinen Empfang, aber immerhin gab es ein paar wenige Kassetten. Ich erinnere mich, dass wir in aller Regel dann einen lautstarken Booster für unsere Laune vertragen konnten, wenn wir bei schlechtem Wetter spülen mussten. Wir waren in drei Wachgruppen eingeteilt und jeden Tag hatte eine der drei Gruppen nach dem gemeinsamen Abendessen Spüldienst. Natürlich ohne eine Spülmaschine – ich bin ja nicht in einer Luxusschale um den Globus geschippert. Der Spüldienst war ein ätzender Job: verklebte Pfannen, verkrustete Töpfe und dazu das ganze Geschirr, Besteck und die Gläser von zehn bis zwölf Leuten, das war eine Menge Arbeit. Es gab kein heißes Wasser an Bord, das musste erst im Kochtopf erwärmt werden. Und die Spüle war winzig. Wenn dann noch ordentlich Seegang dazukam, war diese Aufgabe eine Tortur. Genau dann half die Musik. Blöd war nur, dass wir so wenig Auswahl und so unterschiedliche Musikgeschmäcker hatten. Die Schnittmenge, die alle einigermaßen ertragen konnten, war Harry Belafonte. Erstaunlicherweise gingen uns Lieder wie *Matilda*, *Coconut Woman* oder *Island in the Sun* auch beim 37. Mal noch nicht komplett auf den Zeiger. Im Gegenteil. Irgendwann kannten wir die vollständigen Liedtexte bis ins kleinste Detail auswendig und es wurde gemeinsam gesungen – und gespült. Hier ein kleiner Test für dich: Geh mal rüber zu YouTube, suche nach Harry Belafonte und versuche, das Lied *Coconut Woman*[88] zu hören und dabei schlechte Laune zu haben. Spätestens bei der Textzeile »makes you strong like a lion« und dem anschließenden Löwengeräusch von Belafonte musst du lächeln, ob du willst oder nicht.

Als Piratin oder Pirat ist es deine Aufgabe, selbst für deine gute Laune zu sorgen.

Wir leben in einer unkalkulierbaren Welt, das Leben ist kompliziert. Es wird zukünftig jedoch keinesfalls einfacher werden, eher noch anspruchsvoller. Es wird immer wieder Dinge geben, die dich und mich runterziehen können. That's life! Ich bin regelmäßig erstaunt, von welchen Kinkerlitzchen sich Menschen über Tage oder sogar Wochen ihre Laune verderben lassen. Natürlich gibt es Ereignisse, in denen uns Trauer, Schmerz, Wut und Verzweiflung so übermannen, dass jeder Versuch, ein bisschen Fröhlichkeit zurückzugewinnen, sich zynisch anfühlen würde. Doch das sind zum Glück die absoluten Ausnahmen. Meist wird banaler Kleinkram genannt, wenn jemand seine trübe Stimmung erklärt. Du hast dein Handy verloren? Der megateure Gasgrill ist Schrott und die Garantie gilt nicht mehr? Dein Sohn hat eine Fünf in Mathe geschrieben? Du hast 3 Kilogramm zugenommen und bekommst deine Lieblingshose nicht mehr zu? Hilfe, da wird sicherlich gleich die Welt untergehen! Ich gebe zu: Natürlich ist das alles ärgerlich. Aber es sind alles sogenannte FWP-Probleme. Das sind Probleme, die keine richtigen, echten Probleme sind. Es sind **F**irst-**W**orld-**P**roblems. Es ist banaler, alltäglicher Mist. Reg dich meinethalben kurz auf, aber lass dir nicht dauerhaft die Laune verderben.

PIRATE UP YOUR LIFE heißt, dass du dich nicht an kleinen Ärgernissen festklammerst. Du hakst ab, was nicht mehr zu ändern ist. Wenn das Handy futsch ist, ist es futsch. Beim nächsten Handy sicherst du regelmäßig deine Fotos, dann grämst du dich weniger, falls das auch verloren geht, okay? Als Piratin oder Pirat verhedderst du dich nicht in negativen Gefühlen rund um Alltagsschwierigkeiten. Du nimmst wahr, was dich ärgert, und dann änderst du deinen Fokus.

Wenn sich eine Türe schließt, öffnet sich irgendwo anders eine Flasche Prosecco.

Eins ist sicher: Feiern kannst du praktisch immer. Den Begriff »feiern« interpretiere ich dabei sehr breit. Es geht um alle Aktivitäten, die dich fröhlich stimmen oder zum Lachen bringen, die dich deine Sorgen vergessen lassen und gedanklich ins Jetzt holen. Den Moment genießen und glücklich sein, dass du da bist, wo du gerade bist – dafür steht der Begriff »feiern« für mich. Feiern jeglicher Art gleicht Belastungen aus und hebt deine Stimmung. Musik und Gesang, am besten in Gemeinschaft, sind bewährte Energie- und Motivationslieferanten. Nimmst du auch noch Bewegung dazu, also Schunkeln, Wippen, Tanzen oder heftiges Abrocken, dann steht deinem Dopaminrausch nichts mehr im Wege. Es gibt nur ein Problem. Wir haben ein sehr verkorkstes und völlig un-piratiges Verhältnis zum Feiern.

Auf Anlässe musst du nicht warten

»Ich komme gerade auf dumme Gedanken.
Kommt jemand mit?«
entdeckt bei Quadrasophics®

Ich schreibe diese Zeilen am Montag, den 15. August 2022. Heute werde ich 48 Jahre, zwei Monate und neun Tage alt. Das sind 2 514 Wochen und vier Tage. Und es sind 17 602 Tage. Sollte ich heute Geburtstag feiern? Na klar, wieso denn nicht? Ich werde heute wieder einen Tag älter, gestern waren es schließlich nur 17 601 Tage, die ich bisher auf diesem Planeten verweilt habe. Es heißt schließlich Geburts-TAG, das lädt doch geradezu dazu ein, ihn jeden Tag zu begehen. Lass mich mal kurz überlegen, wie ich heute feiern könnte … Da kommen mir gleich mehrere Ideen. Aktuell bin ich für mein Buchprojekt in Holland, nachher plane ich einen längeren Strandspaziergang. Direkt am Wasser könnte ich mir laute Musik anmachen und eine Runde tanzen. Einfach nur für mich, um zu feiern, dass ich da bin und heute einen Tag älter, weiser und grauhaariger bin als gestern. Hältst du diese Idee für skurril? Ist es übertrieben, jeden einzelnen Tag im Leben zu feiern? Zu selbstverliebt, egoistisch oder einfach lächerlich? Mir gefällt die Idee der täglichen Party. Klar ist das eher unkonventionell, aber das liegt doch nur an unseren Gewohnheiten. Je mehr ich über unsere Rituale und Muster in Sachen Festlichkeiten nachdenke, desto skurriler finde ich es, dass wir immer nur dann in Feierlaune sind, wenn wir einen entsprechenden Anlass verkünden können.

> Piraten brauchten keinen Anlass, um zu feiern. Am Leben bleiben, das war Anlass genug.

Selbstverständlich feierten sie ihre erfolgreichen Beutezüge, aber auch ganz ohne Beute, an einem ganz normalen Tag auf See wurde gesungen, getanzt und gute Stimmung verbreitet – weil es ihre Sorgen verdrängte. Weil es guttat und motivierte.

Als Kinder haben die meisten von uns immerhin noch jedes Jahr ihren Geburtstag gefeiert. Doch in meinem jetzigen Alter wird es immer geläufiger, dass Menschen nur noch dann ein Fest veranstalten, wenn sie »nullen«. Seit einiger Zeit bin ich in den Sphären der 50er Geburtstage angekommen, die aber pandemiebedingt vielfach ausgefallen sind. Manche holen das nun nach und feiern eben den 52., andere warten dann doch lieber ab, vielleicht sogar bis zur nächsten Null. Außerdem besagt die Konvention: »Man« feiert den runden Geburtstag in der Regel nur an einem einzigen Tag – idealerweise am tatsächlichen Geburtsdatum oder direkt danach. Vorfeiern? Darf man nicht, das ist schwer verpönt. Pech für alle, die am 22. Dezember Geburtstag haben oder am 3. Januar oder mitten im Sommer in den Ferien. Wer einfach mal vier Monate vor oder sieben Wochen nach dem eigentlichen Geburtstag eine Party schmeißt, wird garantiert gefragt, was denn der Anlass sei.

> Anlasslos feiern – das Konzept kennen wir nicht. Das ist schade!

Und nun schau dir mal an, wie runde Geburtstage oft begangen werden: Man lädt alle Freunde, Bekannten, Kollegen, Familie und Nachbarn ein. Es wird eine richtig große Runde. Wenn man Onkel Toni einlädt, muss leider auch die zickige Tante Margarete mit auf die Liste, obwohl man die noch nie leiden konnte. Man gibt eine wahnsinnige Stange Geld aus. Doch am Ende hat man für jeden einzelnen Gast nur wenige Minuten Zeit. Ist das schlau? Oder machen Menschen das nur, weil man das halt so macht? Ich hoffe, dass jede Person, die auf diese Weise Geburtstag feiert, es exakt so haben will. Aber überzeugt davon bin ich nicht, es sind eindeutig zu viele Konventionen im Spiel.

Unsere Art zu feiern ist sehr standardisiert. Raus aus dem überflüssigen Feierkorsett!

Ich empfehle dir auch beim Feiern mehr Wagemut. Wenn es Anlässe gibt, dann ist das prima, und wenn nicht, dann kannst du dennoch Freunde einladen und die Musik aufdrehen. Oder ihr macht selbst Musik und rockt ein Hauskonzert. Wagemut heißt, die bestehenden Konventionen zu brechen. Erfinde deine ganz eigene Art zu feiern! Du willst eine Geburtstags-Gartenparty machen, obwohl du im November geboren wurdest? Dann lade im Sommer ein – PIRATE UP YOUR BIRTHDAY! Was hält dich davon ab? Wer kann dir das verbieten? Du möchtest ohne Grund 30 Leute treffen, um mit ihnen zu singen und zu tanzen? Dann räum dein Wohnzimmer leer, stell eine Musikanlage auf und sage allen deinen Freunden Bescheid. Und wenn du überhaupt nicht feiern willst, nicht mal deine Hochzeit? Dann lass dich nicht in die »Aber wenigstens die engste Familie«-Ecke drängen, sondern heirate heimlich. Falls du (oder dein Partner beziehungsweise deine Partnerin) deinen Nachnamen änderst, dann werden die anderen das schon früh genug mitbekommen.

Im Herbst 2019 hatten Lars und ich die Idee, bei uns zu Hause eine »Pärchen-Performance-Party« zu schmeißen, selbstverständlich ohne besonderen Anlass. Wir luden ausschließlich Paare ein und jedes Paar musste für den Abend eine kurze Performance vorbereiten. Ein Gedicht, Musik, ein Quiz, Theaterszenen – alles war erlaubt. Als Einladung drehten wir ein Video von uns, in dem wir nicht nur das Konzept erklärten, sondern uns auch selbst zum Affen machten. Die Reaktionen auf unsere Einladung waren, nun ja … gemischt. Niemand sagte uns, wie bescheuert er oder sie die Idee fand, aber echte Begeisterung war auch nicht zu vernehmen. Was soll ich dir sagen? Es wurde ein ganz besonderer Abend. Von japanischem Karaoke über einen Brezeln-schnell-futtern-Wettbewerb bis zu einer berührenden Poetry-Slam-Vorführung war alles dabei. So kreativ, abwechslungsreich und mit unerwarteten Talenten ausgestattet hatten sich unsere Freunde noch nie erlebt. Du darfst als Pirat oder Piratin eben auch mal dein Umfeld aus seiner Komfortzone locken. Sie werden dir im besten Fall danach dankbar sein und im schlimmsten Fall seid ihr alle um eine Erfahrung reicher.

Als ich 43 wurde, feierte ich meinen Geburtstag fünf Mal, jeweils mit verschiedenen Leuten. Das hatte sich eher zufällig so ergeben, war aber herrlich. Über mehrere Wochen bekam ich ständig Geschenke, hatte gute Gespräche und genoss leckeres Essen. Auch als Lars und ich heirateten, kam es für uns gar nicht infrage, nur einmal auf Hochzeitsreise zu gehen. Wir machten gleich drei. Das ist übrigens ein wirklich cooler Trick: Sobald du in einem Restaurant oder Hotel erzählst, dass du auf Hochzeitsreise bist, bekommst du fast immer eine Kleinigkeit extra. Zeige dich mit deinem Partner oder deiner Partnerin in frisch verliebter Zweisamkeit, präsentiert stolz eure Ringe und schon gibt es einen Sekt aufs Haus. Okay, das ist zugegebenermaßen nicht ganz ehrlich, macht aber diebische Freude! Auch die One-Woman- oder One-Man-Party ist ein ganz heißer Tipp. Es braucht nämlich gar nicht immer mehrere Leute, um in Feierlaune zu kommen. Musik hören oder selber machen, dazu tanzen, laut singen und ausgelassen sein, das kannst du auch ganz allein. Findest du das seltsam? Allein tanzen? Allein singen? Okay, unter der Dusche vielleicht, aber nur, wenn dich keiner hören kann.

Es ist doch so: Wenn du etwas Ungewöhnliches zum ersten Mal machst, dann ist das immer komisch. Wenn andere Menschen dich dabei beobachten können, ist es noch viel komischer. Du fühlst dich wie der größte Depp. Das gehört dazu. Ein bisschen Scham, ein paar Zweifel und eine gute Portion »Was sollen denn die Leute denken?« sind garantiert deine Begleiter. Mein Tipp: Tu es dennoch! Fröhlichkeit und Ausgelassenheit sind keine Verbrechen! Sie gehören zum Leben dazu – auf jeden Fall zu einem Piratenleben! Und wenn du dein Unwohlsein und deine Zurückhaltung in Sachen Feiern erst mal überwunden hast, dann macht das etwas mit dir: Du lernst, dass du überlebst. Du lernst, dass du etwas tun kannst, was sich blöd anfühlt, und du stehst den Adrenalinschub durch. Das ist ein ganz hervorragendes Wagemut-Training. Nur ein einziges Mal aus der Komfortzone rauszugehen reicht allerdings nicht, du musst schon zum Wiederholungstäter werden. Wenn du Konventionen, die dich jahrzehntelang geprägt haben, ernsthaft überwinden willst, dann solltest du deine Wagemut-Muskeln regelmäßig trainieren. Ein einziger, laut geschmetterter *Coconut-Woman*-Song von Harry Belafonte am Strand ist nicht genug. Es geht darum, dauerhaft aktiver zu werden. Im nächsten Abschnitt bekommst du zahlreiche Ideen, wie du das konkret umsetzen kannst.

Das Tanzbein steckt in Wanderschuhen

> »Da muss ich erst mal eine Nacht drüber feiern!«
> entdeckt auf Pinterest bei Made My Day

Ich bin keine Skifahrerin. Mit Langlauf habe ich es mal versucht, aber so richtig begeistert hat mich auch das nicht. Dennoch, ein Aspekt hat mich immer schon am Skifahren fasziniert: die Après-Ski-Tradition. Wie können Menschen nach mehreren Stunden auf den Brettern auf die wahnsinnige Idee kommen, in diesen Klamotten und mit diesen Schuhen auch noch tanzen zu gehen? Das – ich gebe es unumwunden zu – finde ich megacool, es ist ganz nach meinem Piratengeschmack! Weil es keiner nachvollziehbaren Logik folgt, sondern vermutlich einfach der puren Freude am ausgelassenen Feiern geschuldet ist. Die Frage, die ich mir aber stelle: Warum hat sich diese Partytradition in völlig feieruntauglichen Kleidungsstücken nur an Skipisten durchgesetzt? Warum nicht auch anderswo? Wieso feiern wir nicht in Gummistiefeln nach dem Angeln, in Wanderschuhen nach der Klettertour oder in Pantoffeln nach dem Hausputz? Wieso suchen wir uns immer eine Bar, Kneipe, Musikbühne oder ein Strandlokal, obwohl doch praktisch überall auf der Welt die Möglichkeit besteht, eine kleine Party unterzubringen? Piraten hatten es da viel schwerer: Sie konnten ohne Musiker und Instrumente keine Musik machen. Genau deswegen waren die Tavernen eine Art Lebensmittelpunkt. Nur hier konnten die meisten Seeräuber feiern gehen, denn auf den Schiffen hatten nicht alle Crews eine Band dabei wie Bartholomew Roberts. Wir hingegen sind heute total flexibel. Auf jedem Parkplatz, in jeder Gartenlaube und in jeder Umkleide kann man eine Bluetooth-Box platzieren. Warum tun wir das nicht? Was hält dich davon ab, öfter dein Leben zu feiern, so wie es jetzt gerade ist? Falls dir die passenden Ideen dazu fehlen, habe ich eine gute Nachricht für dich. Gleichzeitig muss ich dich vorwarnen: Wenn du jetzt weiterliest, wirst du nie wieder eine glaubwürdige Entschuldigung finden, warum es gerade nicht der richtige Ort, Tag, Moment oder die passende Tageszeit für eine Portion gute Laune ist. Hier ist meine bunte Liste wagemutiger Feierideen für dich:

- Wenn dich der Dreck stört, den Gäste ins Haus bringen, dann mach eine Garagenparty.
- Singen unter der Dusche kennst du schon, wie wäre es mit Singen im Stau, Singen beim Putzen, Singen bei der Gartenarbeit oder – wenn du deinen Wagemut richtig trainieren willst – im Freibad oder auf der Parkbank?
- Du willst verreisen und stehst stundenlang in der Warteschlange des Check-in? Mach deinen Koffer zu deinem Tanzpartner und bewege dich. Das ist viel gesünder, als dir einfach nur die Beine in den Bauch zu stehen.
- Büroflure kann man entlanggehen, entlanghüpfen, Samba-Schritte machen oder ab und an eine Pirouette einlegen. Ja, das musst du dich trauen, aber du wirst deinen Kolleginnen und Kollegen ein Lächeln ins Gesicht zaubern.
- Was ich mich immer schon gefragt habe: Warum gibt es bei Ämtern und Behörden in Wartebereichen keine schmissige Musik? Ein bisschen schunkeln und grooven, während du auf dein neues Autokennzeichen wartest, wäre das nicht eine Idee?
- Im Auto, in der Bahn, im Flieger und im Bus bist du oft in deinen Bewegungen eingeschränkt. Doch Hände, Arme, Schultern und Kopf kannst du fast immer bewegen, also nutze sie. Kopfhörer auf, rein in den Groove und schwupps geht dein Dopaminspiegel nach oben.

Solltest du trotz dieser vielen Ideen partout einen passenden Anlass suchen, der dich zum Feiern animiert – kein Problem, du bist der Boss.

Hier kommen noch mehr Inspirationen für dich – fest verknüpft mit Terminen und Anlässen:[89]

- Am 4. Januar ist Tag der Unabhängigkeit Malaysias (Idee: zu malaysischer Musik tanzen).
- Am 24. Januar ist Internationaler Tag der Bildung (Idee: einen Wettbewerb veranstalten, wer mehr Bücher auf dem Kopf balancieren kann).
- Am 2. Februar ist Groundhog Day / Murmeltiertag (Idee: einen Abend lang immer wieder das gleiche Lied hören).
- Am 15. Februar ist Internationaler Tag des Regenwurms (Idee: ein Schlammbad bauen – und selbstverständlich auch drin baden).
- Am 2. März ist Texas Independance Day (Idee: Leute einladen, alle kleiden sich mit Cowboyhut und Cowboystiefeln und es werden eine Nacht lang alte *Dallas*-Folgen geschaut).
- Am 23. März ist in Bolivien Tag des Meeres (Idee: zum Meer fahren, schwimmen gehen und danach so lange tanzen, bis dir wieder warm ist).
- Am 10. April ist Tag der Geschwister (Idee: Lass es mit deinem Bruder, deiner Schwester oder allen Geschwistern zusammen richtig krachen).
- Am 29. April ist Welttag des Tanzes (hierzu brauchst du keine Idee von mir, das bekommst du allein hin!).
- Am 5. Mai ist Welttag der Handhygiene (Idee: mit einer Gruppe ein riesiges Fingerfarbenbild malen).
- Am 25. Mai ist der argentinische Tag der Revolution (Idee: Tango tanzen und Steaks essen).
- Am 6. Juni ist mein Geburtstag (Idee: mir ein Geschenk schicken und dir selbst einen phänomenalen Tag schenken).
- Am 21. Juni ist in Deutschland der Tag des Schlafes (Idee: alles, nur nicht schlafen).
- Am 18. Juli ist Internationaler Nelson-Mandela-Tag (Idee: eine Motto-Party mit dem Thema Südafrika).
- Am 31. Juli ist in Deutschland der Tag der Lebensmittelvielfalt (Idee: gemeinsam kochen mit lauter Zutaten, die keiner bisher je benutzt hat).

- Am 15. August ist Internationaler Tag des Panamakanals (Idee: auf einem Schiff feiern).
- Am 21. August ist in Marokko der Festtag der Jugend (Idee: eine Tanzparty mit marokkanischem Rap).
- Am vierten Freitag im September ist der Internationale »Umarme-einen-Vegetarier-Tag« – kein Witz, das kannst du googeln (Idee: Ist doch klar, oder? Also: Wie viele Vegetarier kennst du? Besuche und umarme sie!).
- Am 19. September ist der Internationale »Sprich-wie-ein-Pirat«-Tag – und auch das ist kein Witz, den gibt es wirklich (Idee: Den ganzen Tag nur Piratensongs hören und in jeder Pause ein kräftiges »Arrgghh« brüllen).
- Am zweiten Freitag im Oktober ist World Egg Day, also der Internationale Tag des Eies (Idee: Freunde einladen zum Eierlaufen-Wettbewerb und zum anschließenden Rührei-Essen).
- Am 28. Oktober ist Nationalfeiertag im pazifischen Inselstaat Nauru, der kleinsten Republik der Erde (Idee: klein feiern, nur mit dir selbst, so als würdest du wie Alexander Selkirk allein auf einer einsamen Insel leben).
- Am 3. November ist in Japan Tag der Kultur (Idee: zur Karaoke-Party einladen).
- Am 28. November ist Europäischer Tag des Mittelmeerraumes (Idee: Freunde einladen zum Olivenöl-Tasting).
- Am 5. Dezember ist Internationaler Welttag der Berge (Idee: gemeinsam wandern gehen und zum Abschluss Schuhplattler tanzen).
- Am 21. Dezember ist in Nordeuropa Jultag (Idee: ein gediegenes Abendessen nur bei Kerzenlicht).

Feiern ist eine Frage der Haltung, nicht der Laune

»Today is a perfect day for a perfect day.«
entdeckt auf Pinterest bei DailyInspired

Als Lars und ich ungefähr acht Jahre verheiratet waren, setzte sich eine Idee in meinem Kopf fest: Ich wollte eine außergewöhnliche Motto-Party zu unserem 10. Hochzeitstag veranstalten. Als wir geheiratet hatten, war es nämlich so: Es gab viele Festbeiträge von unseren Freunden und der Familie, deswegen war es schon weit nach Mitternacht, als wir endlich die Tanzfläche stürmten. Im Hochzeitskleid zu tanzen – davon hatte ich so lange geträumt. Doch bei unserer Hochzeit war ich spät am Abend schon so müde, dass ich nicht besonders lange durchhielt. Lange war ich traurig, dass ich das Tanzen an diesem besonderen Tag nicht richtig hatte auskosten können. Doch dann kam mir eine Idee: Zum 10. Hochzeitstag geben wir eine Hochzeits-Motto-Party, bei der alle Gäste in ihrem eigenen Hochzeitsoutfit erscheinen sollten.

Wir verschickten die Einladung zu unserer 10-Jahres-Hochzeits-Motto-Party bereits gut sechs Monate vor dem Event. Vielleicht würde so noch eine Diät drin sein, um in das figurbetonte Kleid oder die schicke Anzughose von damals zu passen? Auch diesmal waren die Reaktionen gemischt. Manche fanden die Idee witzig, anderen war das too much. Für Singles und geschiedene Menschen in unserem Umfeld war die Hochzeitsidee sicherlich schwer zu verdauen, aber davon gab es zum Glück nur wenige. Wer kein Hochzeitskleid (mehr) hatte, fing an, bei eBay zu stöbern. Ich verbrachte einige Zeit bei der Schneiderin meines Vertrauens, um die kleine Schleppe meines Brautkleides in eine fast unsichtbare Erweiterung des Oberteils zu verwandeln. Nach zwei Schwangerschaften war das eine elegante Lösung. Und Lars? Der passte auch nicht mehr in seinen Hochzeitsanzug, denn der war ihm mittlerweile – kein Scherz! – zu groß. Mein Mann war bei unserer Hochzeit zwar nicht dick, aber er war über die Jahre noch deutlich schlanker geworden. Zwei Söhne und eine Piratinnen-Ehefrau hinterlassen vermutlich ihre Spuren. Also wurde ein neuer, richtig schicker, dunkler Anzug angeschafft. Den kann ein Jurist zum Glück häufiger tragen. Um es kurz zu machen: Die Party wurde LE-GEN-DÄR. Wenn rund 40 Paare in Hochzeitsoutfits eine richtige Sause machen, dann entstehen Bilder, die du nie wieder vergisst. Wir hatten den gleichen Saal gemietet wie bei unserer echten Hochzeit, das gleiche Catering bestellt und die gleiche Raumdekoration organisiert. Der wesentliche Unterschied zu damals: Jetzt stürmten wir bereits gegen 21 Uhr die Tanzfläche. Sie wurde bis zum Ende am frühen Morgen nicht mehr leer. Beim Discofox mit unserem Nachbarn Jan wäre mir fast das Kleid gerissen. Jan ist ein echtes Feierbiest, er wirbelte mich herum wie ein Let's-Dance-Absolvent und wir hatten unfassbar viel Spaß. Seine Frau Anne, mit der ich zum Verschnaufen in einer kurzen Tanzpause zusammensaß, bedankte sich mehrfach bei uns für diese grandiose Party-Idee. Sie hatte ihr umwerfend schönes dunkelrotes Hochzeitskleid mit riesiger Freude wieder hervorgekramt. Jan und Anne genossen den Abend so sehr wie wir. Es war ein rauschendes Fest, vom ersten bis zum letzten Moment.

Von unserer Nachbarin Anne habe ich lange nach der legendären Hochzeits-Revival-Party noch zwei weitere wichtige Dinge im Hinblick aufs Feiern gelernt. Erstens: Man sollte immer vorbereitet sein, gute Momente muss man sofort ergreifen. Als ich Anne vor einigen Monaten zufällig in unserer Siedlung traf, lud sie mich spontan zu sich auf die Terrasse ein. Mit ihrer Aufforderung »Zwei Piccolöchen habe ich immer im Kühlschrank!« gingen wir zu ihr. Es wurde ein beschwingter Abend mit einem guten Gespräch. Ich war sehr beeindruckt. Anne war immer schon ein aufgeschlossener und sehr liebenswürdiger Mensch. Doch Mitte 2020 hatte ihr Leben eine drastische Wendung genommen. Ihr immer fröhlicher, herzlicher und mit schier unerschöpflicher Energie ausgestatteter Mann Jan hatte mit noch nicht einmal 50 Jahren einen Herzinfarkt erlitten, war ins Koma gefallen und dann verstorben. Anne war nun eine Witwe mit vier Kindern. Aber die Piccolöchen im Kühlschrank, die gab es immer noch. Denn die zweite Lektion, die ich bei Anne lernen konnte, bezog sich auf die Haltung, die sie zum Feiern hat. Sie hält konsequent an der Möglichkeit fest, gute Laune aufkommen zu lassen, auch wenn sie sicherlich unendlich viele dunkle Stunden durchlebt hat – und weiterhin den Schmerz dieses großen Verlustes ertragen muss. Sie war und ist davon überzeugt, dass Freunde, Geselligkeit, Feiern und gute Laune zu einem gelungenen Leben dazugehören. Mit Jan und jetzt auch ohne Jan zieht sie das durch. Es entspricht einfach ihrer Haltung. Und es entspricht auch der Haltung, die Jan immer ausgestrahlt hat.

Welche Haltung hast du zum Feiern? Wartest du geduldig ab, bis sich der geeignete Anlass einstellt? Oder achtest du bewusst darauf, auch in deinen Alltag viele Möglichkeiten für ausgelassene, lustige Momente zu nutzen? Empfindest du das Maß an Fröhlichkeit und Freude in deinem Leben als ausreichend? Kannst du oft genug Dampf ablassen und deine Sorgen für ein paar Stunden vergessen? Oder dürfte es gerne noch deutlich geselliger, beschwingter und munterer zugehen? Du hast es selbst in der Hand! Kümmere dich! Denn wenn du wartest, bis die fröhliche Stimmung irgendwann aus dem Nichts zu dir kommt, dann vergeudest du wertvolle Zeit.

> »Auf eine Veränderung zu hoffen, ohne selbst etwas dafür zu tun, ist wie am Bahnhof zu stehen und auf ein Schiff zu warten.«

Das hat angeblich Albert Einstein gesagt, und recht hat er! Warten ist passiv, du gibst das Steuer aus der Hand und verabschiedest dich vom wagemutigen Handeln und von deiner Selbstverantwortung. Das ist ein Fehler. Manche Menschen verhalten sich so abwartend, dass man den Eindruck bekommen könnte, sie hätten noch ein zweites Leben in der Hinterhand, in dem sie alles nachholen könnten. Statt abzuwarten, solltest du aktiv werden. Und wenn die fröhliche Stimmung sich nicht direkt auf Knopfdruck bei dir einstellt, dann solltest du geduldig sein – vor allem mit dir selbst.

Geduld ist nicht meine große Stärke, das hast du sicher schon gemerkt. Als Piratin bin ich immer im Vorwärts-Modus unterwegs und brauche keine größeren Pausen. Meist kann es mir nicht schnell genug gehen, wenn ich etwas vorhabe. Von außen ohne Vorwarnung ausgebremst werden, das mag ich überhaupt nicht. Umso mehr machte es mir zu schaffen, als mich das Universum 2015 zur Vollbremsung zwang. Es folgte die größte Krise meines bisherigen Lebens. Davon und dass auch in solchen Krisen die Inspirationen der Piraten hilfreich sein können, erzähle ich dir im folgenden Kapitel.

A: Immer zwei Piccolöchen im Kühlschrank

Diese Übung ist einfach. Du gehst in den nächsten Supermarkt, kaufst zwei (oder drei) Piccolöchen und legst sie in deinen Kühlschrank. Falls du keinen Alkohol trinkst, empfehle ich dir alkoholfreien Gin (habe ich auch zu Hause, richtig lecker!) und ein gutes Tonicwater dazu – damit lässt sich auch super anstoßen. Wenn die Getränke mehr als acht Wochen in deinem Kühlschrank überleben, feierst du zu wenig, hast zu selten Besuch oder du magst weder Sekt noch Gin Tonic. Den ersten und zweiten Grund kannst du sofort verändern. Viel Spaß dabei!

B: Der 06h15-Dancefloor

Manche Menschen machen morgens Yoga, ich tanze lieber eine Runde nach dem Aufstehen. Eine Playlist mit meinen liebsten Gute-Laune-Songs ist immer auf meinem Handy, und zur Not tut es auch mal die Musik aus dem Radio. Um die Familie nicht zu wecken, setze ich dazu Kopfhörer auf. Haben mich die Nachbarn dabei schon mal durchs Küchenfenster beobachtet? Mit Sicherheit. Kümmert mich das? Du kennst die Antwort.

C: Karaoke-Party auf der Autobahn

Karaoke-Apps gibt es für jedes Handy, viele sind sogar kostenlos. Für die nächste längere Autofahrt mit deiner Familie oder mit Freunden oder Kolleginnen im Auto ist dieser Zeitvertreib der Knüller. Müdigkeit im Stau? Tritt damit nicht auf. Und genervtes Genörgel à la »Wann sind wir endlich dahaaa?« kannst du damit ebenfalls vermeiden.

9 NUR TOTE HABEN KEINE EMOTIONEN

»The only way out is through.«
Robert Frost

WORUM ES GEHT:

- Schicksalsschläge sind Teil des Lebens und sie können dich jederzeit hart treffen.
- Jedes tragische Ereignis verändert deinen Kurs auf seine Weise, und oft sind diese Kurskorrekturen im Rückblick sinnvoll für deine Entwicklung.
- Schwierige Emotionen dauerhaft zu unterdrücken ist das Schlechteste, was du machen kannst. Nimm deine Emotionen wahr, durchlebe sie, aber lass sie nicht dein Handeln bestimmen.
- Ein Leben in Watte und ganz ohne Enttäuschungen ist Selbstbetrug. Lebendigkeit und starke Emotionen sind das, was das Leben ausmachen.

Sterben gehört zum Leben

Wer wenn nicht die Piraten konnten jederzeit erleben, wie nah Leben und Tod beieinanderlagen? Eine falsche Entscheidung oder auch nur eine kleine Fehleinschätzung konnten radikale Konsequenzen nach sich ziehen. Der Weg in die Piraterie bedeutete, dass ein junger Seemann die Legalität hinter sich lassen musste – ein unbescholtenes, anständiges Leben war für immer passé. Der Galgen war das einzige Versprechen, was die Regierungen der Welt den Piraten machten. Es gab meist keine Möglichkeit, aus dieser Bedrohung jemals wieder herauszukommen. Ausnahmen waren Henry Morgan oder Francis Drake: Sie waren berühmte Freibeuter mit sehr außergewöhnlichen Biografien. Beide wurden geadelt und erhielten so die Möglichkeit, trotz ihrer Piratenvergangenheit ein legales Leben führen zu können. Das waren jedoch die absoluten Sonderfälle. Die allermeisten Piraten starben auch als Piraten. Entweder im Kampf oder an einer schweren Verletzung oder Erkrankung, oder sie baumelten eines Tages am Galgen. Das Piratenleben war geprägt von Verlustangst, von Trauer, von Tod, von emotionaler Härte und von großer Flüchtigkeit. Doch anders als man vermuten mag, verdrängten die Piraten das schwierige Thema Tod überhaupt nicht. Ihre Sterblichkeit war ihnen bewusst, sie war ohnehin allgegenwärtig. Piraten gingen sehr proaktiv mit dem Ende ihres Lebens um, indem sie unter anderem genau festlegten, was im Falle ihres Todes passieren sollte. Viele von ihnen waren junge Leute, erst Anfang oder Mitte 20, doch ihre Jugend hielt sie keinesfalls davon ab, sich zu überlegen, wo sie begraben werden wollten. Denn anders als Bartholomew Roberts – du erinnerst dich vielleicht an seinen Wunsch, im Falle seines Todes einfach über Bord ins Meer geworfen zu werden – wollten die meisten Piraten einen richtigen Sarg und ein richtiges Grab. Weil das Geld kostete, sorgten sie entsprechend vor. Hast du dich schon mal gefragt, warum die meisten Piraten Ohrringe trugen? Das ist keine Erfindung der heutigen Karnevalindustrie, die neben einem Säbel und einer Augenklappe noch weitere Accessoires verkaufen will. Die Ohrringe waren tatsächlich ganz typisch für die Piraten des Goldenen Zeitalters. Sie erfüllten gleich zwei sehr interessante Aufgaben: Erstens wurde in jeden Ohrring ein weiches Stück Kerzenwachs geklebt, damit ein Pirat immer einen kleinen Stopfen zur Hand hatte, mit dem er sich schnell die Ohrmuscheln verschließen konnte. Das war eine wichtige Schutzmaßnahme, um bei Kanonenschüssen nicht taub zu werden.[90] Noch spannender ist jedoch die zweite Aufgabe, die die goldenen Ohrringe erfüllten: Das Gold war eine Art Sterbeversicherung. Wurde ein Pirat getötet, dann nutzten die überlebenden Kameraden das Gold seiner Ohrringe, um seine Bestattung zu finanzieren. Hatte jemand einen ganz bestimmten Wunsch, auf welcher Insel oder an welchem Ort er beerdigt werden wollte, so gravierte er diese Information in seinen Ohrring.[91] Das funktionierte nicht nur, wenn man als Pirat im Kampf an Bord verstarb, sondern auch, wenn man als Wasserleiche an einer beliebigen Küstenlinie an Land gespült wurde. Jeder Pirat, der eine Leiche mit goldenen Ohrringen entdeckte, würde sich um eine anständige Beerdigung des Toten kümmern. Das war gelebte Tradition.[92] Wer Pirat wurde und diese Gepflogenheiten kennenlernte, verwendete vermutlich seine ersten Einkünfte für die Anschaffung von eigenen Ohrringen. Die Lebenserwartung von Piraten war häufig nicht allzu hoch, also wollte man die eigene Begräbnisversicherung alsbald in trockenen Tüchern haben. Manche Seeräuber hatten darüber hinaus den Wunsch, ein Erbe zu hinterlassen. Auch das ließ sich arrangieren, und zwar mit einer Art Hochzeit. Die »Matelotage« genannte Verbindung zwischen zwei Piraten erlaubte es ihnen, im Falle ihres Todes ihr Vermögen an den Partner zu übertragen. Einige Quellen sehen die Matelotage als rein platonische Partnerschaftsversicherung, doch manche Historiker vermuten, dass es sich oft um eine Art gleichgeschlechtliche Ehe handelte.[93] Auch diese Form von Partnerschaft ist wieder ein glänzendes Beispiel dafür, wie extrem fortschrittlich und innovativ Piraten ihr gesellschaftliches Zusammenleben organisierten. Natürlich ist es wenig überraschend, dass es in vielen Seeräubercrews homosexuelle Beziehungen gab. Dass jedoch bereits vor rund 400 Jahren eine Art Eheschließung unter gleichgeschlechtlichen Personen möglich war, ist schlicht und einfach sensationell. Erinnerst du dich noch an die amerikanische Anwältin Gloria Allred aus dem sechsten Kapitel, die einen wegweisenden Prozess für ihre lesbischen Mandantinnen in Kalifornien gewann? Das war 2008. In Deutschland mussten homosexuelle Paare noch länger warten, um heiraten zu dürfen, nämlich bis zum 1. Oktober 2017.[94]

Liebe und Beziehungen, Leid und Sterben, das alles gehört zu unserem Leben dazu. Was die Endlichkeit des Lebens und den eigenen Tod angeht, erlebe ich viel Tabuisierung und Verdrängung in meinem Umfeld. Natürlich habe auch ich in jungen Jahren nicht darüber nachgedacht, wie und wo ich bestattet werden möchte. Heute bin ich Ende 40. Auch für viele Leute in meinem jetzigen Alter ist das Thema noch sehr weit weg. Für mich nicht. Ich musste erfahren, wie wichtig es ist, sich mit der eigenen Sterblichkeit auseinanderzusetzen.

Du erinnerst dich an die legendäre Hochzeits-Revival-Party, von der ich dir im letzten Kapitel erzählt habe. Dieser Abend hat sich in mein Gedächtnis eingebrannt wie sonst nur wenige andere Abende in meinem Leben. Die Stimmung, die vielen Brautkleider, die Ausgelassenheit und die pure Lebensfreude, die wir damals alle erleben durften, war einfach phänomenal. Als alle Gäste in den frühen Morgenstunden gegangen waren, blieben nur Lars und ich sowie meine große Schwester Susanne und ihr Mann zurück. Wir erledigten zu viert – immer noch bestens gelaunt, wenn auch schon etwas erschöpft – die gröbsten Aufräumarbeiten, sodass wir am nächsten Tag den gemieteten Festsaal zügig würden übergeben können. Ich war besonders Susanne sehr dankbar. Sie war nicht nur beim Aufräumen eine große Hilfe, sie hatte auch schon am Vortag mit uns zusammen die ganzen Aufbau- und Dekorationsarbeiten erledigt. Susanne ist die Hilfsbereitschaft in Person, immer aktiv, immer anpackend. Da sie zehn Jahre älter ist als ich, hat sie mir in meinem Leben schon viele Wege geebnet. Sie war meine Babysitterin und hat mir Buchstaben und Zahlen beigebracht, schon bevor ich in die Schule kam. Als ich elf Jahre alt war und sie schon studierte, nahm sie mich einmal mit an die Uni, damit ich eine große Vorlesung miterleben konnte. Ich habe mich damals sogar gemeldet und dem Professor eine Frage gestellt, was Susanne dann immer wieder – mit Stolz auf ihre kleine Schwester – erzählte. Sie war für mich oftmals ein starkes Vorbild und hat mich unzählige Male unterstützt, meine Ideen auch gegen Widerstände durchzusetzen. Susanne ist in ihrem Leben nie ein Fan von Konventionen und von »so macht man das« gewesen. Sie ist Piratin durch und durch und hat dabei noch deutlich mehr Energie als ich, und das will schon etwas heißen. Auch sie hatte sich zur Hochzeits-Revival-Party richtig in Schale geworfen. Da es ihr Hochzeitskleid nicht mehr gab, kaufte sie sich ein silbern glitzerndes Etuikleid und steckte sich eine zarte Stoffblume ins Haar. Wir machten an dem Abend viele Fotos und auf allen Bildern ist Susanne mit ihrem immer offenherzigen, geradezu ansteckenden Lachen zu sehen. Als der Festsaal endlich aufgeräumt war, gingen Lars, Susanne, ihr Mann und ich zum Parkplatz und verabschiedeten uns. Es war stockdunkel und ziemlich kalt, aber wir waren immer noch aufgedreht und fröhlich. Susanne und ich nahmen uns fest und lange in die Arme, ich bedankte mich zum wiederholten Mal für ihre grandiose Unterstützung. Sie lachte fröhlich, wir gaben uns Küsschen auf die Wangen und verabschiedeten uns voneinander. Dies war meine letzte unbeschwerte Begegnung mit meiner großen Schwester. Kurz nach unserer Feier hatte Susanne völlig überraschend eine Blutung im Gehirn, ein Aneurysma war geplatzt. Sie ging an einem Sonntagnachmittag mit einer Freundin zum Sport, bekam kurz danach starke Kopfschmerzen, wurde bewusstlos, fiel ins Koma und verstarb zehn Tage später. Wir beerdigten sie in dem zauberhaften, silbern glitzernden Etuikleid, das sie bei der Party getragen hatte. Da war sie gerade 50 Jahre alt.

Vielleicht kennst du das berühmte Anthony-Hopkins-Zitat: »*Keiner von uns kommt lebend hier raus. Also hört auf, euch wie ein Andenken zu behandeln. Esst leckeres Essen. Spaziert in der Sonne. Springt ins Meer. Sagt die Wahrheit und tragt euer Herz auf der Zunge. Seid albern. Seid freundlich. Seid komisch. Für nichts anderes ist Zeit.*«[95]

Piraten lebten immer in dem Bewusstsein, dass der eigene Tod jederzeit kommen konnte. Keiner kam lebend da raus. Das gilt im Grunde für uns alle. Und doch tun wir gerne so, als wüssten wir das nicht. Der plötzliche und völlig unerwartete Tod meiner großen Schwester knallte mir das Thema Endlichkeit und Sterblichkeit mit einer Wucht vor die Füße, die mich in die Knie zwang. Auf einmal war nichts mehr so, wie es vorher war. Mein eigener Schmerz paralysierte mich, doch fast noch schlimmer war es, meine Eltern dabei zu begleiten, wie sie ihre Tochter beerdigen mussten.

Der Tod gehört zum Leben dazu. Wir alle werden diesen Planeten nicht lebend verlassen. Du nicht, ich nicht, mein Mann und meine Kinder nicht. Und wir kennen nicht die Reihenfolge, in der wir gehen werden. Heute kann ich das klar aussprechen. Denn im Frühjahr 2015 zwang mich das Universum, diese Lektion zu lernen. Natürlich hatte Susanne kein Testament, keine Patientenverfügung, keine Vorsorgevollmachten, und sie hatte auch nie darüber gesprochen, wie sie sich ihre Bestattung vorstellte. Zum Zeitpunkt ihres Todes hatte das niemand in meinem familiären Umfeld. Dieser unliebsame »Papierkram« rund um die eigene Sterblichkeit ist nur eine eher kleine von vielen Lektionen, die ich aus den Ereignissen von damals gezogen habe. Viel bedeutsamer war und ist das, was sich gedanklich bei mir seither verändert hat.

Das Leben ist zum Glück kein Ponyhof

»Wer Angst vor den Höhen und Tiefen
des Lebens hat, lebt extrem mittelmäßig.«
Ernst Ferstl

Wenn ich zaubern könnte, würde ich als Erstes meine Schwester wieder zurückholen. Vermutlich denkt jede und jeder so, wenn ein geliebter Mensch verstorben ist. Doch außer in meinen Gedanken, Gesprächen und meinen Träumen bleibt es dabei: Susanne ist nicht mehr da. Die ersten Monate waren grausam, ich durchlebte alle für diese Situation typischen Phasen wie Trauer, Wut, Hilflosigkeit und innere Zerrissenheit. Dann entdeckte ich ein probates Betäubungsmittel für meinen Schmerz: meine Arbeit. Ich stürzte mich in meinen Job, als gäbe es kein anderes Thema in meinem Leben. Auftrag um Auftrag, Workshop um Workshop und Reise um Reise war ich mit so viel Engagement und Perfektionismus unterwegs, dass mir keinerlei Raum zum Nachdenken blieb. Für meine Familie war ich zeitweise überhaupt nicht mehr greifbar, doch Lars ließ mich gewähren, und unsere Kinder waren noch zu klein, um mein Verhalten zu verstehen. Immerhin kehrte so meine »Funktionsfähigkeit« zurück. Als erste wichtige Lektion konnte ich erkennen, dass es aus den tiefsten Tiefpunkten heraus eines Tages auch wieder ein Gefühl von bergauf gibt. Ich schlief irgendwann wieder normal. Die Momente des unerträglichen Schmerzes wurden weniger. Und Lars und ich begannen, unsere Prioritäten im Leben neu zu sortieren.

Ein Schicksalsschlag ist wie ein Pausenknopf im Leben.

Seit der Geburt von Eike und meiner Entscheidung, mich selbstständig zu machen, um mehr Zeit für meine Familie zu haben, waren gut sechs Jahre vergangen. Damals hatten Lars und ich intensiv diskutiert, wie wir unser Leben gestalten wollten, und jetzt knüpften wir an die Diskussion von damals an. Dieses Mal war er derjenige, der harte Konsequenzen zog. Er entschied sich, seine Vollzeitstelle als Führungskraft aufzugeben und einen Schritt in der Hierarchie zurückzugehen, um Teilzeit arbeiten zu können. Er hatte bereits versucht, als Leiter der Rechtsabteilung die Erlaubnis zu bekommen, auf 80 Prozent zu reduzieren, doch die Geschäftsführung lehnte das ab. Im Jahr 2015 war Teilzeit in Führungspositionen noch wenig verbreitet – und für einen Mann geradezu undenkbar. Wöchentliche Besprechungen von 18 bis 19 Uhr waren in seinem Job die Regel, und so kam er oft erst nach Hause, wenn unsere Kinder schon fast im Bett waren. Das wollte er nicht mehr. Durch den Tod meiner Schwester war uns beiden brutal vor Augen geführt worden, dass es nicht selbstverständlich ist, die eigenen Kinder in ihrem Aufwachsen zu begleiten. Die Kinder meiner Schwester waren gerade 13 und 17 Jahre alt, als ihre Mutter starb. Uns wurde glasklar, was eigentlich eine Binsenweisheit ist: Die Zeit mit den Kindern war JETZT. Sie brauchten uns JETZT. Wir konnten sie nur JETZT intensiv begleiten. Sie würden so schnell groß werden und so viele Momente würden nie wiederkommen. Wenn wir jetzt nicht etwas veränderten, würden wir sehr viel zu bereuen haben. Geld und Status verloren an Bedeutung, die Zeit wurde unser wertvollster Schatz. Lars gab seine Abteilungsleiterstelle auf, hatte keinen Dienstwagen mehr, wir mussten uns eine eigene Familienkutsche kaufen, er zog aus seinem Einzelbüro aus und bekam keinen Manager-Bonus mehr. Natürlich musste er – und auch ich – anfangs öfter mal schlucken. Der Preis für die Teilzeit-Entscheidung war hoch. Doch es gab unzählige glückliche Momente, die uns für diesen Schritt belohnten. Lars hat seine Entscheidung bis heute nie ernsthaft bereut, denn auch der Druck und die Anspannung in Bezug auf seine Verantwortung als Abteilungsleiter hatten ihn Kraft gekostet. Diese Energie war jetzt für die Familie frei geworden.

Lange bevor wir verheiratet waren, hatte ich mal darüber gesprochen, dass mein ideales Lebensmodell eine Familie mit zwei Partnern in zwei Teilzeitjobs sein würde. In unserem Karriererausch im

Alter zwischen 30 und 40 Jahren war diese Vision abhandengekommen. Jetzt war sie auf einmal Wirklichkeit und wir hatten sie exakt so umgesetzt wie damals angedacht. Wir waren – und sind bis heute – sehr dankbar dafür. Denn wer kann schon regelmäßig unter der Woche zusammen am Mittagstisch sitzen? Vor der Pandemie und den umfassenden Home-Office-Regelungen waren wir diesbezüglich die Ausnahme. Wir konnten das bereits seit 2015 und genießen es. Welche Familie kann an einem sonnigen Mittwochnachmittag um 14 Uhr spontan ins Schwimmbad oder auf den Tennisplatz gehen? Für uns ist das möglich, und zwar dank unserer Entscheidung, nicht mehr in Vollzeit zu arbeiten.

Hätten wir diese wichtige Entscheidung 2015 auch getroffen, wenn meine Schwester nicht gestorben wäre? Ich muss zugeben, dass ich mir da nicht sicher bin. Der Schock saß so tief, dass er Konsequenzen haben musste. Ein »einfach weiter so« war undenkbar geworden. Das ist die nächste Lektion, die ich für mich ziehen kann:

Alles im Leben hat einen Zweck.

Das ist in der Situation selbst schwer zu erkennen, zeigt sich im Nachhinein aber deutlich. So unerträglich und schwer die Ereignisse zu verkraften waren, so haben sie dennoch eine wichtige Wendung in unserem Leben befördert.

Wäre es besser, wenn das Leben immer ein Ponyhof wäre, wenn wir rosarot bebrillt von der Geburt bis zum Tod hindurchrauschen könnten? Nein. Ganz sicher nicht. Denn wenn alles immer glattlaufen würde, wie könnten wir dann Glück und Wonne überhaupt als solche erkennen? Es braucht die freudvollen wie die schmerzhaften Emotionen, um die Dinge in unserer Gefühlswelt differenzieren zu können. Die kleinen und großen Narben, die sich im Laufe unserer Biografie entwickeln, sind oft mit wichtigen Wachstumsschüben verbunden. Ich möchte die schweren und schmerzhaften Situationen meines Lebens bestimmt kein zweites Mal erleben. Aber ich will sie auch nicht missen. Unter Seglern gibt es die folgende Weisheit: »A smooth sea never made a skilled sailor.« Übersetzt bedeutet es, dass man bei ruhigem Wetter kein guter Segler werden kann.

Wir brauchen im Leben Stürme, die uns durchschütteln und mit den wichtigen Fragen unseres Daseins konfrontieren.

Leider ist es oftmals nicht ausreichend, wenn andere Menschen dir von ihren Stürmen und Schicksalsschlägen berichten. Ich wünschte, es wäre anders. Am nachhaltigsten lernen wir, wenn wir selbst den Boden unter den Füßen verlieren. Wenn du selbst umgehauen wirst, unmittelbar und direkt, dann musst du auch selbst wieder aufstehen. Du musst die emotionale Achterbahnfahrt, die dir das Leben zumutet, selbst absolvieren – und am Ende wieder auf zwei Beinen stehen können.

Loslassen ist das neue Anpacken

»Mut ist nicht die Abwesenheit von Angst, sondern die Fähigkeit, Angst anzuerkennen und durchzustehen.«
Susan David

Hast du schon mal versucht, negative Emotionen zu unterdrücken? Kennst du Gedanken wie »Ich will nicht länger enttäuscht sein!« oder »Ich hasse meine Nervosität!« oder »Jetzt bloß nicht wütend werden!«? Wenn du hin und wieder mit unangenehmen Emotionen zu tun hast, kennst du sicherlich auch die zwei häufigsten Wege, die Menschen in diesem Fall einschlagen. Entweder versinken sie in Grübelei und graben sich immer tiefer und tiefer in ihre schwierigen Emotionen ein, oder sie suchen nach einem adäquaten Betäubungsmittel, um die schmerzlichen Gefühle zu übertünchen. Die meisten von uns kennen beide Wege, vermutlich bist auch du den einen wie den anderen schon gegangen. Und sicherlich konntest du dabei feststellen, dass beide Wege nur bedingt hilfreich sind. Was also tun?

Im Coaching bespreche ich mit meinen Klientinnen und Klienten häufig den Umgang mit schwierigen Emotionen. Meistens suchen sie nach Strategien, wie sie diese Gefühle erst gar nicht entstehen lassen können. Der Wunsch »Ich will nicht immer so emotional sein!« ist bestimmt nicht nur in meiner Coaching-Arbeit, sondern in vielen Coaching-Begleitungen ein Dauerbrenner. Wenn dieser Wunsch mir gegenüber geäußert wird, habe ich darauf immer die gleiche Antwort parat: »Wer keine Emotionen mehr haben will, hat die Wünsche eines Toten.«

Hast du dir auch schon einmal gewünscht, nicht so emotional auf eine Situation zu reagieren? Ich kann dir nur davon abraten. Wenn etwas Aufregendes, Wichtiges oder Unerwartetes passiert und du nichts empfindest, ist dir entweder alles egal oder du stehst unter starken Drogen oder du bist schlichtweg tot. Keine der drei Alternativen ist wünschenswert. Emotional zu sein zeigt, dass es dich bewegt, was gerade in deinem Leben passiert. Was ist daran verkehrt? Du bist da, präsent, zeigst Reaktion, bist womöglich engagiert und bekommst einen schnelleren Herzschlag oder feuchte Hände. Ich bekam früher oft rote Flecken am Hals, wenn es in einer Diskussion richtig hitzig zur Sache ging. Wenn Emotionen derart hochkochen, dass Menschen komplett ausrasten, dann ist das selbstverständlich ein großes Problem. Aber ist völlige Gleichgültigkeit wirklich die bessere Lösung? Für mich kann ich das ganz klar beantworten: Gleichgültigkeit ist Mist.

Piratinnen und Piraten sind nicht gleichgültig,
denn dann könnten sie in der Welt nichts bewegen.

Statt weniger emotional sein zu wollen, müssen wir vielmehr lernen, konstruktiver mit unserer Emotionalität umzugehen. Emotionen dürfen da sein und gezeigt werden, aber in einem für alle Beteiligten angemessenen Maß. Wie kann das gehen? Die Antworten dazu liefert die südafrikanische Psychologin Dr. Susan David. Sie hat mit einem Vortrag zum Thema »Emotionale Agilität«[96] im Jahr 2017 meinen Blick auf unser Gefühlsleben kräftig durchgeschüttelt – und seither bin ich ein großer Fan ihrer Arbeit. Die wichtigsten Impulse des Vortrags waren für mich:

- Emotionen sind weder gut noch schlecht. Emotionen sind, was sie sind, sie zeigen uns, dass wir fühlende Wesen sind und am Leben teilhaben.
- Wir brauchen die gesamte Bandbreite der Emotionen für ein erfülltes Leben. Von riesiger Freude bis zu tiefem Schmerz gehört

alles dazu. Wer seine unangenehmen Gefühle betäuben will, betäubt immer beide Seiten.
- Die Schönheit unseres Lebens ist untrennbar mit seiner Fragilität verbunden. Schwierige Gefühle sind der Preis, den wir für ein sinnerfülltes Leben bezahlen.
- Schwierige Emotionen »wegzulächeln« ist keine gute Strategie. Besser ist es, ehrlich zu reflektieren und nachzuforschen, welche Ursachen dahinterstecken.
- Meine Emotionen gehören zu mir, aber ich bin nicht meine Emotionen. Ich bin nicht das, was ich fühle, sondern ich fühle es nur.
- Meine Emotionen sind wertvolle Daten und liefern mir Informationen über meine Werte, Ziele und Haltungen im Leben.
- Das Steuer meines Lebens halte ich in der Hand. Es ist keine gute Idee, meinen Emotionen dieses Steuer zu überlassen.
- Wenn ich klare Werte habe, kann ich mir mit ihrer Hilfe einen Weg durch meine schwierigen Emotionen bahnen.

Für mich war die Erkenntnis, dass meine Emotionen zwar ein Teil von mir sind, mich aber nicht ausmachen, ein echter Game Changer. Susan David empfiehlt, dies auch in der Sprache zu verdeutlichen. Statt »Ich bin traurig.« sollte man besser sagen: »Ich fühle Trauer.« Statt »Ich bin wütend.« ist »Ich fühle Wut in mir aufsteigen.« die bessere Alternative. So drücken wir auch sprachlich besser aus, dass es keine Verschmelzung von Emotion und Persönlichkeit gibt, sondern dass eine Emotion etwas ist, das kommt, da ist – und auch wieder geht. Auch die von mir in Coachings oft genutzte Aussage »Wer keine Emotionen mehr haben will, hat die Wünsche eines Toten.« ist von Susan David. Mit ihrer Inspiration habe ich das Loslassen meiner Emotionen gelernt. Früher dachte ich, ich muss zur besseren Handhabung meiner schmerzhaften Gefühle aktiver sein, sie anpacken und dagegen anarbeiten, oder mich selbst stärker disziplinieren und regulieren. Doch genau das Gegenteil ist der Fall: Loslassen ist das neue Anpacken! Zunächst habe ich das Loslassen sprachlich umgesetzt und über meine Gefühle nur noch mit der Satzkonstruktion »Ich fühle dies und das« kommuniziert. Nach und nach stellte ich fest, dass es mir auch insgesamt immer besser gelang, schwierige Emotionen durchzustehen. Der klitzekleine Raum zwischen einem Reiz und meiner

Reaktion wurde ein Stück größer. Das erlaubt mir heute, meine Emotionen wahrzunehmen, ohne mich komplett von ihnen vereinnahmen zu lassen. Wenn ich zum Beispiel Ärger verspüre, nehme ich diesen Ärger natürlich wahr, aber ich identifiziere mich nicht mit ihm. Er darf da sein und mir etwas über meine Werte und meine Haltung zu einer bestimmten Person oder zu einem Vorfall erzählen. Aber ich lasse den Ärger keinesfalls ans Steuer meines Lebens. Er bestimmt nicht mein Handeln.

Jetzt möchtest du vermutlich wissen, ob mir dieses Vorgehen immer hundertprozentig gelingt. Andererseits: Du kennst mich inzwischen und weißt längst, dass ich alles andere als perfekt bin. Selbstverständlich gehe ich nicht komplett gechillt und stets gelassen durch mein Leben. Am Ende bin und bleibe ich eine Piratin. Arrgghh! Auch heutzutage verhalte ich mich gelegentlich so, dass ich mich danach dafür entschuldigen muss. Dennoch kann ich mit Überzeugung sagen: Die große Mehrheit der Probleme, die mir meine Emotionen früher bereitet haben, wenn ich ihnen das Steuer meines Lebens überließ, die gibt es nicht mehr.

> Erlaube deinen Emotionen, da zu sein.
> Sie wegzudrängen oder zu unterdrücken ist Mist.

Atze Schröder hat das mal sehr treffend formuliert: *»Alles, was du in deinem Leben lange genug unterdrückst, steht irgendwann vor deiner Tür und haut dir zur Begrüßung in die Fresse!«*[97] Ein Satz, wie ihn auch ein Pirat nicht schöner hätte formulieren können.

Raus aus der Wattepackung

»Gegenwind formt den Charakter.«
Radfahrer-Spruch

Wer segeln will, riskiert schlechtes Wetter. Wer leben will, riskiert schwierige Gefühle. Wer Piratin oder Pirat sein will, der nimmt diese Risiken bereitwillig in Kauf. Natürlich hat Wagemut, so wie ich ihn verstehe, nichts mit übertriebenem Leichtsinn zu tun. Ich fordere dich nicht dazu auf, jeden Humbug zu veranstalten, den das Leben dir anbietet. Aber ich möchte dich rausholen aus der Wattepackung, die viele Menschen sich im Laufe ihres Lebens zugelegt haben. Natürlich geht der Schritt aus der Komfortzone auch einmal schief. Piraten hatten kein unentwegt glückliches Leben, aber ein lebendiges. Und um Lebendigkeit zu spüren, musst du wieder und wieder raus aus deiner Komfortzone. Wenn du PIRATE UP YOUR LIFE ernst nimmst, gehört das dazu. Gehst du diesen Weg konsequent, dann wird Enttäuschung eine Emotion sein, die dir des öfteren über den Weg läuft. Ich spreche aus Erfahrung. Meine manchmal etwas schrägen Ideen bringen mich nicht immer dahin, wo ich hinwill. Die Liste meiner Rohrkrepierer-Initiativen ist beachtlich. Aber deswegen werde ich nicht müde oder resigniere gar, sondern mache weiter. Denn – und auch das ist ein Geheimnis, das ich dir sehr gerne verrate – Enttäuschungen sind viel besser als ihr Ruf.

Du hast eine Idee und willst etwas erreichen, doch dann klappt es nicht? Wahrscheinlich bist du von dir selbst enttäuscht. Oder von anderen Menschen. Das fühlt sich nicht gut an, aber im Grunde ist solch eine Enttäuschung ein wichtiges, weil erkenntnisreiches Phänomen. Bisher warst du GE-täuscht. Jetzt bist du ENT-täuscht. Die Täuschung, der du vorher erlegen warst, ist aufgelöst. Du siehst jetzt klarer. Jede Enttäuschung ist so gesehen ein Schritt in Richtung mehr Wahrheit, weg von Irrtum und Illusion. Ist doch gut so, sei froh!

> Mit jeder Ent-täuschung in deinem Leben lässt du eine Täuschung hinter dir.

Mit diesem Verständnis vom Sinn und Zweck einer Enttäuschung kannst du auch dein Piraten-Mindset stärken. Trau dich, mehr zu sagen, zu fragen, auszuprobieren, zu erreichen oder anzuzetteln, und mute dir selbst all die Emotionen zu, die das mit sich bringen wird. Je mehr du bewusst und aktiv neue Risiken eingehst und je mehr du bereit bist, auch schwierige Emotionen durchzustehen, desto besser bist du gewappnet, wenn das Leben dir mal wieder einen einschenkt. Die Zeiten, in denen wir aktuell leben, rufen uns geradezu dazu auf, wagemutig zu sein und dabei in Kauf zu nehmen, dass das nicht immer harmonisch laufen wird.

Aber obwohl wir das wissen, machen wir viel zu oft: nichts. Kennst du die folgende Situation? Du verfolgst eine gesellschaftliche oder politische Debatte, zum Beispiel zu neuen Corona-Maßnahmen, Flüchtlingen oder zur Klimakrise. Du hast eine klare Haltung und es juckt dich in den Fingern, dazu zum Beispiel in deinen Social-Media-Kanälen etwas zu schreiben. Doch dann überlegst du es dir noch mal. Schlussendlich lässt du es bleiben – oder du schreibst nur eine weichgespülte Variante dessen, was du eigentlich sagen wolltest. Bloß keinen Shitstorm provozieren! Dafür habe ich volles Verständnis, das geht mir auch oft so. Aber ist ein solches Verhalten, ist diese Zögerlichkeit wirklich noch zeitgemäß? Meine Antwort darauf ist ein beherztes Nein.

> Wir dürfen unserer Scheu vor harten Auseinandersetzungen nicht erlauben, unseren Gestaltungswillen zu beschneiden.

Kantige Positionen und ein mit offenem Visier geführter Diskurs gehören für mich zu meinem Leben als Piratin der heutigen Zeit dazu. Im politischen Umfeld bin ich aus genau diesem Grund ein großer Fan von eigenwilligen Persönlichkeiten, die ein klares und konsistentes Wertegerüst haben, was sie auch gegen Widerstände verteidigen. Seit ich mich für Politik interessiere, haben mich Leute aus unterschiedlichsten Parteien damit beeindruckt. Das waren zum Beispiel Menschen wie Heiner Geißler, Hans-Christian Ströbele oder Hildegard Hamm-Brücher. Heute ist Gregor Gysi so jemand für mich. Vielleicht hast du wie ich bei vielen Positionen ein Problem mit der Partei »Die Linke«, aber was mich immer wieder beeindruckt: Der Mann kann Gegenwind aushalten. Gysi streitet oft für sehr sperrige Positionen. Er hat kein Problem damit, zu wissen, dass er seinen Standpunkt allein vertreten muss und nur Kontra hören wird. Natürlich gefällt mir auch, dass er ein brillanter Rhetoriker ist – dazu mit Humor gesegnet. Die »Best-of-Gregor-Gysi«-Videos auf YouTube haben einen hohen Unterhaltungswert. Wer professionell als Rednerin oder Redner arbeiten will, kann sich bei ihm eine Menge abgucken. Ich bewundere aber vor allem seine Vielseitigkeit und seine Tatkraft. Viele kennen ihn nur als Rechtsanwalt und Politiker, aber wusstest du, dass er vor seinem Jurastudium zunächst eine Ausbildung als Rinderzüchter absolviert hat?[98] Und dass er mal alleinerziehender Vater seiner Söhne war? Dass er heute eine eigene Talkshow moderiert, die den schönen Titel *Miss-Verstehen Sie mich richtig*[99] hat? Sein vielschichtiges Leben (spannend nachzulesen in seiner Biografie *Ein Leben ist zu wenig*) und sein schier unerschöpfliches Engagement zeigen mir: Dieser Mensch will etwas bewegen und die Welt nicht einfach hinnehmen, wie sie ist.

Es braucht Wagemut, um aufzurütteln und um den Finger in die Wunden der Gesellschaft zu legen. Der heftige Gegenwind ist vorprogrammiert, wenn du dich aus dem Schatten des Stillhaltens herauswagst. Piraten von heute wie damals zeichnen sich dadurch aus, dass sie nicht Teil einer gleichgültigen Mehrheit sein wollen. So gering die Chancen auch sein mögen und sosehr ihnen der Gegenwind auch ins Gesicht pustet, sie gehen da raus und wollen Veränderung bewirken. Aus meiner Sicht ist Gregor Gysi wie Francis Drake ein Wadenbeißer-Typ, er ist extrem hartnäckig und kann austeilen, aber auch einstecken. Nur so hält ein Mensch die vielen Jahre im Politikbetrieb aus. Ich finde sicher nicht alles gut, was Politikerinnen und Politiker gemeinhin so machen. Aber allein die Bereitschaft, für ein politisches Amt anzutreten, bringt es mit sich, in Wahlen möglicherweise zu unterliegen oder nach einigen Jahren auch wieder abgewählt zu werden. Häme, Hass und Diffamierung gibt es gratis dazu. Ein Leben in Watte ist das sicherlich nicht und dafür muss man nicht mal bis in die Bundespolitik gehen. Als Tochter eines engagierten Lokalpolitikers weiß ich ein Stück weit, wovon ich spreche. Zum Glück gibt es Menschen, die sich diesen Herausforderungen stellen und die bereit sind, die damit verbundenen schwierigen Emotionen auszuhalten.

Ohne starke Emotionen lässt sich kein gesellschaftlicher Wandel gestalten.

Was ich dir mit diesem Kapitel mitgeben möchte: Ein Leben in einer weichen Wattepackung ist kein echtes Leben. Wenn du die schwierigen Emotionen vermeiden willst, verabschiedest du dich von der Lebendigkeit. Das Leben läuft, wie es läuft, manchmal grandios, manchmal anstrengend und manchmal einfach nur scheiße. Heftige Schicksalsschläge werden kommen, und du wirst lernen, sie durchzustehen. Vielleicht weißt du bereits genau, wovon ich spreche. Tränen sind okay, Wut ist okay, Angst ist okay, Verzweiflung ist okay, das gehört alles dazu. Ein Leben ohne Wenn und Aber ist manchmal richtig schwer auszuhalten. Hin und wieder ist es sehr befreiend, in den Wald zu gehen und zu schreien. So lange, bis du heiser bist. Oder zu Hause den vollen Mülleimer mit Wucht wegzutreten. Wenn du den ganzen Siff dann wieder sauber machen musst, hast du direkt Gelegenheit, dich wieder abzuregen. Auch hier habe ich einschlägige Erfahrungen.

> Die Angst vor schwierigen Emotionen sollte dich niemals davon abhalten, dein Leben in all seiner Lebendigkeit zu leben.

Watte fühlt sich nur im ersten Moment weich an, irgendwann lässt sie dir keine Luft mehr zum Atmen. Lass dich nicht einlullen! Such dir neue Routen, neue Wegpunkte, neue Küsten und verlass den sicheren Hafen. Setz deine Komfortzone aufs Spiel! Falls du gerade überlegst, was du sofort anpacken könntest, um die Inspirationen dieses Kapitels in die Tat umzusetzen, hätte ich da eine Idee: Schreibe auf, wie und wo du beerdigt werden möchtest. Erstelle eine Patientenverfügung. Teile diese Informationen mit deinen Liebsten. Ich wünsche dir von ganzem Herzen, dass diese Dokumente NIEMALS wichtig werden. Aber sollte das doch der Fall sein, dann ist es ein Segen für deine Angehörigen, deine Wünsche zu kennen. Sei Pirat und erkenne an, dass wir hier alle nicht lebend rauskommen.

A: Ein Brief an deine Zukunft

In Situationen, die dich sehr herausfordern, kann es hilfreich sein, dir selbst einen Brief voll guter Wünsche an dein eigenes Ich in der Zukunft zu schreiben. Das kannst du haptisch mit Stift und Papier machen und deine Briefe weglegen und zu einem bestimmten Termin wieder hervorholen, es gibt aber auch Internetseiten, die das einfach ermöglichen.[100] Ich habe für mich selbst gerade in schwierigen Zeiten schon häufiger Botschaften verfasst, die ich mir dann zum Beispiel zu meinem nächsten Geburtstag zugestellt habe. Obwohl ich die Botschaften selbst geschrieben habe, kommen sie dann doch immer überraschend und ergreifen mich, wenn ich sie lese. Diese Verbindung von Gegenwart und Zukunft ist sehr hilfreich, um das Durchleben von schwierigen Emotionen kraftvoller zu gestalten.

B: Gefühle benennen, nicht verinnerlichen

Ändere bewusst deine Wortwahl und beschreibe deine Emotionen ab sofort nicht mehr mit »Ich bin ...« oder »Ich habe ...«, sondern achte darauf, immer »Ich fühle ...« zu sagen. Deine gesprochene Sprache ist mächtig, sie hat massiven Einfluss auf deine Gedanken und damit auf deine Grundstimmung. Wenn du zusätzlich beginnst, Wörter wie »Stress« wegzulassen und belastende Situationen exakt und ausdifferenziert zu beschreiben (siehe die Übung im zweiten Kapitel), ist das noch effektiver. Deine Fähigkeit zur konsequenten Selbststeuerung wird sich dadurch verbessern, gerade in emotional angespannten Situationen. Das ist kein Hexenwerk, sondern sofort machbar! Aber nur, wenn du diese Übung eisern durchziehst und konsequent auf deine Wortwahl achtest.

10 HINFALLEN, AUFSTEHEN, KRONE WEGWERFEN, HAARE ZERZAUSEN UND DAS LEBEN ROCKEN

»Leute mit Mut und Charakter sind anderen Leuten immer sehr unheimlich.«
Hermann Hesse

WORUM ES GEHT:

- Getreu dem Motto PIRATE UP YOUR LIFE haben schon viele Menschen wagemutige Schritte getan, von denen du dich inspirieren lassen kannst.
- Es ist wichtig, ins konkrete Handeln zu kommen und das Zögern und Zaudern bewusst hinter dir zu lassen.
- Bedenken können wichtige und einmalige Gelegenheiten zerstören. Achte darauf, dass sie nicht dein Handeln dominieren.

Wagemut in allen Lebenslagen

Zum Ende des Buches möchte ich dir unbedingt noch mehr von Witwe Zheng erzählen, der wagemutigen Chinesin aus dem zweiten Kapitel. Erinnerst du dich an sie? Als junges Mädchen wurde sie von ihren Eltern an ein Bordell verkauft, doch dann stieg sie von einer Prostituierten zur mächtigsten Piratin aller Zeiten auf, die auf dem Höhepunkt ihrer Macht rund 70 000 bis 100 000 Piraten zu ihrer Seeräuberflotte zählen durfte. Anders als die meisten anderen Piraten endete sie nicht in Gefangenschaft und schlussendlich an einem Galgen baumelnd, sondern ihr Schicksal nahm eine viel interessantere Wendung. Für die chinesische Regierung war die riesige Piratenflotte von Witwe Zheng eine ausgewachsene, terroristische Bedrohung. Die Seeräuber belasteten die innere Sicherheit und die internationalen Handelsbeziehungen Chinas massiv. Doch wie sollte man sie stoppen? Witwe Zheng hatte ihre Flotte bestens organisiert, zudem waren die Piraten zahlenmäßig so übermächtig, dass die Marine ihnen nur tatenlos zusehen konnte, wie sie Tausende Kilometer Küstenlinie kontrollierten. Um endlich gegen die gigantische Piratenarmee anzukommen, holten sich die Chinesen Hilfe aus Europa. Zunächst die Engländer und später auch die Portugiesen lieferten diverse Kriegsschiffe an China. Witwe Zheng hielt diesen Herausforderungen stand, doch gleichzeitig muss sie gespürt haben, dass sie ihre Macht nicht ewig würde verteidigen können. Also überlegte sie sich eine neue Strategie und bot der chinesischen Regierung an, über eine Amnestie zu verhandeln. Man willigte ein, denn der Regierung war jedes Mittel recht, um die Küstenlinie endlich wieder halbwegs unter die Kontrolle der offiziellen Behörden und der Marine zu bringen. So machte sich Witwe Zheng im Februar 1810 auf den Weg zum chinesischen Generalgouverneur. Dort war sie seit Jahren die am meisten gefürchtete Persönlichkeit ihrer Zeit, jeder einzelne Soldat in der Festung des Gouverneurs muss mit dem Schlimmsten gerechnet haben, als man von ihrem Besuch erfuhr. Doch sie kam in friedlicher Mission. Ohne eine einzige Waffe und nur von einigen Frauen und Kindern begleitet, reiste sie an.[101] Damit hatte sicherlich keiner gerechnet – und genau das war Witwe Zhengs Plan. Sie wollte ihre Gegner überraschen. Aber dieses Mal nicht mit Waffengewalt oder Plünderungen, sondern mit einem ausgetüftelten Plan, wie eine Amnestie für ihre gigantische Flotte aussehen könnte. Ich mache es kurz: Diese Frau war nicht nur als Piratin ein Supertalent, auch ihr Verhandlungsgeschick konnte sich sehen lassen.

- Alle jemals erbeuteten Reichtümer durften die Piraten behalten.
- Wer eine neue Beschäftigung suchte, konnte nahtlos von der Piratenkarriere in einen legalen Job beim chinesischen Militär oder bei der Marine wechseln.
- Für ihren Stiefsohn, der immer noch ihr engster Vertrauter war, handelte sie sogar eine hohe Position in der Marine aus, und er durfte eine kleine private Schiffsflotte für sich behalten und befehligen.
- Nur einige wenige Personen aus ihrer riesigen Flotte mussten ins Gefängnis oder wurden zur Todesstrafe verurteilt.[102] Die allermeisten Piraten ihrer Crew – selbstverständlich inklusive ihrer eigenen Person – wurden vollumfänglich begnadet.
- Und das Allerbeste zum Schluss: Sie verlangte die Einrichtung einer staatlichen Unterstützungskasse für die »berufliche Neuorientierung« ihrer Piraten, um jedem einzelnen Crewmitglied die Möglichkeit zu geben, in aller Ruhe und mit üppiger finanzieller Absicherung den Transit zurück in das legale Leben zu schaffen.

Die Expertin für weibliche Piratenbiografien Laura Sook Duncombie beschreibt es sehr treffend: »Manche Piraten starben im Kampf, manche starben, weil sie dem Gesetz zugeführt und hingerichtet wurden. Doch Witwe Zhengs Piraten starben in ihren warmen Betten und eingehüllt in weiche Decken, die von der chinesischen Regierung bezahlt worden waren.«[103] Witwe Zheng selbst setzte sich nicht mit all ihren Reichtümern zur Ruhe, sie war ja noch jung. Mit gerade mal 35 Jahren begann ihre »Piratenpension«. Sie heiratete noch einmal, bekam ein Kind, eröffnete angeblich ein Spielkasino, betrieb einen florierenden Opiumhandel und starb 1844 im damals biblischen Alter von 69 Jahren als Großmutter im Kreise ihrer Familie.[104] Sie führte nicht nur ein legendäres Piratenleben, sondern zeigte auch eine gehörige Portion Wagemut, um ganz neue Regeln für einen legalen Lebensabend der Seeräuber zu schreiben.

Ich finde es immer wieder faszinierend, mich mit den Biografien anderer Menschen zu beschäftigen. Damit meine ich nicht allein Piraten oder andere prominente Figuren der jüngeren oder älteren Weltgeschichte, sondern auch ganz »normale« Menschen wie dich und mich. Jede und jeder von uns hat außergewöhnliche Wendungen in der eigenen Biografie. Kein Lebenslauf gleicht dem anderen, und dennoch sprechen wir häufig von »normalen« Menschen und meinen damit die große Mehrheit. Hast du dich schon mal gefragt, was das ist, ein »normaler« Mensch? Bist du normal? Immer wenn ich jemanden neu kennenlerne, fällt mir auf: Spezielle Wendungen, Eigenschaften oder Ereignisse gibt es in jeder Lebensgeschichte. Zum Glück! Denn wer will schon »normal« sein?

> Jeder Mensch ist eine unendlich facettenreiche Inspirationsquelle für andere Menschen.

Das hast du bestimmt auch schon erlebt: Du hörst von den Zielen, Taten oder Projekten anderer Menschen und direkt kommt deine Fantasie in Gang. Ideen für dein eigenes Leben werden wach. Wir Menschen sind Nachmacher im allerbesten Sinne. Die Droge für den Menschen ist der andere Mensch, so sagt es der Neurowissenschaftler Prof. Joachim Bauer. Wir beeinflussen uns immer gegenseitig, wir sind soziale Wesen und ständig untereinander auf Empfang geschaltet.[105]

Damit du auf noch mehr wagemutige, neue Ideen für dich selbst kommen kannst, habe ich in diesem Kapitel weitere Wagemut-Geschichten ganz verschiedener Menschen für dich zusammengestellt. Noch mehr Anekdoten dieser Art findest du auf der Wagemut-Weltkarte auf der Website zu diesem Buch: www.piratenstrategie.de. Alles, was ich dir berichte, wurde mir erzählt oder geschrieben. Der Auslöser dafür war in vielen Fällen mein Keynote-Vortrag zu den Piraten. Am Ende meines Vortrags lade ich mein Publikum immer zu einer 24-Stunden-Wagemut-Challenge ein. Die Leute haben dann 24 Stunden Zeit, eine kleine oder große Idee in die Tat umzusetzen und mir davon zu berichten. Als Motivation und Dankeschön schicke ich ihnen ein kleines Präsent, wenn sie mitmachen. Ich spüre jedes Mal, wie inspiriert und begeistert die Menschen von den Piraten sind. Mit der Challenge bewege ich sie dazu, diese Energie zu nutzen und sofort praktisch loszulegen.

Mit den folgenden – anonymisierten – Geschichten erhältst du eine ganz kleine Auswahl der vielen Rückmeldungen, die mich bis heute erreicht haben. Zu deiner Unterhaltung, aber in allererster Linie zu deiner Inspiration. Damit du loslegst. Falls du nämlich immer noch darüber nachdenkst, wie du mehr Wagemut in dein Leben bringen könntest und wie PIRATE UP YOUR LIFE bei dir aussehen könnte, dann ist das Ende deiner Ausreden jetzt endgültig erreicht.

Raus aus dem Kannste-nix-machen-Korsett

»What you do today can improve all your tomorrows.«
Ralph Marston

Martin war an einem trüben Wintertag zu Gast in meinem Piratenvortrag. Er packte – animiert durch meine Challenge – seine Sportgewohnheiten an: *»Hallo Stefanie! Dein anregender Vortrag hat einen Impuls gesetzt in Sachen Veränderung. Ich werde mir ab sofort über die Winterzeit mittwochs immer drei Stunden über den Tag als abwesend blocken. Ich will das Tageslicht für sportliche Aktivitäten nutzen.«*

Einen richtigen Wagemut-Ausbruch erlebte Tatjana nach meinem Vortrag. Sie war Ingenieurin, verheiratet, hatte keine Kinder und arbeitete in Vollzeit. Immer mal wieder hatte sie überlegt, »einfach so« weniger zu arbeiten, um mehr Zeit für sich, ihren Mann und die gemeinsamen Hobbys zu haben. Noch am selben Abend schrieb sie der Personalabteilung eine E-Mail und beantragte eine Reduzierung ihrer Arbeitszeit. Dazu berichtete sie mir: *»Ihr lebendiger Vortrag hat mir gezeigt, dass ich den Status quo hinter mir lassen kann. Das Schreiben an die Personalabteilung ging soeben raus. Ich will das jetzt durchziehen, auch wenn «man/frau» natürlich weiß: Das macht man doch nicht als gut ausgebildete Ingenieurin ohne Kinder! Ich freue mich auf die Zeit, die ich nun für mich gewonnen habe. Danke für den Impuls!«*

Beate ging direkt nach dem Vortrag wagemutig auf ihren Sitznachbarn zu, um einen neuen Businesskontakt zu knüpfen. Sie war als Coach und Trainerin selbstständig und gab auch Jonglierkurse. Als Freiberuflerin war sie immer auf der Suche nach neuen Kunden. Der Herr war sehr freundlich, Beate überreichte ihm ihre Visitenkarte und ging dann beschwingt mit ihrer Bekannten auf ein Glas Wein in ein Lokal. Sie sprühten beide vor Ideen. Beates E-Mail an mich endete mit folgendem Absatz: »*Daheim hat es mich noch so ›gerappelt‹, dass ich, anstatt bald ins Bett zu gehen, noch die Böden meiner ganzen Wohnung gewischt habe. Jetzt glänzt es hier. Das wird zwar eine sehr kurze Nacht, ich bin jedoch noch sehr inspiriert und gespannt, was mir noch alles für Ideen in dieser Nacht kommen.*« Ihre Zeilen berührten mich sehr. Für mich ist das immer ein Gänsehaut-Moment, wenn so schöne Feedbacks bei mir ankommen. Doch die Geschichte geht noch weiter: Einige Stunden nach Beates Nachricht konnte ich diese Mail in meinem Postfach lesen: »*Sehr geehrte Frau Voss, vielen Dank für den tollen und kurzweiligen Vortrag gestern. Sie haben uns ja eine Piratenaufgabe mitgegeben, die wir in 24 Stunden angehen sollen. Hier ist meine: Meine freundliche Sitznachbarin sprach mich nach Ihrem Vortrag an und gab mir ihre Visitenkarte. Sie erzählte, dass sie Jonglierkurse anbietet. DAS wollte ich schon immer mal können – und heute habe ich mich bei ihr zu einem Kurs angemeldet. Und jetzt freue ich mich auf Ihr Präsent.*« Als ich das gelesen hatte, grinste ich vor Glück im Kreis. Ist es nicht faszinierend, wie aktiv Menschen werden können, wenn ihnen eine wildfremde Piraten-Rednerin ein kleines Geschenk verspricht?

> Kleine Belohnungen stärken die Umsetzungskraft. Was könntest du JETZT Wagemutiges tun und welche Belohnung könntest du dir dann gönnen?

Eine ordentliche Portion Wagemut zeigt sich bei allen Geschichten, in denen es um das Thema Konflikte geht. Petra traute sich, nach dem Vortrag ein schwieriges Thema anzupacken: »*Ich arbeite seit 20 Jahren als Rechtsanwaltsgehilfin. Die Kanzlei hat seit Anfang des Jahres neue Partner hinzubekommen und wurde umstrukturiert. Vor einer Woche wurden nun jeder Angestellten neue, individuelle Arbeitsverträge vorgelegt. Im Großen und Ganzen war ich einverstanden, aber halt nicht zu 100 Prozent. Einen für mich wichtigen Zusatz in meinem Vertrag wollte mir ein Partner nicht zugestehen. Das ärgerte mich seit Tagen. Ich bin eher ein zurückhaltender Typ und hätte wahrscheinlich unterschrieben, wenn Sie gestern nicht den Wagemut-Vorschlag gebracht hätten. Deshalb hat der Pirat in mir den Konflikt heute sehr zielstrebig angesprochen. Und – was soll ich sagen? Sie hatten recht: Potenziale × Wagemut = Erfolg. Die Zusatzklausel ist drin im Vertrag. Danke dafür.«*

Wagemut ist für alle Bereiche deines Lebens hilfreich. Beruflich wie privat lohnt es sich, daran zu arbeiten. Wo verstecken sich in deinem Leben die Bereiche, in denen das Motto PIRATE UP YOUR LIFE einen echten Unterschied machen wird? »Da kannste nix machen!« ist eine Haltung, die ich nicht akzeptiere. Aus tiefster Überzeugung und bald 50 Jahren Lebenserfahrung versichere ich dir: Du kannst immer etwas machen. Es gibt immer einen Weg, es ändert sich nur vielleicht das Ziel. Nelson Mandela hat dazu mal gesagt: »Es scheint nur so lange unmöglich, bis es jemand macht.«[106]

> Wagemut ist die bewusste Entscheidung, dass es etwas Wichtigeres gibt als Angst, Scham, Konventionen oder Regeln.

Diese Definition von Wagemut steht auch am Ende des ersten Kapitels. Ich finde sie so wichtig, dass sie eine Wiederholung verdient hat. Vielleicht schreibst du sie dir auf einen Zettel und hängst ihn gut sichtbar bei dir auf? Wenn du das mit dem Wagemut ernst nimmst, kann das ein guter und regelmäßiger »Anstupser« sein!

Bedenken sind gefährliche Wegweiser

»Life isn't about waiting for the storm to pass,
it's about learning to dance in the rain.«
Vivian Greene

So manche wagemutige Entscheidung katapultiert unser Leben in eine neue Richtung. Wie neu, anders, herausfordernd oder speziell unsere Wege sein werden, die wir mit einer gewissen Portion Wagemut einschlagen, das lässt sich im Voraus oftmals überhaupt nicht abschätzen. Reisen und das Kennenlernen von anderen Kulturen fordern uns auf verschiedene Weise heraus, natürlich sind auch mein Auslandsaufenthalt in Argentinien und meine Weltumseglung wichtige Weggabelungen gewesen, die meinem Leben insgesamt eine neue Richtung gegeben haben. Umso mehr freut es mich, wenn Menschen, inspiriert durch die wagemutigen Piraten, auf die Idee kommen, endlich mal wieder ihre Sachen zu packen und die Welt zu entdecken.

Willi und seine Frau schrieben mir, dass sie noch am Abend meines Vortrags ihr Wohnmobil packten und am nächsten Tag einfach losfuhren. Sie waren schon länger pensioniert und hatten Zeit, doch irgendwas war immer dazwischengekommen. Jetzt hatte der Vortrag den entscheidenden Impuls gesetzt. Einige Wochen nach ihrer ersten E-Mail schrieben sie mir erneut und schickten ein Foto – aus Dubrovnik.

Veronika schrieb mir von ihrer Entscheidung, zu ihrem 60. Geburtstag einen Sommer lang auf einer Alm in Österreich als Sennerin zu arbeiten. Sie hatte lange Bedenken gehabt, ob sie das überhaupt schaffen könnte, aber es stellte sich heraus: Mit der Inspiration der Piraten konnte sie es!

Manchmal sind Bedenken echte Gelegenheitszerstörer.

Natürlich gehören Bedenken zum Leben dazu. Zum Glück, möchte ich sagen, denn ohne Angst und ohne Respekt vor den Unwägbarkeiten des Lebens würden wir uns leichtsinnig großen Gefahren aussetzen. Aber zu viele, zu pessimistische oder eher unrealistische Bedenken engen dich im Leben massiv ein. Du lässt dann – weil ja etwas schiefgehen KÖNNTE – Gelegenheit um Gelegenheit an dir vorbeiziehen. Es kommt also darauf an, deine Bedenken im Zaum zu halten. Sie dürfen da sein, aber nicht deine gesamte Zukunft bestimmen.

Bei manchen Entscheidungen im Leben wissen wir von Beginn an, dass sie lebensverändernd sein werden. Dazu gehört zum Beispiel die Entscheidung, Kinder in die Welt zu setzen. Jede Mutter und jeder Vater hat sicherlich schon einmal einen Satz begonnen mit den Worten: »Als ich noch keine Kinder hatte …« Es entsteht so etwas wie eine Einteilung in Vorher und Nachher. Mein Mann Lars und ich waren uns einig, dass wir Kinder haben wollten, wie das sicher bei vielen Paaren der Fall ist. Wir freuten uns riesig über die Schwangerschaften und bereiteten uns – so gut man das kann – auf das Leben mit Kindern vor. Doch das kann auch ganz anders laufen als bei uns.

Zum Abschluss dieses Kapitels möchte ich dir eine Wagemut-Geschichte erzählen, die mich persönlich sehr betrifft. Sie ist nicht mir, aber in meinem direkten Umfeld passiert. Stell dir mal vor, du bist eine Frau, 44 Jahre alt, und hast zwei wunderbare Söhne im Alter von 11 und 13 Jahren. Gerne hättest du auch noch ein drittes Kind gehabt, aber dazu ist es nicht gekommen, denn du bist schon seit einigen Jahren glücklich von deinem Ex-Mann geschieden. Du bist als Freiberuflerin selbstständig, dein Business läuft rund und es gibt zum Glück wenig, worum du dir große Sorgen machen musst. Du gehst regelmäßig zum Salsa-Tanzen, machst mit deinen Söhnen schöne Urlaube und hast einen großen Freundeskreis. Du führst schon seit längerer Zeit eine lockere Fernbeziehung. Dann wirst du plötzlich schwanger. Natürlich ungeplant und trotz Verhütung, in deinem Alter ist das geradezu ein biologisches Wunder. Dein Partner ist entsetzt, er will, dass du das Baby sofort abtreibst. Aber eine Abtreibung willst du und kannst du nicht, das widerspricht deinen Werten. In dir entsteht das Gefühl, dass dieses Baby trotz aller Widrigkeiten unbedingt auf die Welt kommen soll. Du wirst das schon hinbekommen. Die Partnerschaft ist damit beendet. Aber mit einer fest hinter dir stehenden Familie und einem großen Kreis wunderbarer Nachbarn und Freunde gelingt es dir, deine Sorgen im Zaum zu halten. In der 17. Schwangerschaftswoche machst du eine Fruchtwasseruntersuchung in einer Pränatalklinik, wenige Tage danach ist das Ergebnis da. Man übermittelt dir folgende Diagnose: Dein Baby ist ein Mädchen und es hat das Down-Syndrom.

Diese Geschichte hat sich genau so vor rund zehn Jahren ereignet. Die Frau, von der ich hier berichte, ist meine Schwester Sabine. Sie kann sich noch gut an die Situation von damals erinnern. An ihrem 45. Geburtstag saß sie bei ihrer langjährigen Frauenärztin. Sie erzählt: »*Meine Ärztin sagte mir, ich könne das Kind auf keinen Fall bekommen. Alleinerziehend sei es undenkbar, ein Kind mit Down-Syndrom großzuziehen. Dazu noch die beiden Jungs, die ja auch noch nicht aus dem Gröbsten raus waren. Ich würde das niemals wuppen können, davon war die Ärztin überzeugt. Nicht einen einzigen Gedanken verschwendete sie daran, dass man ein Baby mit dieser Behinderung auch austragen konnte. Sie wollte sich sofort um eine Abtreibung kümmern, denn mit einer solchen Diagnose war das auch in der 17. Schwangerschaftswoche problemlos möglich.*« Die Ärztin meinte es sicherlich gut mit meiner Schwester, aber sie löste bei ihrer Patientin keinerlei Erleichterung oder Zustimmung aus, sondern eher eine starke Abwehrhaltung. Sabine war nicht bereit, das in ihr wachsende Baby einfach aufzugeben. Sie entschied sich, erst einmal nachzudenken, weitere Untersuchungen abzuwarten und sich zu informieren. Und sie suchte sich eine neue Frauenärztin.

Eine Abtreibung war für sie weiterhin unvorstellbar, also musste sie sich ein Bild davon machen, was die Down-Diagnose überhaupt bedeutete. Natürlich gab es stichhaltige Gründe, warum sie dieses Kind nicht bekommen sollte. Aber mit großer Beharrlichkeit entschied sie, sich zunächst in die Down-Welt einzufinden. Wenn sie heute zurückblickt, dann sagt sie: »*Die Menschen glauben immer, sie könnten alles planen und kontrollieren. Eltern glauben, sie könnten das Leben ihrer Kinder Schritt für Schritt durchplanen. Das ist absurd, wir kontrollieren fast nichts, gerade dann nicht, wenn es um Kinder geht. Eine gesunde Schwangerschaft heißt noch lange nicht, dass man auch gesunde Kinder großzieht. Es kann immer etwas passieren, bei der Geburt und jeden einzelnen Tag danach. Ich habe als Mutter von zwei großartigen Jungs die Erfahrung gemacht, dass ich dem Leben und mir selbst vertrauen kann. Natürlich gab es ganz viel Unsicherheit, Vieles lag im Nebel. Aber es war kein Ding der Unmöglichkeit. Meine Tochter würde viel Förderung brauchen und sicherlich spezielle Bedürfnisse haben – aber welches Kind hat die nicht? Nach vielen Gesprächen, Beratungen und umfassender Recherche wusste ich: Es ist keineswegs unmöglich, ein Kind mit Down-Syndrom großzuziehen.*« Sabine hatte sich entschieden. Sie würde das Baby bekommen und die junge Dame würde Sophia heißen. Vieles von dem, was man Sabine damals »prophezeite«, traf glücklicherweise nicht ein. Sabine erzählt: »*Sophia hat mich gelehrt, einen Schritt nach dem anderen zu tun. Der große Berg ist nie auf einmal zu schaffen. Wichtig ist für mich in meinem Leben: Ich muss mein Handeln immer vor mir selbst verantworten können – nur das ist mein Maßstab. Kann ich morgen noch zufrieden in den Spiegel schauen? Dazu trägt mich bis heute das Zitat von Byron Katie*[107]*: ›Everything happens FOR you, not TO you.‹ Selbstverständlich verurteile ich niemanden, der einen anderen Weg geht als ich. Es ist und bleibt eine ganz individuelle Entscheidung, die man unbedingt respektieren muss. Doch durch Sophia ist ein riesiger Schatz neuer Erfahrungen und Themen in mein Leben gekommen, das hatte ich vorher weder geplant noch geahnt.*«

Heute ist Sophia zehn Jahre alt. Sie ist ein sehr fröhliches und lebhaftes Kind und körperlich zum Glück weitgehend gesund. Sie reitet, singt und tanzt gerne, ist ein großer Mark-Forster-Fan und trägt am liebsten Kleider mit Glitzer-Applikationen.

Sabine hat unendlich viele Bedenken und Probleme aus dem Weg geräumt, Thema für Thema hat sie angepackt und gelöst. Augen auf und durch – so lässt sich das vielleicht am besten beschreiben. Meine Schwester ist eine ausgesprochen starke Frau. Sie hat klare Werte, handelt wagemutig und lässt sich nicht von Konventionen einengen. Sie hat sich von einem durchgeplanten Leben verabschiedet und vertraut stattdessen ihrer Intuition und Problemlösefähigkeit. Ich habe riesengroße Achtung vor dem, was sie für sich und Sophia und auch ihre beiden mittlerweile erwachsenen Söhne alles geschafft hat. Dabei hat sie sich ihre fröhliche und locker-unbedarfte Art komplett erhalten. Sie ist weder grimmig noch verbittert. Als sie sich einmal für das Baby entschieden hatte, verordnete sie sich selbst konsequente Zuversicht. Zu der Lebenseinstellung meiner Schwester passt der Postkartenspruch:

Man muss mit allem rechnen. Auch mit dem Schönen.

Wenn du dein Leben rocken willst, wenn du PIRATE UP YOUR LIFE ernst nimmst, wenn du ohne Wenn und Aber dein Ding machen willst, dann wirst du viele Bedenken aus dem Weg räumen müssen. Du wirst Vertrauen brauchen, in dich selbst und in andere. Optimismus hilft ebenfalls, dazu ein starkes Netzwerk und der Glaube daran, dass es schon gut gehen wird. Du wirst Rückschläge einstecken müssen, es wird auch mal stürmisch werden. Und immer dann, wenn du nach Auswegen suchst oder nach neuen Ideen, nach Abzweigungen vom vorgezeichneten Weg, dann schau auf andere Menschen.

Suche dir starke Piratinnen und Piraten in deinem Umfeld.
Was kannst du aus ihren Erfahrungen lernen?

Meine Eltern haben mir Urvertrauen, Geborgenheit und den Glauben an mich selbst mit auf den Weg gegeben. Das waren schon mal beste Voraussetzungen für einen Lebensweg nach eigenem Plan. Dazu habe ich, seit ich auf der Welt bin, mit meinen beiden Schwestern zwei grandiose Piratinnen-Vorbilder immer vor Augen gehabt. Viele meiner schrägen Ideen sind dank ihrer Inspiration entstanden – und oft haben sie mich auch praktisch und tatkräftig unterstützt. Dafür bin ich unendlich dankbar. Weil es Inspirationsquellen und Vorbilder braucht, um sich zur waschechten Piratin oder zum waschechten Piraten zu entwickeln. Ohne Susanne und Sabine wäre ich nicht der Mensch geworden, der ich heute bin.

A: Die 7-Tage-Bucket-Liste

Eine sogenannte »Bucket List« für dein Leben kennst du sicherlich schon. Da stehen Dinge drauf, die du unbedingt machen möchtest, bevor du das Zeitliche segnest. Wie wäre es mit einer 7-Tage-Bucket-Liste? Was willst du in der kommenden Woche alles erleben? Ich schlage vor, dass du genau drei Punkte auf deine Liste schreibst. Wenn zu viel draufsteht, machst du es nicht, und zu wenig ist zu einfach. Es geht darum, deinen Wagemut zu trainieren. Also, was soll auf deine Liste? Ein neues Getränk probieren? Einen alten Kumpel anrufen, den du jahrelang nicht gesprochen hast? Etwas in dein lange vernachlässigtes Tagebuch schreiben? Überhaupt ein Tagebuch kaufen und deine Gedanken notieren? Oder backst du morgen einen Ohne-Grund-Kuchen für deinen Kollegenkreis? Schreibe deine 7-Tage-Bucket-Liste – am besten jetzt sofort!

B: Die Wagemut-Weltkarte

Für die vielen sagenhaften Wagemut-Ideen meiner großen Piraten-Community habe ich eine Website ins Netz gestellt. Ich möchte die vielen Inspirationen an einem Ort sammeln. Auf www.piratenstrategie.de kannst du dich einerseits inspirieren lassen und nachlesen, was andere Menschen schon Wagemutiges getan haben. Du kannst aber auch deine eigenen wagemutigen Aktionen dort eintragen. Du hast also jetzt gleich zwei Aufgaben:

- Du liest dir mindestens zehn Einträge anderer Piratinnen und Piraten durch und lässt dich inspirieren, wie du mehr Wagemut in dein Leben bringen kannst.
- Du trägst selbst mindestens eine wagemutige Aktion auf der Weltkarte ein, die du in den letzten Wochen unternommen hast. Das geht schnell und ist ganz einfach in wenigen Klicks erledigt.

Ich bedanke mich jetzt schon bei dir, dass du uns an deinem Wagemut teilhaben lässt. Noch viel grandioser ist aber der Community-Effekt: Du hilfst mit jedem einzelnen Beitrag, dass wir eine starke, vielfältige, kreative, einflussreiche, unkonventionelle und richtig große Piratenbewegung werden, die die Welt verändert – jeden Tag ein kleines Stück.

11 AUSBLICK: EINE WELT VOLLER PIRATINNEN UND PIRATEN

»A bisserl was geht immer.«
Monaco Franze

Ende 2021 hatte ich ein intensives Gespräch mit meinen beiden geschätzten Speaker-Kollegen Monika Scheddin aus München und Ilja Grzeskowitz aus Berlin. Beide haben schon mehrere Bücher geschrieben. Ich stand vor der Entscheidung, ob ich mir ein Buchprojekt zu den Piraten und dem Wagemut »antun« sollte – oder lieber nicht. Seit Monaten kaute ich auf diesem Thema herum. Beide machten mir Mut. Die entscheidende Frage, die letztlich zur Entstehung dieses Buches geführt hat, stellte mir Ilja: »Braucht die Welt ein Buch über Wagemut?« Als ich diese – im Grunde einfache – Frage hörte, wurde es in mir ganz still. Ich hielt den Atem an. Tief aus meinem Herzen kam eine klare und eindringliche Antwort: JA! Wenn die Welt gerade irgendetwas brauchte, dann war das mehr WAGEMUT! Der bestärkende, kollegiale Austausch mit Monika und Ilja setzten in mir eine Lawine in Gang. Meine vielen Zweifel rund um das Buchprojekt lösten sich plötzlich auf und es stand nur noch eine dicke, fette, starke Aufforderung da: Schreib dieses Buch. JETZT. Dieser Aufforderung bin ich gefolgt.

In den vielen Stunden, die ich den Piraten und dem Wagemut gewidmet habe, bin ich immer zuversichtlicher geworden. Mein Bild von einer Welt voll wagemutiger Menschen wird immer konkreter, immer bunter, immer kraftvoller. Ich begegne fast täglich neuen Menschen, die den Status quo auf ihre Weise über den Haufen werfen. In allen Ecken unserer Gesellschaft sind sie schon unterwegs, die Piraten von heute. Ich bin sicher, wir können noch viel mehr werden.

Mit diesem Buch möchte ich dich von Herzen einladen mitzumachen. Werde Piratin oder Pirat, unterstütze die Veränderungen, die unsere Welt so dringend braucht. Setze PIRATE UP YOUR LIFE auf deine

Weise um, in deinem Tempo, für dich selbst und für uns als Gesellschaft. Warum es sich lohnt, will ich hier noch ein letztes Mal zusammenfassen. Schau dazu in die Zukunft und stell dir vor:

- Wie wäre unsere Welt, wenn wir alle Piraten wären? Wenn wir uns vom Status quo nicht länger einschüchtern oder lähmen ließen, sondern ihn beherzt verändern würden?
- Was würde passieren, wenn du, ich und jeder Mensch die eigenen, persönlichen Werte nicht nur klar definieren, sondern auch danach handeln würde, wenn es mal unbequem wird?
- Was wäre alles möglich, wenn wir viel weniger »Ja, aber« sagen und stattdessen mehr Offenheit und Neugierde zeigen würden? Was könnte alles entstehen, wenn wir alle grundsätzlich mit einer »Warum eigentlich nicht?«-Haltung unterwegs wären?
- Was würden wir alles wagen, wenn wir weniger Angst vor Enttäuschungen hätten, sondern jede Enttäuschung auch als Lernerfahrung begreifen könnten?
- Wie sähe eine Welt mit weniger ICH und mehr WIR aus? Welche Perspektive hätten wir als Gemeinschaft, wenn mehr Transparenz und Fairness substanzielle Probleme unserer Zeit lösen könnten?
- Und wie weit könnten wir kommen, wenn wir mit Wadenbeißer-Qualitäten an unsere großen Herausforderungen herangehen würden, anstatt uns von notorischer Skepsis und fest verankertem Pessimismus ausbremsen zu lassen?
- Wie viel Energie würde frei werden, wenn wir uns beherzt von den vielen Missverständnissen und Konflikten befreiten, die uns andauernd begleiten? Wenn wir sie lösen würden, anstatt sie auszusitzen? Wenn wir selbst den ersten Schritt machen und auf andere Menschen zugehen würden, anstatt uns zurückzuziehen und zu schmollen?
- Welche Freude und Leichtigkeit könnten wir in die Welt bringen, wenn wir uns regelmäßig Musik, Tanz, Gesang, Geselligkeit und Partylaune verordnen würden? Was wäre, wenn jeder von uns zwei Piccolöchen oder alkoholfreien Gin Tonic im Kühlschrank hätte? Wenn die Gänsehautmomente zu unserem Alltagsleben einfach dazugehörten?

- Was für eine unglaubliche Resilienz könnte sich entwickeln, wenn wir in einen so guten Kontakt zu uns selbst kommen würden, dass wir mit der ganzen Bandbreite unserer Emotionen leben könnten?
- Und wenn immer mehr Piraten und Piratinnen loslegen und den Wagemut tagtäglich in allen Bereichen unserer Gesellschaft beherzt vorleben, wäre dann nicht eine Welt denkbar, die sich für alle zum Guten entwickelt?

Ja, ich halte das für möglich. Das mag sich naiv anhören, doch ich glaube an uns Menschen. Ich weiß von mir, dass ich Dinge bewegen kann. Ich weiß, dass viele Menschen – genau wie ich – in sich einen Drang verspüren, die Welt zu verändern. Du gehörst auch dazu, denn sonst hättest du dieses Buch nicht gelesen. Also los, worauf wartest du noch?

Die Welt braucht mehr Wagemut. PIRATE UP YOUR LIFE!

Gleich hast du es geschafft, gleich bist du am Ende dieses Buches angelangt – aber eigentlich ist das nicht das Ende, sondern erst der Anfang. Denn du weißt jetzt nicht nur, warum es sich lohnt, deinen Alltag wagemutiger zu gestalten, du weißt auch, wie du das konkret umsetzen kannst. Du hast zahlreiche Tipps, Ideen und Inspirationen bekommen, doch eines bleibt offen:

Handeln musst du selbst. Allein. In eigener Verantwortung.

Ich bitte dich von ganzem Herzen: TU ES! Hole den Wagemut in dein Denken und Handeln. Entdecke und erwecke den Piraten zum Leben, der auch in dir steckt. Es lohnt sich! Und damit auch ich mitbekomme, wie du aktiv wirst, wäre es toll, wenn du deine wagemutigen Schritte und Aktionen auf www.piratenstrategie.de mit uns teilst.

Ich sage jetzt schon von Herzen DANKE! Danke, dass du bis hierher gelesen hast. Danke für dein Vertrauen. Danke für dein Interesse an meinen Ideen. Und besonders dafür, dass du mir das Wertvollste geschenkt hast, was du hast: deine Lebenszeit und deine Aufmerksamkeit. DANKE, liebe Piratin und lieber Pirat. Und jetzt lass uns die Welt verändern.

12 EIN GLÜCKLICHES DANKESCHÖN

»The most effective way to do it, is to do it.«
Amelia Earhart

Angeblich macht Dankbarkeit glücklich. Und zwar nicht nur die Menschen, bei denen man sich bedankt, sondern in allererster Linie einen selbst. Das kann ich bestätigen. Während ich diese Zeilen schreibe, bin ich vielen Menschen extrem dankbar – und mega glücklich bin ich gerade auch.

Wo fange ich an mit dem Danke-Sagen? Dass ich überhaupt zur Piratin wurde, hat vor allem mit meiner Familie zu tun. Als Erstes danke ich meinen Eltern, die mir nicht nur ausgeprägte Freiheitsliebe, einen starken Charakter und viel Energie in die Wiege legten, sondern die meine Entwicklung dann auch gelassen ausgehalten haben. Dazu meine beiden Schwestern Susanne und Sabine, denen es ebenfalls gelungen ist, meinen Dickkopf so zu zähmen, dass wir unser Leben lang ein gutes Verhältnis hatten und uns immer gegenseitig unterstützen konnten. Unsere ganze, große Familie ist ein einzigartiges Geschenk, an dem ich lernen und wachsen darf, bis heute. Ich danke euch allen.

Dass es dieses Buch gibt, hat selbstverständlich auch mit vielen Menschen aus meinem beruflichen Netzwerk zu tun. Da war zunächst Heini Kürzeder, der mich jahrelang mit dem Buch-Thema vor sich hergetrieben hat. Dann kamen Ilja Grzeskowitz und Monika Scheddin ins Spiel, die mir den entscheidenden Tritt in den Hintern gaben. Zahlreiche wunderbare Kollegen und Kolleginnen wie Olaf und Beate Hofmann, Michael Rossié, Cordula Nussbaum, Paul Williams und ganz viele andere (die jetzt bitte nicht böse sind, weil ihr Name hier nicht steht) haben ihre Expertise mit mir geteilt und mir Mut gemacht. Mein kraftvolles Netzwerk ist ein großes Geschenk, danke euch allen!

Eng begleitet hat den kompletten Entstehungsprozess des Buches die grandiose Piratin Ute Flockenhaus. *You are my partner in crime*, liebe

Ute – und darauf zwei Piccolöchen! Die Zusammenarbeit mit dir war vom ersten bis zum letzten Moment das Beste, was mir bei diesem Mammutprojekt passieren konnte!

Ein großer Dank geht auch an Valesca Schober und die Kolleginnen und Kollegen im Campus-Verlag. Dass mein Thema im Verlag so gut angekommen ist, bedeutet mir viel. So lange habe ich davon geträumt, endlich Autorin zu sein. Jetzt ist es soweit – dafür sage ich von Herzen Danke!

All den Menschen in meinen Workshops, Coachings und im Publikum meiner Vorträge möchte ich danken, besonders all denen, die sich von mir zum wagemutigen Handeln haben ermutigen lassen. Die Begegnung mit offenherzigen Menschen ist immer wieder grandios. Ohne euch alle hätte ich wenig Ahnung von der Welt, kaum etwas zu erzählen und einen ziemlich tristen Job. Danke für die Inspirationen, die ihr mir schenkt.

Und dann sind da natürlich noch die Menschen aus meinem engsten Umfeld, die mich in allen Phasen des Buchprojekts getragen, unterstützt, bestärkt und auch einfach mal geduldig ausgehalten haben. Besonders mein enger Freundeskreis in Mettmann und meine Freundin Stephi haben mich immer wieder angefeuert und ermutigt. Ganz lieben Dank, ich umarme euch alle!

Meine beiden wunderbaren Söhne Jonte und Eike haben mein Buchprojekt sehr interessiert begleitet. Außerdem haben sie über Monate verständnisvoll darüber hinweggesehen, dass ich mit meinen Gedanken ständig bei den Piraten war, statt meine volle Aufmerksamkeit ihnen zu widmen. Ich danke euch beiden sehr! Henry Morgan ist jetzt erst mal wieder abgemeldet. Ihr seid schließlich die beiden größten Schätze in meinem Leben!

Mein größter Dank gilt meinem Mann Lars. Du bist mein Fels in der Brandung, mein Leuchtfeuer im Sturm, mein Kompass, mein Anker und mein sicherer Hafen. Ich danke dir für alles.

Du willst dich auf die Wagemut-Weltkarte eintragen?
Hier geht es zur Website zum Buch:

ANMERKUNGEN

1 https://en.wikipedia.org/wiki/Golden_Age_of_Piracy; abgerufen am 12.09.22
2 Robert Bohn: *Die Piraten* – C.H. Beck Wissen, 4. Auflage, 2020, S. 113 ff.
3 https://www.ludwigsburg24.com/ich-brauche-munition-keine-mitfahrgelegenheit-ukrainischer-praesident-selenskyj-lehnt-us-angebot-ab/; abgerufen am 14.09.22
4 James Clear: *Die 1 % Methode – minimale Veränderung, maximale Wirkung* – Goldmann Verlag, 3. Auflage, 2020, S. 46 ff.
5 https://piratequeenbook.com/flower-boats/; abgerufen am 14.09.22
6 Magazin *GEO Epoche Piraten* – Gruner & Jahr AG, 2013, S. 128 ff.
7 Laura Sook Duncombe: *Pirate Women – The Princesses, Prostitutes and Privateers who Ruled the Seven Seas*, Chicago Review Press, 2019, S. 176 ff.
8 https://de.wikipedia.org/wiki/Zheng_Yisao; abgerufen am 14.09.22
9 https://www.dw.com/de/pippi-langstrumpf-75-astrid-lindgren-kinderbuch-klassiker/a-53353058; abgerufen am 14.09.22
10 https://en.wikipedia.org/wiki/Pollera; abgerufen am 14.09.22
11 https://www.npr.org/sections/goatsandsoda/2022/04/17/1084492602/photos-how-this-bolivian-all-female-skate-crew-is-celebrating-their-indigenous-r?t=1654379125560; abgerufen am 14.09.22
12 https://www.euronews.com/culture/2022/02/07/meet-the-cholita-skateboarders-breaking-down-stereotypes-in-bolivia, »Meet the cholita skateboarders breaking down stereotypes in Bolivia«; abgerufen am 14.09.22
13 https://de.yourtripagent.com/4413-brief-introduction-to-peru-s-vibrant-polleras; abgerufen am 14.09.22
14 https://en.wikipedia.org/wiki/Pollera; abgerufen am 14.09.22
15 https://en.wikipedia.org/wiki/Pollera; abgerufen am 14.09.22
16 https://journals.sagepub.com/doi/full/10.1177/0306422016685969; abgerufen am 14.09.22
17 https://journals.sagepub.com/doi/full/10.1177/0306422016685969; abgerufen am 14.09.22
18 Wenn du mehr über die skatenden Frauen erfahren willst, empfehle ich dir dieses Video: https://www.youtube.com/watch?v=GtqcB_RiS1w – Scenes: Meet the cholita skateboarders breaking down stereotypes in Bolivia; abgerufen am 14.09.22
19 https://de.wikipedia.org/wiki/HELLP-Syndrom; abgerufen am 14.09.22

20 https://www.ft.com/content/c3d46f14-6319-438c-a011-970cf24828f7; abgerufen am 14.09.22

21 https://www.ft.com/content/d508d08e-682d-11e5-a57f-21b88f7d973f; abgerufen am 14.09.22

22 https://www.pm-wissen.com/psychologie/a/luegt-man-wirklich-200-mal-am-tag/2873/; abgerufen am 14.09.22

23 https://www.businessinsider.de/strategy/achtet-auf-die-fuenf-menschen-die-euch-am-naechsten-stehen-2017-2/; abgerufen am 14.09.22

24 https://www.theguardian.com/books/shortcuts/2014/jul/31/david-sedaris-litter-picker-rubbish-waste-vehicle-pig-pen-west-sussex; abgerufen am 14.09.22

25 Dr. Brené Brown: *Dare to Lead*, Penguin Random House UK, 2018, S. 186

26 Helmut Neuhold: *Die berühmtesten Freibeuter & Piraten*, Marix Verlag, 2013, S. 145 ff.

27 https://www.historic-uk.com/HistoryUK/HistoryofWales/Sir-Henry-Morgan/; abgerufen am 14.09.22

28 https://en.wikipedia.org/wiki/Henry_Morgan; abgerufen am 14.09.22

29 https://en.wikipedia.org/wiki/Henry_Morgan#Attacks_on_Puerto_Principe_and_Porto_Bello_(1667%E2%80%931668); abgerufen am 14.09.22

30 Helmut Neuhold: *Die berühmtesten Freibeuter & Piraten*, Marix Verlag, 2013, S. 149 ff.

31 https://en.wikipedia.org/wiki/Henry_Morgan#Arrest_and_release;_knighthood_and_governorship_(1672%E2%80%931675); abgerufen am 14.09.22

32 https://en.wikipedia.org/wiki/Henry_Morgan#In_Jamaican_politics_(1675%E2%80%931688); abgerufen am 14.09.22

33 https://de.wikipedia.org/wiki/Jamaika#Britische_Kolonie_(1655%E2%80%931962); abgerufen am 14.09.22

34 https://de.wikipedia.org/wiki/Opportunismus; abgerufen am 14.09.22

35 https://de.wikipedia.org/wiki/Schwer-in-Ordnung-Ausweis; abgerufen am 14.09.22

36 https://www.zdf.de/nachrichten/video/politik-bundesverdienstkreuz-kiesbye-100.html; abgerufen am 14.09.22

37 https://www.gemeinde-bisingen.de/leben/; abgerufen am 14.09.22

38 https://www.hopeandsoul.com/buecher/leben-mit-tausend-sternen.html; abgerufen am 14.09.22

39 https://de.wikipedia.org/wiki/Dilemma; abgerufen am 14.09.22

40 https://de.wikipedia.org/wiki/Sara_Blakely; abgerufen am 14.09.22

41 https://www.vaude.com/de-NL/Unternehmen/ueber-uns/Historie/; abgerufen am 14.09.22

42 www.masterclass.com – Kurs von David Sedaris zum Thema »Storytelling & Humor«; abgerufen am 14.09.22

43 Thomas M. Meine: *Das Who's Who der Piraten*, Books on Demand GmbH, 2015, S. 429

44 Laura Sook Duncombe: *Pirate Women – The Princesses, Prostitutes and Privateers who Ruled the Seven Seas*, Chicago Review Press, 2019, S. 129

45 https://pirates.fandom.com/wiki/Bartholomew_Roberts#Personality_and_traits; abgerufen am 14.09.22
46 Thomas M. Meine: *Das Who's Who der Pirate*, Books on Demand GmbH, 2015, S. 430
47 https://en.wikipedia.org/wiki/Bartholomew_Roberts#Commander_or_commoner?; abgerufen am 14.09.22
48 Charles Johnson: *A general history of the pyrates*, Smithonian Libraries, London, 1724, S. 209
49 Thomas M. Meine: *Das Who's Who der Pirate*, Books in Demand GmbH, 2015, S. 430
50 https://de.wikipedia.org/wiki/Piratenkodex; abgerufen am 14.09.22
51 https://en.wikipedia.org/wiki/Pirate_code#Articles_of_Bartholomew_Roberts; abgerufen am 14.09.22
52 https://en.wikipedia.org/wiki/Pirate_code#Articles_of_Bartholomew_Roberts; abgerufen am 14.09.22
53 Sam Conniff Allende: *Be more pirate*, Penguin Random House, 2018, S. 207 ff
54 Wenn du mehr über die Piratenrepublik erfahren willst, empfehle ich dir die Netflix-Serie *Das verlorene Piratenreich*: https://www.netflix.com/de/title/81035118; abgerufen am 14.09.22
55 Alexandre O. Exquemelin: *Piraten der Karibik*, CloudShip Verlag, 2018, S. 64
56 https://www.spiegel.de/karriere/gehaelter-in-schweden-maximale-transparenz-a-881340.html; abgerufen am 20.09.22
57 Diese Zahlen werden aus einer DSW-Studie zitiert: https://karrierebibel.de/manager-gehaelter/; abgerufen am 14.09.22
58 *Süddeutsche Zeitung Magazin* vom 29.07.2022, Artikel »Die Recht-Inhaberin«, S. 24
59 https://sipgate.medium.com/so-zahlen-wir-6251ec42205a; abgerufen am 14.09.22
60 https://de.wikipedia.org/wiki/Francis_Drake#Weltumsegelung_(The_Famous_Voyage)_(1577%E2%80%931580); abgerufen am 14.09.22
61 https://www.gpsmycity.com/attractions/sir-francis-drakes-statue-42095.html; abgerufen am 14.09.22
62 https://en.wikipedia.org/wiki/Golden_Age_of_Piracy; abgerufen am 14.09.22
63 https://de.wikipedia.org/wiki/Francis_Drake#Kindheit_und_Jugend; abgerufen am 14.09.22
64 Helmut Neuhold: *Die berühmtesten Freibeuter und Piraten*, Marix Verlag GmbH, 2013, S. 76
65 https://de.wikipedia.org/wiki/Francis_Drake#Erste_Konflikte_mit_Spanien; abgerufen am 14.09.22
66 Magazin *GEO Epoche* zum Thema »Piraten«, Gruner + Jahr Verlag, 2013, S. 81
67 https://de.wikipedia.org/wiki/Weltumsegelung_des_Francis_Drake; abgerufen am 14.09.22
68 Magazin *GEO Epoche* zum Thema »Piraten«, Gruner + Jahr Verlag, 2013, S. 87 ff.

69 Helmut Neuhold: *Die berühmtesten Freibeuter und Piraten*, Marix Verlag, 2013, S. 80

70 https://www.latimes.com/local/lanow/la-me-ln-same-sex-couple-0150626-story.html; abgerufen am 14.09.22

71 https://en.wikipedia.org/wiki/Gloria_Allred; abgerufen am 14.09.22

72 https://www.latimes.com/local/lanow/la-me-ln-same-sex-couple-0150626-story.html; abgerufen am 14.09.22

73 https://www.express.co.uk/news/royal/1245645/Prince-Andrew-latest-Jeffrey-Epstein-US-bus-advert-Buckingham-palace-call-FBI; abgerufen am 14.09.22

74 Wenn du mehr über diese wagemutige Frau erfahren möchtest, empfehle ich dir den preisgekrönten Dokumentarfilm *Gloria Allred – Kämpferin der Gerechten* – https://www.imdb.com/title/tt7689924/; abgerufen am 14.09.22

75 https://de.wikipedia.org/wiki/Neid#Begriffsabgrenzung:_konstruktiver_und_destruktiver_Neid; abgerufen am 14.09.22

76 https://youtu.be/wOToSsgC8tw; abgerufen am 14.09.22

77 https://www.atlassian.com/blog/productivity/how-to-write-smart-goals; abgerufen am 14.09.22

78 https://www.mbs.works/about/; abgerufen am 27.10.22

79 https://de.wikipedia.org/wiki/Alexander_Selkirk#Seemann; abgerufen am 14.09.22

80 Gail Selinger & W. Thomas Smith Jr.: *The Complete Idiot's Guide to Pirates*, Alpha Books @ Penguin Group, 2006, S. 100

81 https://de.wikipedia.org/wiki/Panta_rhei; abgerufen am 14.09.22

82 https://www.mediation-wenz.de/blog/2016/03/17/die-11-besten-konflikt zitate-von-marshall-b.-rosenberg/; abgerufen am 14.09.22

83 https://marshallgoldsmith.com/; abgerufen am 26.10.22

84 https://www.bbc.com/travel/article/20200921-jamaicas-port-royal-the-wicke dest-city-on-earth; abgerufen am 14.09.22

85 https://en.wikipedia.org/wiki/Christopher_Columbus#Second_voyage_(1493%E2%80%931496); abgerufen am 14.09.22

86 https://en.wikipedia.org/wiki/Port_Royal; abgerufen am 14.09.22

87 https://en.wikipedia.org/wiki/Bartholomew_Roberts#Roberts'_pirate_code; abgerufen am 14.09.22

88 https://youtu.be/lTQO7xeMtxs; abgerufen am 14.09.22

89 https://de.wikipedia.org/wiki/Liste_von_Gedenk-_und_Aktionstagen; abgerufen am 14.09.22

90 https://piratejewellery.com/pirates/why-did-pirates-and-sailors-wear-ear rings/#Pirates_wore_earrings_for_safety; abgerufen am 14.09.22

91 https://piratejewellery.com/pirates/why-did-pirates-and-sailors-wear-ear rings/#Pirates_wore_earrings_as_insurance_for_their_Funeral_in_case_they_died_at_sea; abgerufen am 14.09.22

92 https://youtu.be/EpMKSqWTzs8; abgerufen am 14.09.22

93 https://en.wikipedia.org/wiki/Matelotage; abgerufen am 14.09.22

94 https://www.lsvd.de/de/ct/431-Ehe-fuer-Alle-in-Deutschland-30-Jahre-Kampf-fuer-die-gleichgeschlechtliche-Ehe; abgerufen am 14.09.22

95 https://www.kino.de/artikel/zitate-von-anthony-hopkins--j5g4v9fj42; abgerufen am 14.09.22
96 https://www.ted.com/talks/susan_david_the_gift_and_power_of_emotional_courage; abgerufen am 14.09.22
97 Atze Schröder und Till Hoheneder: *Blauäugig – Mein Leben als Atze Schröder*, Audiobook der Edel Verlagsgruppe, 2022, 1. Kapitel
98 https://de.wikipedia.org/wiki/Gregor_Gysi#Ausbildung; abgerufen am 14.09.22
99 https://www.youtube.com/c/MISSVERSTEHENSIEMICHRICHTIG; abgerufen am 14.09.22
100 Die Seite www.futureme.org ist zwar nur auf Englisch verfügbar, aber sehr einfach zu verstehen. Du schreibst dir selbst eine E-Mail, gibst deine Adresse ein und entscheidest, wann genau in der Zukunft dir dieser Text zugestellt werden soll.
101 Laura Sook Duncombe: *Pirate Women – The Princesses, Prostitutes and Privateers who Ruled the Seven Seas*, Chicago Review Press, 2019, S. 179 ff.
102 http://edition.cnn.com/2007/LIVING/worklife/08/27/woman.pirate/index.html; abgerufen am 14.09.22
103 Laura Sook Duncombe: *Pirate Women – The Princesses, Prostitutes and Privateers who Ruled the Seven Seas*, Chicago Review Press, 2019, S. 180
104 https://de.wikipedia.org/wiki/Zheng_Yisao#Sp%C3%A4te_Jahre; abgerufen am 14.09.22
105 https://taz.de/Joachim-Bauer-ueber-den-freien-Willen/!5212570/; abgerufen am 14.09.22
106 https://www.brainyquote.com/quotes/nelson_mandela_378967; abgerufen am 14.09.22
107 https://thework.com/sites/de/; abgerufen am 11.09.22

Sollten mir bei meinen Recherchen Fehler unterlaufen sein, freue ich mich über eine Rückmeldung dazu. Habe ich Quellen missinterpretiert, falsch zugeordnet oder übersehen? Schreib' mir gerne an office@stefanie-voss.de und ich korrigiere es in der nächsten Auflage.

ÜBER DIE AUTORIN

»Your life depends on many things.
Mostly on you. Be a pirate!«

Stefanie Voss wird oft »Mrs. Blackbeard« genannt – die Businessfrau mit der Piratenseele. Sie ging mit 16 Jahren als Austausch-Schülerin in die USA, zog mit 23 für ihren Arbeitgeber nach Argentinien und heuerte mit 25 auf einem Segelschiff an, um die Welt zu umrunden. Ihre »Weltentdeckergene« machten sie früh zur Kosmopolitin. Bereits mit 31 Jahren wurde sie Abteilungsleiterin im DAX-Unternehmen mit umfassender Budget- und Personalverantwortung. Nach 15 Jahren sehr erfolgreicher, internationaler Konzernkarriere änderte sie 2009 ihren Kurs und machte sich selbstständig.

Sie zeigt konsequent den Mut zu wagemutigen und ungewöhnlichen Entscheidungen fernab dessen, was »man tun sollte«. Ihre außergewöhnliche Segelerfahrung, ihr Pragmatismus, aber auch ihre Business-Expertise durch die internationale Führungs- und Managementerfahrung in Europa, USA und Lateinamerika werden von ihren Kunden sehr geschätzt. Sie arbeitet in Deutschland und international als Leadership & Team Coach, als Workshop-Moderatorin und als Rednerin. Ihre unkonventionellen Keynotes zu den Themen Piratenstrategie, VUCA, Diversity und Leadership begeistern Menschen aus unterschiedlichsten Branchen und Berufsgruppen. Zu ihren namhaften Kunden (u. a. AOK, Bayer, Bosch, Capgemini, Diakonie, Mazda, MichaelPage, Nespresso, Pfizer, REWE, Roche, thyssenkrupp) gehören Großkonzerne genauso wie KMUs, Freiberufler und auch soziale und öffentliche Organisationen.

Sie ist Jahrgang 1974 und lebt mit ihrem Mann und ihren beiden Söhnen in Mettmann bei Düsseldorf.

Foto: Annette Reidick

Website: www.stefanie-voss.de
LinkedIn: www.linkedin.com/in/stefanievoss
YouTube: www.youtube.com/c/StefanieVoss

PIRATE UP YOUR LIFE